中 国 人 权 研 究

丛 书 主 编 / 李 林

征募儿童的战争罪

以"国际刑事法院第一案"为视角

何田田 / 著

The War Crime of Child Recruitment:
Analysis of the First Judgment of
the International Criminal Court

社会科学文献出版社
SOCIAL SCIENCES ACADEMIC PRESS (CHINA)

"中国人权研究"总序

人权，是人作为人，基于每个人的自然属性、文化基因和社会本质所应当享有的权利。

人权，是人类文明最崇高的普遍价值之一，是中国人民和世界人民长期以来的美好追求。

人权，是全面建成小康社会，实现国家富强、人民幸福、中华民族伟大复兴中国梦的核心价值和内在要求。

人权，是人民幸福、人民尊严、人民利益、人民当家作主的具体化、法治化和可操作的制度安排，而绝不仅仅是抽象的意识形态概念。

人权，无论是作为一种理论、一种文化、一种价值，还是作为一种权利、一种制度、一种实践……都值得深入研究，需要广泛传播，都应当得到充分尊重、有效保障和具体实现。

由于众所周知的历史原因，人权这个概念曾经被视为"资产阶级的口号"而列为研究的禁区，人权话语一度成为与人民共和国、中国人民、社会主义宪法和法治等格格不入的西方怪物，成为中国共产党领导和中国特色社会主义的异化和敌人。

1978年中国改革开放以后，随着社会主义民主的日益发展、国家法治建设的不断加强，人权问题得到愈来愈多的重视和关注。以1990年初有关"人权问题回避不了也不能回避"的共识为依据，以1991年6月中国社会科学院法学研究所在北京召开第一个全国人权理论研讨会为标志，人权理论研究和宣传的禁区逐渐被打破；以1991年10月中国政府发表第一个《中国的人权状况》白皮书为转折，以1997年中共十五大正式提出"尊重和保障人权"为标志，人权逐渐成为主流话语，广泛深入研讨人权问题成为学界的重要任务。在这个过程中，1991 年中国社会科学院法学研究所成立了人权理论与对策研究课题组，1993 年在课题组的基础上组建了中国社会科学院人权研究中心。

中国社会科学院人权研究中心成立 20 多年来，积极开展人权对策研究，向党和国家有关部门提交了《中国应高举社会主义人权旗帜》、《划清人权的国家保护和以人权为借口干涉别国内政的界限》、《发展权是各项人权的必要条件》、《主权与人权的几个问题》、《确立"尊重和保障人权"的宪法原则》、《关于中国参加国际人权两公约的建议》等研究报告；深入开展人权理论研究，出版了《中国人权建设》、《发展中国家与人权》、《当代人权》、《当代人权理论与实践》、《人权的普遍性与特殊性》、《妇女与人权》、《人权与司法》、《人权与 21 世纪》、《经济、社会和文化权利研究》等论著；深化人权基础研究和比较研究，出版了《中国人权百科全书》、《国际人权文件与国际人权机构》等工具书，组织翻译出版了《权利的时代》、《人权与国际关系》、《人权与科学技术发展》、《普遍人权的理论与实践》等外国人权理论著作。这些成果，极大地引领和推动了中国的人权理论与对策研究，促进了中国人权法治的完善和发展。

人权是法治的精髓，法治是人权的保障，两者互为表里，相辅相成，相得益彰。法治、人权和民主都是中国社会科学院法学研究所长期以来高度重视和深入研究的重要领域，其间产生了许多具有重大学术价值、理论意义和实践影响的成果，在中国改革开放史和新时期法学研究史上留下了浓墨重彩的印记。为了纪念中国社会科学院法学研究所成立 60 周年（1958—2018 年），巩固前期人权研究成果，整合以往人权研究资源，弘扬人权研究的创新精神，推进人权研究的理论化、法治化和国际化，为构建中国特色人权理论体系、话语体系、学术体系和教材体系提供支持，中国社会科学院法学研究所、国际法研究所决定出版"中国人权研究"系列丛书。丛书既要重新编辑加工出版 20 余年来有重要文献和学术价值的人权专著、论文集、译著、研究报告等，也要面向未来人权理论和对策研究，继续编辑出版有关人权研究成果，条件具备时还要出版英、德、法等外文的人权研究成果，努力使之成为法学研究所和国际法研究所作为国家人权法治高端智库的标志性品牌，为中国人权理论创新和实践发展作出新贡献。

当前，中国的法治和人权已经站在更高的历史新起点，中国的法治理论发展和人权学术研究已经进入更辉煌的历史新阶段。我们比以往任何时候都更加充满道路自信、制度自信、理论自信和文化自信，更加充满民主自信、法治自信、人权自信和政党自信，将在实现"两个百年"奋斗目标、实现民族复兴中国梦新的伟大征程中，不断创造中国特色社会主义法治和人权理论研究的新成就新辉煌。

李 林

2017 年 8 月

目录
Contents

引　论

　　"没有什么比我们对待孩子的态度更能深刻折射这个社会的核心价值追求了。"[1]

　　　　　　　　　　　　　　　——纳尔逊·罗利赫拉赫拉·曼德拉

　　"叛军烧了我家的房子，杀了我的家人。他们把我带走的时候，我才 14 岁……我非常愤怒，所以我今天选择在这里作证……我为我曾经做过的事情感到内疚，但我现在告诉了法院过去发生的一切，我感觉好点了……"[2] 这番话出自一位在国际刑事司法机构上出庭作证的儿童。征募和利用儿童参加敌对行动对儿童造成了巨大的伤害，受到了国际社会的广泛关注。近年，由于国际刑法首次对征募和利用儿童参加敌对行动作出了回应，认定其为战争罪，使得对于儿童兵的讨论成为一个持续的和有高度争议的话题。我们不无遗憾地看到，儿童的利益在这个由成人主宰的世界中岌岌可危。国际刑事司法机构应该如何去惩罚那些征募和利用儿童的行为人，从而增进对武装冲突中儿童权利的保护，这是本书要研究的主题。

一　选题

　　对儿童与武装冲突的关注应该是而且本来就是多方面的，可以从特定

---

[1]　Nelson Rolihlahla Mandela，"The true character of a society is revealed in how it treats its children"，in "Notes for A Speech by President Nelson Mandela at Worcester Station Worcester，September 27 1997"，http://www.sahistory.org.za/archive/notes-speech-president-nelson-mandela-worcester-station-worcester-september-27-1997，最后访问时间：2017 年 12 月 7 日。

[2]　Kyra Sanin and Anna Stirnemann，"Child Witnesses at the Special Court for Sierra Leone"，War Crimes Studies Centre，March 2006，p.3.

的国家或特定的主题切入，例如，武装冲突对儿童造成的后果与前儿童兵的复员和重返社会；这也是一个跨学科的主题，可以有社会学、心理学、人类学和法学等各个学科的研究。《马谢尔研究报告十年战略审查》① 提出了在解决武装冲突中儿童所面临问题的四个优先事项，其中一项就是结束有罪不罚现象，实现普遍国际标准。

本书选择以"国际刑事法院第一案"为视角研究征募儿童的战争罪，正是以结束有罪不罚现象为研究目标，探讨国际刑法新近的发展对于结束有罪不罚的贡献、问题与发展。其中，"第一案"是全文的主线，将贯穿本书全部章节。这里的"第一案"是指国际刑事法院"检察官诉托马斯·卢班加·戴伊洛"（The Prosecutor v. Thomas Lubanga Dyilo，以下简称卢班加案或第一案），国际刑事法院第一审判分庭分别于 2012 年 3 月 14 日和 7月 10 日作出了对托马斯·卢班加·戴伊洛（Thomas Lubanga Dyilo，以下简称"卢班加"）的定罪和量刑判决，确认卢班加在 2002 年 9 月初至 2003 年 8 月 13 日，征募不满 15 岁的儿童加入争取刚果自由爱国力量（Patriotic Force for the Liberation of the Congo，FPLC）并积极使用他们参加敌对行动而获战争罪，判处有期徒刑 14 年。

关于征募儿童的战争罪，以及武装冲突中如何保护儿童以及儿童兵的相关问题，国内外已有一些相关研究，但为了说明本书与前人研究的区别之处，并说明本书的研究思路，有必要介绍选择第一案作为视角研究武装冲突中儿童权利保护问题的原因。

国际刑事法院（International Criminal Court，ICC）是当今世界第一个对犯有种族灭绝罪、反人类罪、战争罪和侵略罪的行为进行起诉和惩罚的常设法院。国际刑事法院是根据《国际刑事法院罗马规约》（Rome Statute

---

① 1996 年，联合国大会收到一份题为《武装冲突对儿童的影响》的开创性报告。该报告的作者是秘书长任命的武装冲突对儿童影响问题专家、莫桑比克前教育部长格拉萨·马谢尔（Graca Machel），为方便论述，以下简称为《马谢尔报告》。《马谢尔报告》论述了战争为儿童带来的破坏性影响，包含一些保护武装冲突中儿童的具体建议。大会在其第 A/RES/51/77 号决议中对报告表示欢迎，并进一步建议秘书长任命一位负责儿童与武装冲突问题的特别代表。这份研究报告至今仍被广泛引用，是武装冲突中儿童保护工作的开创性报告。2006 年，为纪念最初的马谢尔报告发表十周年，特别代表办公室、联合国儿童基金会和其他联合国及非政府组织合作伙伴对最初报告发表以来所取得的进展进行了清查，发表了《马谢尔研究报告十年战略审查》。可参见 UNCIEF，"Machel Study 10-year Strategic Review：Children and Conflict in a Changing World"，2009。——作者注

of the International Criminal Court，以下简称《罗马规约》）于 2002 年成立的常设性国际刑事司法机构。1998 年，各国代表在意大利罗马召开的外交大会上谈判通过了《罗马规约》。截至 2017 年 10 月，《罗马规约》有 123 个缔约方，最近的缔约方变动情况是：巴勒斯坦于 2015 年 1 月 2 日向联合国秘书长交存了批准书，2016 年 3 月 3 日萨尔瓦多加入《罗马规约》；根据《罗马规约》第 127（1）条，2016 年，南非、布隆迪和冈比亚等国政府通知秘书长其决定退出《罗马规约》；2017 年 2 月 10 日，冈比亚政府通知秘书长其决定撤回退出通知；2017 年 3 月 7 日，南非政府通知秘书长其决定撤回退出通知；布隆迪于 2017 年 10 月正式退出。在这 123 个缔约方中，非洲有 33 个国家，亚洲与太平洋地区有 19 个国家，东欧有 18 个国家，拉丁美洲与加勒比海地区有 28 个国家，西欧与其他地区有 25 个国家。[①] 在通过后不到 3 年的时间内《罗马规约》得以生效，接着在不足 17 年的时间里取得了国际社会接近三分之二的国家的批准或加入，其发展之迅猛，在多边条约史上并不多见。这些都表明了新世界秩序的发展方向，也表明了国际正义与结束有罪不罚需要国家合作与同意得到了国际社会的承认。从 2003 年 3 月 1 日到 2017 年 10 月，国际刑事法院已经处理或正在处理 11 项情势调查，[②] 涉及 25 起案件；[③] 国际刑事法院检察官办公室（Office of the Prosecutor, OTP）还在对 10 项情势，即阿富汗、哥伦比亚、加蓬、几内亚、伊拉克、尼日利亚、巴勒斯坦、菲律宾、乌克兰和委内瑞拉等情势，收集信息和进行初步审查活动。[④]

《罗马规约》不仅是国际法数百年发展的结果，而且是一个理念领先的国际条约，体现在如下几个方面。第一，《罗马规约》是国际上第一个

---

① "Rome Statute of the International Criminal Court", UNTC, https://treaties. un. org/Pages/ViewDetails. aspx？src＝TREATY&mtdsg_ no＝XVIII-10&chapter＝18&clang＝_ en#10，最后访问时间：2018 年 3 月 1 日。

② 其中，缔约国提交了 5 个情势（乌干达情势、刚果民主共和国情势、中非共和国情势、马里共和国情势和最近的加沙船队情势），安理会提交了 2 个情势（苏丹达尔富尔情势和利比亚情势），检察官主动调查了 4 个情势（肯尼亚情势、科特迪瓦共和国情势、格鲁吉亚情势和布隆迪情势），科特迪瓦情势还属于非缔约国承认国际刑事法院管辖的情形。——作者注

③ 联合国大会：《国际刑事法院的报告》，A/69/321（2014），第 2 页。

④ "The Court Today", https://www.icc-cpi. int/iccdocs/PIDS/publications/TheCourtTodayEng. pdf，最后访问时间：2018 年 3 月 1 日。

规定了被害人可以参与刑事诉讼程序并提起赔偿请求的条约。第二，《罗马规约》规定需要采取适当的措施对被害人和证人进行保护。第三，《罗马规约》第36条第8款、第42条第9款和第44条第2款规定了法院的法官和其他工作人员的选任标准，均提到应考虑到必须包括对具体问题，如对妇女的暴力、性别暴力或对儿童的暴力等具有专门知识。① 这些条款都具备创新性，是国际刑法，乃至国际法的一个进步。它们使得国际刑事法院并不像以前的国际刑事法庭，在司法程序上超越了纯粹的惩罚性质，包含了恢复性司法的理念，不但使得被害人可以在国际刑事程序中表达他们的意见和关注，注重在他们表达意见与关注的过程中给予保护，更使得他们有机会可以因遭受到的伤害而获得赔偿，进而帮助被害人并推动社会和解与重建。当然，这些体现在法律文本上的进步需要在具体的实践中得到进一步的适用与检验。因此，以第一案为视角分析《罗马规约》在实践中的适用有现实意义。借助第一案论述征募儿童的战争罪，以及在武装冲突中儿童的保护有如下几个原因。

首先，儿童是第一案实体问题的"中心"。第一案是检察官指控卢班加在民主刚果的伊图里地区冲突中征募和利用15岁以下的儿童积极参加敌对行动。可以这样说，在这个冗长复杂的第一案中，儿童成为整个国际刑事法院实体与程序问题的中心。在实体问题方面，检察官对被告卢班加只有一个罪名的指控，即《罗马规约》第8条第2款第2项第26目和第5项第7目战争罪下的征募不满15岁的儿童加入国家武装部队（或集团），或利用他们积极参加敌对行动。《罗马规约》确实有很多如上所述的令人瞩目的条款创新，但是，国际刑事法院在其成立后，在具体条款适用过程中，发现了非常多的困难与挑战。以儿童为"中心"的卢班加案同样面临很多问题。第一，由于《罗马规约》对该条款下的很多概念规定是不清楚的，使用了不同的概念，如征召、募集、利用和积极参加，这些都是需要解释的"灰色地带"。第二，法庭在处理征募不满15岁的儿童加入国家武

① 《罗马规约》第36条第8款："……缔约国还应考虑到必须包括对具体问题，如对妇女的暴力或对儿童的暴力等问题具有专门知识的法官。"第42条第9款："检察官应任命若干对具体问题，如性暴力、性别暴力和对儿童的暴力等问题具有法律专门知识的顾问。"第44条第2款："检察官和书记官长在雇用工作人员时，应确保效率、才干和忠诚达到最高标准，并应适当顾及第三十六条第八款所定的标准。"

装部队（或集团），或利用他们积极参加敌对行动的战争罪的主观要件（或称心理要件）的时候，也发现稍为棘手，因为《罗马规约》和《犯罪要件》的规定并不一致。第三，在追究被告个人刑事责任的时候，国际刑事法院也遇到刑事责任模式和基础理论的问题。因此，深入研究法院如何在第一案中解决这些实体问题，澄清理论与实践中一些不明确的方面，有助于我们认识这个犯罪，加强对儿童的保护。

其次，儿童是第一案的程序问题的"中心"。辩方的主要证人包括 10 名声称自己是前儿童兵的儿童，有 129 名被害人在司法程序中被授予了被害人参与的地位，而这 129 人中的大部分都是前儿童兵及其亲属。① 但是，该案中国际刑事法院对待儿童的表现却不尽如人意，至少没有很好地对儿童进行保护。一方面，卢班加案中的儿童证人接受了多次的询问和冗长的交叉询问，第一案的实践在国际刑事法院司法程序中并不能充分地保护儿童的安全、保护他们的身体和心理的健康、尊重他们的隐私，这些儿童都是《罗马规约》第 68 条规定的证人或者被害人。另一方面，第一名在审判中作证的证人，声称自己是一位前儿童兵，在作证过程中撤回自己的证言，并向法院称他对检方调查员和法官撒了谎。辩方在整个案件中在控方提供的儿童证人的可靠性问题上花费了大量的精力和时间。后来，审判分庭认为在卢班加案中的儿童证人，大部分不可靠。这些儿童是证人，同样也是程序中的参加人，他们因被害人身份而取得的参加地位，又由于他们前后矛盾的证言而被撤销。审判分庭认为，检察官所采用的"中间人"极有可能操纵了这些儿童，操纵了正义，这又提出了检察官办公室在调查过程中是否采用了儿童敏感性的调查方法的问题。② 因此，这是国际刑事法院和儿童互动的一次完整展示，其所呈现的进步与不足都为我们提供了丰富的学术研究素材。

最后，就《罗马规约》而言，有不少条款是与儿童直接相关的。例如，《罗马规约》序言中就提到，"注意到在本世纪内，难以想象的暴行残

---

① *The Prosecutor v. Thomas Lubanga Dyilo*（hereinafter Lubanga Case），"Judgment pursuant to Article 74 of the Statute"（hereinafter Judgment），ICC-01/04-01/06-2842，14 March 2012，Trial Chamber I，paras. 15 – 17，https：//www. icc-cpi. int/CourtRecords/CR2012 _ 03942. PDF，最后访问时间：2018 年 3 月 1 日。

② *Lubanga Case*，Judgment，paras. 430，479 – 484；Separate and Dissenting Opinion of Judge Odio Benito，para. 32.

害了无数儿童、妇女和男子的生命，使全人类的良知深受震动"，要"使上述犯罪的罪犯不再逍遥法外"。一方面，关于被害人和证人，《程序与证据规则》第86条①的法律框架明确表明了国际刑事法院应该在司法程序中考虑被害人和证人的"需要"。但这个条款具有"全方位"的性质，要求为儿童、老年人、残障人和性暴力被害人等群体提供相同的保护，这些群体都要求得到特别的保护，都需要照顾到他们特殊的需要。对于儿童被害人和证人，该条仅提到了被害人和证人的"需要"，并没有表明是什么样的"需要"。另一方面，根据《罗马规约》第68条，在对被害人和证人采取保护措施时，年龄和犯罪中是否包含了对儿童的暴力等，是法院需要考虑的因素。这表明法院需要肩负保护被害人和证人安全、健康和隐私的义务，特别是儿童这一处于脆弱地位的被害人和证人。同时，这也表明了人权法在国际法和国内法两个层面的发展，对涉及司法程序的儿童给予了特别的关注。② 可以这样说，无论是《罗马规约》第21条第3款、第68条、第75条，还是《程序与证据规则》第86条，这些条款在事实上给予了作为一个群体的儿童需要得到国际刑事法院特别照顾的法律基础，需要以儿童权利为视角分析国际刑事法院在实践中的进步与不足。③ 因此，这又为

---

① 《程序与证据规则》第86条："一般原则：任何分庭在做出指示或命令时，及本法院其他机关根据《罗马规约》或本规则履行其职能时，应依照第68条考虑所有被害人和证人的需要，特别是儿童、老年人、残障人和性暴力和性别暴力被害人的需要。"

② 例如，联合国儿童基金会确认了《罗马规约》的准备文件，称其"是国际人权法、特别是《儿童权利公约》的保障"。联合国儿童基金会认为，儿童证人和儿童被害人应该从"法律和其他适当的援助中"得到好处，对考虑"儿童的特别需要"，特别提到了需要确保"儿童友好"的环境。参见 UNICEF, UNICEF and the Establishment of the International Criminal Court (17 March 1998), ICC Preparatory Works, http://www. legal-tools. org/en/doc/fofa26/（最后访问时间：2015年1月），p. 5。同时，在《马谢尔报告》后，联合国大会通过了第A/RES/51/77号决议，创设了负责儿童与武装冲突问题秘书长特别代表。在《罗马规约》谈判时，时任负责儿童与武装冲突问题的秘书长特别代表奥拉拉·奥图诺（Olara A. Qtunnu）提出国际刑事法院规约的相关条款应该与国际人权标准相一致，如《儿童权利公约》。参见 Olara A. Qtunnu, "Special Representative of the Secretary-General for Children and Armed Conflict to the Diplomatic Conference of Plenipotentiaries on the Establishment of an International Criminal Court (17 June 1998)", ICC Preparatory Works, http://www. legal-tools. org/en/doc/ed4ff7/，最后访问时间：2015年3月1日。

③ 值得注意的是，虽然儿童并不是一个不作区分的群体，但从儿童权利视角来看，儿童中还有很多群体需要特别照料（例如，女童、残障儿童、少数民族儿童等）。所以，不同的群体，有不同的需要，最后由国际刑事法院在个案上进行决定。只有国际刑事法院的法官和其他机构考虑到这些不同的但又有交集的需要时，国际刑事法院才能完（转下页注）

本书的实证研究提供了一个窗口。

二　国内外研究现状综述

国内外对武装冲突中儿童权利保护问题都展开了一定的研究，有必要概述现有文献和研究现状。一方面在于分析国内外的研究现状，发现有待进一步探讨的问题；另一方面也是为本书提供便利和思路。

（一）国外英文文献及其研究

本书以国际刑事法院的第一案为线索，就英文文献而言，国外对国际刑事审判和儿童兵的研究较为丰富，而专门针对第一案中儿童权利保护问题的研究较少。大致可分为以下几类。

1. 人权与国际刑事司法的相关文献

第一类是回顾国际刑事司法审判中人权问题的文献。这个方面，萨尔瓦托雷·扎帕拉教授（Salvatore Zappalà）2005 年出版的《国际刑事程序中的人权》可谓经典。该书考察了纽伦堡和远东两个国际军事法庭、前南斯拉夫问题国际刑事法庭（以下简称"前南法庭"）、卢旺达问题国际刑事法庭（以下简称"卢旺达法庭"）的诉讼程序是如何对待人权保障问题的。该书作者指出，纽伦堡和远东两个军事法庭的审判并不是尊重人权的典型。两个法庭的规范性文件只包含一点粗浅的个人权利条款。两个法庭的宪章和程序规则都没有赋予被害人和证人任何的权利。该作者还广泛讨论了影响程序模式确立的各种因素，讨论了一系列突出的问题，例如，证据的可采性、调查和预审程序权利保障、量刑、诉讼审限等。①他认为，国际刑事审判的固有特征之一就是程序规则的灵活性，其主要原因在于该部门法存在期间相对较短。但是，国际刑事法院现在已经变成一个"通常"

（接上页注③）成其在《程序与证据规则》第 86 条和《罗马规约》第 21 条第 3 款下的使命。参见 Coalition on Women's Human Rights in Conflict Situations，"Concerns Regarding the Rights of the Girl-Child in Armed Conflict Situations"，Submissions to the ICC Preparatory Commission Intersessional Meeting, Siracusa, Italy, 31 January to 4 February 2000, http：//www. legal-tools. org/en/doc/e5389c/，最后访问时间：2015 年 3 月 1 日。

① Salvatore Zappalà, *Human Rights in International Criminal Proceedings*（New York：Oxford University Press，2005），pp. 244 – 258.

（ordinary）的国际刑事司法体系。因此，在国际刑事审判中，需要不断削弱灵活性，程序规则的用语应该更加严密，还要确保规则得到遵守。只有加强对程序规则的尊重，国际刑事司法才能真正做到公平公正。

马库斯·芬克（T. Markus Funk）于 2010 年出版的《国际刑事法院中的被害人权利和主张》① 同样具有参考意义。该书以一个律师的视角，提出被害人在国际刑事法院应享有的权利，并对被害人代理人提出了一些有建设性的建议，促进了对被害人权利的保护。该书的视角新颖，对未来在国际刑事司法机构中被害人的法律代理人提了很多建议，帮助笔者以一个新的角度去理解《罗马规约》和观察"第一案"。在"第一案"的庭审纪录中，被害人的声音都是通过其代理人发出的，代理人的能力、想法和观点对冲突地区的很多被害人其实是会产生影响的。在此种情况下，如何直面被害人的"需要"，如何保护被害人在国际刑事法院的权利，该书都给出了回答。另外，该书作者也非常坦诚，直面国际刑事法院的优势与不足，是真正关心对被害人权利的保护，关心国际刑事司法正义能否实现。

著名的美国国际刑法学家谢里夫·巴西奥尼（M. Cherif Bassiouni）在 2012 年出版的《国际刑法导论（第二版）》② 中对人权问题作了相关的整理。巴西奥尼教授的著作视角开阔，资料翔实，论述精辟，见解独特。巴西奥尼教授对国际刑事司法的历史性审视较为独特，他在更高的哲学层面探求国际刑事司法正义与人权保护的存在价值，提出要特别关注人的权利和利益。

还值得一提的是布里安娜（Brianne McGonigle Leyh）于 2011 年出版的《程序正义？国际刑事诉讼程序中的被害人参与》③ 一书。该书非常详尽，对至 2011 年国际刑事司法中的被害人参与都进行了考察，她提出被害人在刑事诉讼程序中可以有不同的参与方式，没有一个普遍适用的参与方式，尽管需要找出一个正确的程序方法，既能平衡程序的完整性也能保护被告的权利。该书对各个国际刑事特设法庭以及国际刑事法院的观察十分细

---

① T. Markus Funk, *Victims' Rights and Advocacy at the International Criminal Court* (New York: Oxford University Press, 2010).

② M. Cherif Bassiouni, *Introduction to International Criminal Law* (Dordrecht: Martinus Nijhoff, 2nd Revised edition, 2012).

③ Brianne McGonigle Leyh, *Procedural Justice? Victim Participation in International Criminal Proceedings* (Cambridge: Intersentia, 2011).

致。该书分为两部分。第一部分讨论被害人在刑事理论中的地位，被害人在国内法院的角色和参与模式，以及被害人权利的国际法发展。第二部分关注被害人参与的"实验室"，即被害人在各个国际刑事程序中所扮演的角色。这一部分颇有特点，讨论了从纽伦堡国际军事法庭到远东国际军事法庭，再到前南法庭、卢旺达法庭，还有各种特设法庭和混合法庭，最后考察了国际刑事法院。所有的这些法庭都有某种形式的被害人参与，但是被害人要不就像证人一样作证，要不就是没有发挥任何作用。但是，在考察完这些法庭以后，该书认为被害人参与在柬埔寨特别法庭和国际刑事法院的程序中也有一些消极的影响，例如，会让审判的时间更长，法官公正性问题和损害当事方平等对抗权利，等等。该书提出国际刑事法院应允许被害人在程序中广泛参与，以此达到和解等诸多目标，但是，一旦出现被害人参与权利不当行使的现象时，极有可能会损害刑事程序的完整性，这需要同时平衡被害人的权利和被告的权利。由此，该书的观点是被害人的参与应限制在赔偿阶段，但同时要保障被害人得到倾听的权利，取得信息和保护的权利。只有通过限制被害人的权利，被告的权利和程序的完整性才能得到保障。

2. 《罗马规约》的评注和相关文献

第二类是对国际刑事法院及《罗马规约》进行研究的相关文献。国际刑法的研究者对《罗马规约》的五部评注应该都有所了解。这五部作品在本质上有很大不同，但都是研究国际刑法宝贵的参考工具，给国际刑法的研究者和实践者都提供了理解《罗马规约》最详尽的资料和最大的信息量。参与这五部作品编写的作者们，本身就是国际刑法的大家，或者来自政府部门、非政府机构，或者在国际刑事司法机构中从事各种工作。此外，这些作品给读者呈现了《罗马规约》起草时的各种文本，深刻考察了国际刑事法院创立者的意图和想法。

第一，《国际刑事法院——缔结罗马规约，问题，谈判和结果》① 的作者李世光（Roy S. Lee）是联合国事务部编纂室前主任，该书的目的是"对罗马规约关键条款的复杂谈判过程提供一个权威和客观的指导"，但全

---

① Lee, Roy S. (ed.), *The International Criminal Court：the Making of the Rome Statute*, *Issues*, *Negotiations*, *Results* (The Hague：Kluwer Law International, 1999).

书依然渗透着作者对某些条款的一些批判性思考。例如，他认为没有把禁止使用化学武器和生物武器纳入《罗马规约》是一大败笔。在此书出版后，他再次组织了中国的专家学者出版了《国际刑事法院罗马规约评释》，此书会在下文中文文献提及。

第二，《国际刑事法院罗马规约评注：观察者的逐条解读》，① 是在《罗马规约》通过后不久由萨尔茨堡的刑法教授奥托·特内夫特尔（Otto Triffterer）主编的。该书是一个典型的评论，对《罗马规约》逐条逐条地评注，有时甚至逐字逐字地评注。这样评注的优点是显而易见的，每个评注都从细处着手，关注《罗马规约》文本的准确含义，有时可能由此会缺乏一种宏观的视角。该书是对《罗马规约》本身的评论，其对《罗马规约》中的相关条款的分析翔实、深刻，脚注非常繁多、细致，信息量巨大。

第三，前南法庭庭长安东尼奥·卡塞斯法官（Antonio Cassese）、意大利佛罗伦萨大学教授帕乌拉·加埃塔（Paola Gaeta）和前南法庭某案件的辩方代理人约翰·琼斯（John R. W. D. Jones）合编了《国际刑事法院罗马规约评注》一书。② 由于该书的三位编者都在前南法庭有过工作经历，该书的特点也是非常明显，就是在很多方面都谈到了前南法庭。例如，书中谈及设立前南法庭的想法并不是由美国提出的，而是出自德国外长金克尔（Klaus Kinkel）和法国外长杜马斯（Roland Dumas）；卡塞斯还回应了对前南法庭"法庭疲劳症"（tribunal fatigue）③ 的批评，称塔迪奇（Tadić）一案的中间上诉对于前南法庭，甚至对于国际刑法来说都是非常成功的。该书的篇幅超过 2000 页。与特内夫特尔的评注不同的是，该书并没有逐条分析。相反，该书有 10 个部分，从起草的历史一直写到展望国际刑事法院的未来，并没有对具体条款进行详细讨论，而是探讨了《罗马规约》的通过对国际法的发展、《罗马规约》与一般国际法和国内法的关系、国际刑事

---

① Otto Triffterer（ed.），*Commentary on the Rome Statute of the International Criminal Court*，*Observers' Notes*，*Article by Article*（Baden-Baden：Nomos，1999）.

② Antonio Cassese et al.（eds.），*The Rome Statute of the International Criminal Court：A Commentary*（Oxford：Oxford University Press，2002）.

③ 前南法庭及卢旺达法庭单从经费上看，仅 1997 年的预算就超过 1.1 亿美元，由联合国预算负担（其中有很大一部分落在美国身上）；此外临时法庭的设立还要经过漫长的谈判过程，就法庭规约、法官的选举、检察官和法庭职员的选任、总部协议、司法协助协议等事项与其他利害关系国或安理会其他成员国达成合意，美国特别大使大卫·谢弗尔（David Sheffer）称这个过程为"法庭疲劳症"（tribunal fatigue）。——作者注

法院对第三国的影响，以及评估国际刑事法院的未来等。这和特内夫特尔一书的风格完全不一样，前者注重细节，该书则从宏观着墨。

第四，克努特·德曼（Knut Dörmann）等人撰写的《国际刑事法院罗马规约中战争罪的犯罪要件：渊源与评论》①　更为详细，只处理《罗马规约》第 8 条"战争罪"的编纂。该书主要作者克努特·德曼是红十字国际委员会法律部的法律顾问，该书主要内容是对在罗马外交大会后通过的《犯罪要件》的述评。他们认为《犯罪要件》的作用不能夸大，评论涉及了更多复杂的法律适用技术方面的细节。该书结合《犯罪要件》的准备文件和相关的法理，突破了教条主义的框框，提出了一些作者们的看法。

第五，爱尔兰国立高威大学人权法教授、爱尔兰人权中心主任威廉·沙巴斯（William Schabas）于 2010 年出版了《国际刑事法院：罗马规约的评注》。②　这本书与前面的所有评注都不一样的是，这本评注只有一位作者，因此该书对《罗马规约》的分析与注释方法较为连续和统一。该书是对《罗马规约》较新一个版本的评论，综合运用了很多资料，例如，《罗马规约》的准备文件、其他上述各部评论的观点、专著和一些重要的文章，内容较为丰富。

这些《罗马规约》评注都是研究、解释和适用《罗马规约》的重要参考文献。任何研究国际刑法的学者与学生都不能错过这五本作品。这五本书因其撰写者是国际刑法学界的翘楚，兼之深刻的学术性和思想性，具有很高的参考价值。站在巨人的肩膀上，才可以走得更远。

3. 国际刑事诉讼程序的相关文献

国际刑事诉讼程序是一个新兴的分支学科。无论是国际刑法，还是国际刑事程序法，来自学者的观点很重要，但来自国际刑事司法实践者的看法也不可或缺。不同于一般的分支学科，国际刑事诉讼程序每一步都有可能出现新的问题。要解决这些问题有时需要"实用"性的考虑，有时又涉及规范性的分析。

虽然本书由于篇幅及主题所限，将不对第一案中的程序问题展开详

① Knut Dörmann, *Elements of War Crimes under the Rome Statute of the International Criminal Court*: *Sources and Commentary* (Cambridge: Cambridge University Press, 2003).

② William Schabas, *The International Criminal Court*: *A Commentary on the Rome Statute* (Oxford: Oxford University Press, 2010).

细的阐述和分析，但是第一案中的程序问题依然非常值得关注。《罗马规约》第 68 条第 3 款规定，"本法院应当准许被害人在其个人利益受到影响时"参加诉讼。何谓"个人利益受到影响"？可以说这是一个程序问题，但又无法避免涉及法官的主观价值判断以及国际刑事司法目标等更深层次的问题。这些问题的解决需要一个学术性的考察，同时还需结合实践的经验。在研究第一案的时候，有一本 2013 年出版的著作起到了很重要的参考作用——《国际刑事诉讼程序：原则与规则》。[①] 该书是国际刑事诉讼程序一个专家项目的研究成果，作者阵容强大，既有学者，也有国际刑事司法的实践者，包括曾任瑞典司法部副总干事的弗里曼（Hakan Friman）、荷兰阿姆斯特丹大学的戈兰·斯勒伊特（Goran Sluiter）教授、前南法庭检察官办公室的科斯蒂（Matteo Costi）、黎巴嫩特别法庭书记官长圭多·阿夸维瓦（Guido Acquaviva）、英国班戈大学法学院的苏珊娜·林顿（Suzannah Linton）教授、国际刑事法院检察官办公室高级上诉律师瓜里格利亚（Fabricio Guariglia）、黎巴嫩特别法庭的首席检察官芒迪斯（Daryl Mundis），以及意大利卡塔尼亚大学教授萨尔瓦托雷·扎帕拉（Salvatore Zappalà）教授等。该书按照国际刑事诉讼程序中的不同主题分为 10 个部分，整合了过去 20 年"碎片式"发展的国际刑事诉讼程序，回顾了国际刑法的发展，内容包括调查，逮捕移交，起诉，审判，上诉，证据，被害人的参与、保护和赔偿，以及辩诉交易制度等。该书为读者分析了国际刑事诉讼程序中一些细微的差别，提供刑事诉讼的真实情况，作者们不仅告诉读者现在的程序是怎样的，还建议未来的程序应该怎样发展和改善。该书还提到了很多程序性的关键问题。例如，检察官的调查方法、检察官的工作战略等，这些程序性的事项在国际刑事法院前 10 年的实践中已证明耗费了法官和国际刑事法院工作人员大量的时间和精力。[②] 该书是国际刑事诉讼法非常详尽的学术巨著，很多地方在同一页中，脚注的篇幅甚至超过了正文。几位作者多样性的学术与实践背景，给本书作者在写作遇到困惑时提供了查阅的指导方向。关于这方面，本

---

① Goran Sluiter, et al. （eds.），*International Criminal Procedure：Principles and Rules*（Oxford：Oxford University Press，2013）.

② 参见 Susana SáCouto and Katherine Cleary，*Expediting Proceedings at the International Criminal Court*，American University Washington College of Law，War Crimes Research Office，2011。

书还参考和阅读了一些相关的学术论文。①

4. "第一案"、儿童兵与儿童权利保护的相关文献

首先，关于"第一案"。本书的写作方法是实证研究，因此本书的研究资料是国际刑事法院的一手文献，即法庭原始文件，情势和判例资料。国际刑事法院官方网站几乎把各个情势和案件所有的决定、原始文件都完整上传，而且建立了完整的数据库，所有一手资料可以从国际刑事法院网站轻松获得。这些由官方网站公布的一手诉讼资料是绝佳的阅读和参考资料，预审一庭、预审二庭、上诉分庭、审判一庭、检察官办公室、书记官处及其他有关独立部门、被害人代理人、辩护律师、"法庭之友"等提供的各种原始英文文本也都为研究提供了极大便利。

针对本书的研究对象，本书主要是以"第一案"的 2007 年 5 月 14 日"确认起诉决定书"（Decision on the Confirmation of Charges），② 2012 年 3 月 14 日"根据《罗马规约》第 74 条的判决书"（Judgment pursuant to Article 74 of the Statute）、2012 年 7 月 10 日"根据《罗马规约》第 76 条的量刑决定书"③（Decision on Sentence pursuant to Article 76 of the Statute）为主要研究文本，同时结合各个法庭、检察官办公室、书记官处及其有关独立部门、被害人代理人、辩护律师和"法庭之友"等提供的与"第一案"的相关文本。

"第一案"的确认起诉决定书共计 157 页，410 段，559 个脚注，分为6 个部分："概述"、"最初的证据问题"、"程序问题"、"犯罪物质要件"、"罪刑法定原则与法律认识错误"和"刑事责任"。"第一案"的判决书共

---

① 参见 William Schabas, "The Banality of International Justice", *Journal of International of Criminal Justice* 11 (2013); BingBing Jia, "The Doctrine of Command Responsibility Revisited", *Chinese Journal of International Law* 3 (2004); John Washburn, "Negotiation of the Rome Statute for the International Criminal Court and International Law-making in the 21st century", *Pace International Law Review* 11 (1999); Alan Nissel, "Continuing Crimes in the Rome Statute", *Michigan Journal of International Law* 25 (2004)。

② *Lubanga Case*, Decision on the Confirmation of Charges, ICC-01/04-01/06-803-tEN, 29 January 2007, Pre-Trial Chamber I, https://www.icc-cpi.int/CourtRecords/CR2007_02360.PDF, 最后访问时间：2018 年 3 月 1 日。

③ *Lubanga Case*, Decision on Sentence pursuant to Article 76 of the Statute (hereinafter Decision on Sentence), ICC-01/04-01/06-2901, 10 July 2012, Trial Chamber I, https://www.icc-cpi.int/CourtRecords/CR2012_07409.PDF, 最后访问时间：2018 年 3 月 1 日。

计 593 页，1364 段，3651 个脚注，目录具体至 4 级标题，共分为 10 个部分："指控"、"案件历史、管辖权及被害人参与"、"事实概述"、"证据的评估"、"检察官调查的发展"、"中间人"、"武装冲突的存在及其性质"、"征募不满十五岁儿童或利用他们积极参加敌对行动"、"卢班加的个人刑事责任"和"裁决"。对于定罪和归责两部分的分析，判决书采用的是从"法律"到"事实"的思维方式。

其次，由于"第一案"的判决时间是 2012 年 3 月，故这方面的其他评论与论文的发表时间多在最近几年。例如，威廉姆·沙巴斯（William Schabas）教授《国际刑事法院的首次起诉》①在较早期对"第一案"进行了细致的观察。沙巴斯教授也提出了一些犀利的观点，他对《罗马规约》的实际运用有基本的学术见解，他的论文是探析儿童被害人参诉如何从"文本中的法"转变为"行动中的法"很好的参考和查阅资料。此外，还有部分与第一案研究相关的论文，也有一定的参考价值。②

儿童兵问题本身是跨学科的课题。虽然本书采用的方法是法学的规范研究和实证研究，但由于研究具体对象是儿童兵群体，因此需要从各个学科的角度了解该群体的现状与挑战。斯科特·盖茨（Scott Gates）和西蒙·赖克（Simon Reich）主编的《破碎国家时代中的儿童兵》一书，③从法律、政策、哲学、政治学、经济、教育学和心理发展等多个视角出发，从国家到个人多层面地阐释了儿童兵的问题。该书有 15 个章节，涉及了伦理、道德和法律方面的问题，每一章节都试图去回答这样一些问题，如是什么原因促使国家武装部队或武装集团使用儿童兵，为什么当前儿童兵数量还在增加，为什么武装集团更倾向于使用儿童而不是成人，在同一个国

---

① William Schabas, "First Prosecutions at the International Criminal Court", *Human Rights Law Journal* 25（2006）: 25 – 40.

② 参见 Kai Ambos, "The first Judgment of the International Criminal Court（*Prosecutor v. Lubanga*）: A Comprehensive Analysis of the Legal Issues", *International Criminal Law Review* 12（2012）; Roman Graf, "The International Criminal Court and Child Soldiers, an Appraisal of the Lubanga Judgment", *Journal of International Criminal justice* 10（2012）; T. R. Liefländer, "The Lubanga Judgment of the ICC: More Than Just the First Step?", *Cambridge Journal of International and Comparative Law* 1（2012）; William Schabas and Carsten Stahn, "Legal Aspects of the Lubanga Case", *Criminal Law Forum* 19（2008）。

③ Scott Gates and Simon Reich, *Child Soldiers in the Age of Fractured States*（PA: University of Pittsburgh Press, 2010）.

家里，成为战斗员的儿童与普通儿童之间有什么区别，男童与女童在入伍时有何不同，不同武装集团征募和利用儿童的方式是否相同，国际社会或者各个组织为停止征募儿童兵这种现象能做些什么，等等。该书的作者提出一个观点：反政府武装的领导人是不受国际法规则约束的，他们更倾向于不遵守国际法规范，因而是最常见的征募者。在这个观点的基础上，本书第三章在讨论国际人权法框架禁止征募儿童兵的缺陷时，提出对此种现象需要从国际人权法过渡到国际刑法框架的观点。该书的一个小问题是由于参与的作者较多，作者们的教育经历、工作经验和论述角度都不一致，似乎最后得出了并不协调的结论。

另一本有参考意义的著作是迈克尔（Michael Wessells）2006 年出版的《儿童兵：从暴力到保护》①。该书增进了本书作者对儿童兵困境的理解。作者有心理学的教育背景，有从事冲突地区儿童工作的丰富经验，对儿童兵问题提出了一些独特的见解和有针对性的建议。该书主要分为两部分。第一部分阐述儿童的脆弱性和儿童兵经历对他们的影响。第二部分提出在地区和国际层面帮助儿童兵身心得以康复并重返社会。在第一部分中，作者讨论了儿童为什么会进入武装集团，他并没有仅仅停留在强迫儿童入伍所带来的伤害，而是揭示了儿童选择入伍的一些深层次原因，如为了获得保护、家庭、教育、培训、金钱、荣誉等被很多人忽略了的"拉动因素"。他用了一整章来讨论更容易被人忽略的女儿童兵的艰难处境。作者文笔细腻，采用了独一无二的心理学角度分析了儿童兵入伍的原因，为本书第二章的论述奠定了基础。在该书第二部分，他提出如何让儿童兵重新融入生活，增加社区居民对儿童兵的理解。他认为，大多数儿童兵是能够重返社会的，并且能够生活得很好，能为社会作出自己的贡献。对于重返社会和身心康复，作者提出了一个有说服力的观点，即没有一个放之四海而皆准的方法帮助儿童兵。有一些儿童和儿童的家人需要从社会的外部支持中获得帮助，但有一部分儿童不需要任何的支持和帮助。值得注意的是，该书认为，任何研究都不能只停留在关心儿童兵本身，而应该把重点放在区分战斗人员和非战斗人员、儿童和成人，以及使用儿童兵的武装集团与那些

---

① Michael Wessells, *Child Soldiers: from Violence to Protection* (Cambridge : Harvard University Press, 2006).

在冲突中不使用儿童兵的集团之间的比较。此外，还要认识到界定冲突地区的空间和时间也是可能存在变化的，这一点也很重要，这个观点实质是与卢班加案预审分庭和审判分庭关于认定伊图里地区武装冲突的性质是非常相关的。

（二）国内中文文献及其研究

我国学界对征募儿童的战争罪和武装冲突中的儿童权利保护问题有一定的研究，但关注并不多。在专著方面，在此领域目前并没有相关的专著，只有少数论文。但其他相关领域的著作颇丰，也具有一定的参考价值。

1. 国际刑法、国际刑事法院及《罗马规约》相关文献

1998 年《罗马规约》达成后，国内关于国际刑事法院的研究如雨后春笋，大量出现。① 这里列举几本对本书有参考价值的典型著作。首先，在国外文献综述部分，已提及由联合国事务部编纂室前主任李世光于 1999 年出版的《国际刑事法院——缔结罗马规约，问题、谈判和结果》。2002 年，李世光与中国的国际刑法学界专家合力主编了《国际刑事法院罗马规约评释》，② 这是国内第一本对《罗马规约》进行全面评释的著作。该书资料详尽，国内探讨《罗马规约》和人权保护问题的大部分文献都会提及该书，极具参考意义。

其次，针对《罗马规约》下某一特定的罪项，国内有朱文奇、冷新宇和张膑心撰写的《战争罪》一书。该书专门讨论和阐述战争罪问题。全书共分八章，对战争罪的起源和历史发展、构成要件、责任模式、责任排除事由等方面都涉及了，而且还对战争罪的管辖权问题以及如何在各国之间开展司法合作进行了探讨，并提出了作者自己的观点和建议。这在国内的研究来说实在是不可多得，能为政府相关实务部门和研究战争罪的学者提

---

① 具有代表性的如有赵秉志主编《新编国际刑法学》，中国人民大学出版社，2004；贾宇：《国际刑法学》，中国政法大学出版社，2004；张旭主编《国际刑法——现状与展望》，清华大学出版社，2005；黄风、凌岩、王秀梅：《国际刑法学》，中国人民大学出版社，2007；王秀梅等：《国际刑事审判案例与学理分析》，中国法制出版社，2007。与国际刑事法院相关的有：高燕平：《国际刑事法院》，世界知识出版社，1999；王秀梅：《国际刑事法院研究》，中国人民大学出版社，2002；朱文奇：《国际刑事法院与中国》，中国人民大学出版社，2000；张旭：《国际刑事法院：以中国为视角的研究》，法律出版社，2011，等等。——作者注

② 李世光、刘大群、凌岩主编《国际刑事法院罗马规约评释》，北京大学出版社，2006。

供一个思考的方向，非常具备开拓性，对本书颇有启发。

最后，哈尔滨工业大学法学院宋健强副教授的两本个人专著《国际刑事法院"三造诉讼"实证研究》和《司法说理的国际境界——兼及"国际犯罪论体系"新证》对本书都有一定的帮助。他系统研究国际刑事法院各情势与案件预审阶段的被害人参诉问题，提出了"三造诉讼"、"表面正义"等新概念，他提倡的实证研究方法论，对本书有一定的参考价值。

另外，国内刑法方面的书籍，也有一些具备参考价值。如国内学者的著作，储槐植的《美国刑法》，① 陈兴良的《刑法的格致》、《本体刑法学》、《规范刑法学》和《教义刑法学》，② 还是国内学者的译著，如《刑法概说（总论）》、《刑法总论》、《德国刑法教科书》和《德国刑法学总论》，等等。③ 以陈兴良的《教义刑法学》为例，该书对本书中的"故意"、"明知"、"共同犯罪控制理论"、"共犯论"和"知道或者应该知道"等概念和理论的思考与辨析起到了很大的帮助作用。陈兴良教授的《教义刑法学》以教义为核心信念，提出他的一个重要观点，即刑法法条是解释的对象而不是价值判断的对象。国际刑法学也需要参考国内刑法一些基本的原则与基本的观点。

2. 国际刑事诉讼程序的相关文献

国内对国际刑事诉讼程序也有了一定的关注。朱文奇教授于 2014 年出版了《国际刑事诉讼法》，朱教授以他在联合国刑事法庭的工作经验，向读者讲述国际刑事诉讼程序当中的设计与理念④。正如国外文献综述部分所提的，来自国际刑事司法实践者的视角对于国际刑法的研究是相当重要的，朱教授把他的经历与观点与读者分享，实在难得。全文共四个部分，分为十章，论述了国际刑事诉讼基本框架、国际刑事诉讼法基本特征、国际刑事诉讼基本程序和国际刑事诉讼法的基本保障。朱教授提出，国际刑

---

① 储槐植：《美国刑法》（第三版），北京大学出版社，2006。
② 陈兴良：《刑法的格致》，法律出版社，2006；陈兴良：《本体刑法学》（第二版），中国人民大学出版社，2011；陈兴良：《规范刑法学》（第三版），中国人民大学出版社，2013；陈兴良：《教义刑法学》（第二版），中国人民大学出版社，2014。
③ 〔日〕大塚仁：《刑法概说（总论）》（第三版），冯军译，中国人民大学出版社，2003；〔日〕野村稔：《刑法总论》，全理其、何力译，法律出版社，2001；〔德〕弗兰茨·冯·李斯特：《德国刑法教科书》，徐久生译，法律出版社，2006；〔德〕克劳斯·罗克辛：《德国刑法学总论》，王世洲译，法律出版社，2005。
④ 朱文奇：《国际刑事诉讼法》，商务印书馆，2014。

事诉讼法是相当复杂的，既与国内的规则不相同，也与过去的国际规范不一样。他强调证据是国际刑事诉讼中的关键。被告有罪与否，都离不开证据。该书的思考与观点是本书对于第一案中一些程序问题的思考起点。该书还纳入了本书所要论述的第一案的部分决定和确认起诉决定书的有关部分，给予本书写作不可多得的思考与启发。

马伟阳的《国际刑事法院受理制度研究——纪念国际刑事法院成立十周年》① 也是非常难得。他全面、系统而深入地研究了国际刑事法院的受理制度，国内对于受理问题的研究本来就少，像他这样研究得如此深入，而且结合了国际刑事法院的司法实践进行的研究就更少。该书尝试运用《罗马规约》的条款与案例并举、理论与实践相结合，以历史与社会分析等方法，对运行中的国际刑事法院的受理制度进行了系统全面的专题研究。该书详细的注释，仔细的考证，严谨的学术态度值得学习。

3. "第一案"、儿童兵与儿童权利保护的相关文献

国内关于儿童权利保护的研究并不少。与本书相关的，有参考意义的论著有柳华文主编的《儿童权利与法律保护》、吴鹏飞的《儿童权利一般理论研究》以及汪金兰的《儿童权利保护的国际私法及其实施机制研究：以海牙公约为例》 等著作。②

最后，国内其他一些研究儿童兵的学位论文与期刊论文也为本研究奠定了基石。例如冷新宇的《论征募儿童兵作为战争罪》是较早的关于此方面研究的期刊论文，他对塞拉利昂"诺曼案"的整理有一定的借鉴意义。总体来说，近几年国内在这个领域的研究成果并不多。

（三）小结

总的来说，国内外研究现状有以下几个特点。第一，从文献数量上来看，相比国际法的其他领域，关于征募儿童的战争罪武装冲突中儿童权利保护的国内外研究成果不算多，以"第一案"这视角进行的研究与分析更少。第二，研究国际刑事法院相关实体法的文献相当丰富，而且各有特

① 马伟阳：《国际刑事法院受理制度研究——纪念国际刑事法院成立十周年》，中国政法大学出版社，2012。

② 柳华文主编《儿童权利与法律保护》，上海人民出版社，2009；吴鹏飞：《儿童权利一般理论研究》，中国政法大学出版社，2013；汪金兰：《儿童权利保护的国际私法及其实施机制研究：以海牙公约为例》，法律出版社，2014。

色，更新版本较快；但研究国际刑事法院程序法的相对较少，关注儿童权利的更少。第三，从出版的时间来看，国内外学者对武装冲突中儿童权利的研究比较集中在近几年，2009 年起文献数量明显增多，但对国际刑事法院的实践缺乏系统的搜集和整理。第四，从研究的地域分布来看，基本上是西方发达国家的学者在研究，而发展中国家或者其他国家对这个问题的研究数量很少。

三　研究范围与方法

本书着重探讨以下三个方面的问题。第一，为了达到国际人权法上对儿童权利保护的目的，国际刑事法院在"第一案"的实体问题上是如何解释和适用《罗马规约》第 8 条战争罪中的"征募不满 15 岁的儿童加入国家武装部队（或集团），或利用他们积极参与敌对行动"及相关概念的？第二，为了结束有罪不罚的现象，国际刑事法院在"第一案"中在对被告卢班加进行定罪归责的过程中，以及其他刑事法庭的实践中，文化因素起到了什么样的作用？第三，在国际刑事法院未来的实践中，应该如何确保武装冲突中的儿童得到保护？这三个问题分别在本书的第四章至第六章中予以阐释和回答。

本书的主线是"第一案"，是建构和阐明征募儿童的战争罪和武装冲突中儿童保护的基本法律框架及其具体适用，并分析当前的问题和挑战。在这个意义上，本书只是一个基础性的研究，当中不少问题还是存在争议的，还有待以后继续加强研究和考察。就研究范围和方法而言，有以下几个问题需要在引论中交代清楚。

（一）概念的界定

本书中提及的概念有"儿童"、"被害人"、"证人"、"儿童被害人"和"儿童证人"。为了下文叙述的清晰性、连贯性和简便性，这里对这些概念作先行厘清。

1. 儿童

《儿童权利公约》（以下简称《公约》或 CRC）中对儿童有一个清晰的以年龄为标准的定义，即 18 周岁以下。在国际刑事法院的法律框架中，

"儿童"的概念同样以年龄为标准，但是并不统一。对于《罗马规约》第5条"种族灭绝罪"的第5项"强迫转移该团体的儿童至另一团体"，《犯罪要件》中对该项中的"儿童"定义为不满18周岁的人；对于《罗马规约》第8条"战争罪"中的"征募不满15岁的儿童加入国家武装部队（或集团），或利用他们积极参与敌对行动"，《犯罪要件》中对该项中的"儿童"定义为不满15岁的人。本书同意以年龄为标准定义"儿童"，即"儿童"是指不满18周岁的人，但在论述国际刑事法院"战争罪"的相关篇幅中，"儿童"与《犯罪要件》一致，指不满15岁的人。另外，本书采用儿童权利保护视角的分析路径，不对儿童"贴标签"。本书赞成"对儿童任何的标签或者分类，特别是认为他们是儿童兵，都会简单化了他们所处的背景和生活经历"。① 因此，本书中"儿童兵"的称法仅为行文简便而使用，结合上下文语境，指的是"以任何方式进入武装部队或武装集团的不满15（或18）岁的人"。

2. 被害人与儿童被害人

在国际刑事法院的法律框架中，《程序与证据规则》第85条对"被害人"下了一个定义。② 本书中，"被害人"的概念仅覆盖"自然人"这一层面，而不涉及组织或机构的被害人。这里的自然人"被害人"，仅限于那些遭受损害的个人，而且损害的结果必须与被告所指控的犯罪行为之间有联系。在第一案中，第一审判分庭对"被害人"的定义采纳了联合国大会1985年11月29日第40/34号决议通过的《为罪行和滥用权力行为受害者取得公理的基本原则宣言》中的定义，即被害人是指单独或集体地，直接或间接地，以各种不同的方式，遭受了伤害，如身体或精神伤害，精神痛苦和经济损失。③ 这个定义扩大了《程序与证据规则》中的"被害人"的含义。根据法庭的这个定义，法庭给予前儿童兵及其父母、学校、亲属

---

① Mark A. Drumbl, *Reimagining Child Soldiers in International Law and Policy* (Oxford: Oxford University Press 2012), pp. 6 - 7.

② 即"被害人"是指任何本法院管辖内的犯罪的受害自然人；被害人也可以包括其专用于宗教、教育、艺术、科学或慈善事业的目的财产，其历史纪念物、医院和其他人道主义目的的地方和物体受到直接损害的组织或机构。——作者注

③ *Lubanga Case*, Judgment, para. 14; *Lubanga case*, Decision on Victims' Participation, 18 January 2008, ICC-01/04-01/06-1119, paras. 90 - 92; *Lubanga case*, Judgment on the Appeals of The Prosecutor and The Defence against Trial Chamber I's Decision on Victims' Participation of 18 January 2008, 11 July 2008, ICC-01/04-01/06-1432, paras. 31 - 39.

和法律代理人以被害人的地位与权利,① 被害人并未限制在直接的被害人或者直接相关的家庭成员。值得注意的是，在这个时候，法庭把这些儿童兵当作被害人，而非参加者。而那些由被害人遭受伤害而有所损害的人并不是被害人。② 本书在相关的论述中，采纳第一案第一审判分庭对被害人所下的定义，而"儿童被害人"是指成为被害人的儿童，而不论其在犯罪过程中所起的作用如何，也对其在国际刑事法院调查、起诉、审判和赔偿过程中所扮演的角色不作区分。③

3. 证人与儿童证人

考察审判分庭在肯尼亚情势的两个案件的决定有助于确定国际刑事法院对"证人"的定义。"证人是由当事方或参与方意图传唤出庭作证的人，并且这种意图已经为其他当事方所知悉。证人包括在作证名单中且最后出庭作证者；也包括那些答应出庭但最后没有被传唤出庭者；还包括通过其他方法表达了一个清楚的意图同意代表某一当事方出庭作证者。"④

这个概念涵盖了控方、辩方、被害人法律代理人和法庭四方提供的证人。这些人都能在国际刑事法院的程序中提供证据。但是，为了《罗马规约》第 68 条第 1 款保护的目的，"证人"的利益应该在调查阶段受到初步程序的尊重。因此，"证人"的概念同样包括了在很早的调查阶段就来到国际刑事法院的个人，即使这些个人后来没有作为"审判阶段的证人"。至于"儿童证人"这个概念，主要指的是那些确实知道在国际刑事法院管辖下犯罪具体情况的、18 岁以下的个人（在事件发生之时），而不论他们出庭作证时的年龄。

---

① *Lubanga Case*, Redacted Version of Decision on Indirect Victims, 8 April 2009, para. 52.

② *Lubanga Case*, Judgment, para. 14. 另外，第四审判分庭在另一个案件中，以保护为目的定义了"被害人"，被害人是指在法庭初步审查了他或她的参诉申请后，以及当事方对这些申请提交意见后，其身份得到披露的人。参见 The Prosecutor v. *William Samoei Ruto and Joshua Arap Sang* (hereinafter Ruto and Sang case), "Decision on the supplementary protocol concerning the handling of confidential information concerning victims and contacts of a party with victims", 12 November 2012, ICC-01/09-01/11-472, para. 5。

③ 联合国大会：《联合国消除预防犯罪和刑事司法领域内暴力侵害儿童行为的示范战略和实际措施》，A/C. 3/69/L. 5 (2014)，第 6 段。

④ *Ruto and Sang Case*, "Decision on the protocol concerning the handling of confidential information and contacts of a party with witnesses whom the opposing party intends to call", 24 August 2012, ICC-01/09-01/11-449, Annex 1, para. 1.

儿童在很多的情况下，既是被害人也是证人，因此拥有"双重地位"。不同法律身份对儿童的保护是不同的，这取决于他或她与国际刑事法院的不同关系。例如，尽管国际刑事法院的法官允许匿名被害人的参加，但并不允许匿名证人，因为这会违反被告所享有的权利。值得强调的是，无论儿童被害人还是儿童证人的概念，应该考虑的是他或她在犯罪行为发生时的年龄，而并不是他或她与国际刑事法院产生联系或互动过程中的年龄。

4. 儿童权利

儿童同样享有作为人的一些与生俱来的基本权利。本书是国际刑法、国际人道法和国际人权法的一个交叉研究，因此明确儿童权利的概念以及儿童享有哪些权利以及如何救济是本书研究的前提和基础。儿童权利概念的形成过程与国际人权法的体系构成是相关的，不仅反映出人们对儿童尊重与保护理念的变化过程，也在一定程度上反映出国际社会对儿童权利保护理想与现实之间的差距。国际社会对儿童权利概念的认识，是经历了一个不断演进的过程。1989 年联合国《儿童权利公约》的通过则使儿童权利这个概念在国际社会巩固下来，也成为各国立法中一个重要的参照与重要的法律概念。[①] 但是，在学术研究方面，最近半个世纪以来，学者依然认为，"儿童权利"这个概念还是存在分歧的，至少没有被一致接受的定义或者理论。从现有的研究成果来看，关于儿童权利的解释，范围十分广泛，涉及法律、心理学、社会学、政治学、宗教和道德等领域。因此，儿童权利是一个广义的概念，指儿童在其享有的人权中需要社会或者成人给予特殊照顾和保护的权利，包括作为独立的人的权利，与父母联系的权利，获得基本的物质生活保护、教育、医疗的权利，以及适应儿童生长发育的刑事司法程序的权利。即使仅从法律的范畴来看，儿童权利的体系及构成也是相当复杂。有关保护儿童权利的法律法规贯穿儿童生活的全部，涉及民事、文化、经济、社会和政治等领域。本书认为，如果以创设法律权利的来源和保护方式为标准，儿童权利可以分为两大类：儿童人权与儿童民事权利。前者属于儿童在公法上的权利，主要是国际人权法保护的对象，如《儿童权利公约》所确定的儿童生存权、受保护权、发展权、参与权等；后者则属

---

① 该公约为儿童权利保护提供一个全球性统一的法律框架，是当今世界上加入国家最多的一个公约。《儿童权利公约》缔结后，几乎被所有国家所接受，截至 2011 年年底已有除美国和索马里之外的 193 个国家批准。——作者注

于儿童在私法上的权利，主要包括受抚养权、受监护权等，通常归入国际私法所保护的范畴。[①] 本书主要讨论儿童在公法上的权利。

5. 战争与武装冲突

"战争"与"武装冲突"两个概念在国际法上是有不同含义的。战争是交战各方之间相互使用武力造成的武装冲突，但并非一切武装冲突都是"法律意义上的战争"。战争既是一种法律状态，又是一种事实状态。战争主要是指交战双方有"交战意向"的法律状态，而武装冲突则指双方之间有武装敌对行为的事实状态。这两种情况都要适用武装冲突法的原则、规则和制度。[②] 但在本书中，由于不涉及传统武装冲突法的相关讨论，并不对"战争"与"武装冲突"作这方面的细致区分，因此，这两个概念在本书中互换使用，含义相同。

（二）研究方法

本书的研究样本是第一案的"确认起诉决定书"、"定罪判决书"和"量刑决定书"。但本书并不是对这三份国际刑事法院决定或判决的简单重述，而是对三份决定或判决的提炼、归纳与分析。同时，本书虽然会提及文化的因素，但并不是一个跨学科的讨论，也不分析武装冲突中对儿童的包括社会、经济和政治等方面的影响，第一章中提及武装冲突的背景是为了铺垫研究背景。本书的研究方法是国际法的实证分析方法和规范分析。但是，对儿童权利保护的跨学科研究是必要的，而且应该也是很有意思的。

实证分析的对象主要是国际刑事法院第一案，穿插讨论塞拉利昂特别法庭（以下简称"特别法庭"）的"诺曼案"、"武装力量革命委员会案"、"国民防卫军案"和"革命联合阵线案"。本书同样会提及国际刑事法院的一些决定、笔录和相关文档，对国际刑事法院文件的考察全部截至2015年3月1日。规范分析的对象是《罗马规约》、《犯罪要件》、《程序与证据规则》、《法院条例》等。根据《罗马规约》第21条，其他的关于儿童权利的法律文件，特别是为国际刑事法院提供儿童权利视角的《儿童权利公约》也会作重点分析，当然本书也会涉及其他法律文件，例如，联合国的

---

① 汪金兰：《儿童权利保护的国际私法及其实施机制研究：以海牙公约为例》，法律出版社，2014，第5—8页。

② 王铁崖主编《国际法》，法律出版社，1995，第617页。

决议、地区人权法院的案例、"软法"性质的文件和非政府组织的一些报告。① 所有资料都可从公开途径中获取。

四 本书结构

全书除引论与结语外，共分为六章。

引论简要说明选题的意义，选择"第一案"为视角的原因，综述国内外的研究现状，说明本书的研究范围和方法等。

第一章"国际刑事法院第一案的基本概况"对第一案的事实与法律问题作一个简要的介绍，并从中提炼出案件中的实体问题和程序问题，为下文的分析作铺垫。

第二章"武装冲突中的儿童"，介绍儿童在目前武装冲突中所扮演的角色。目的有三：一是为下文对征募儿童作为战争罪的发展脉络展开全面讨论提供一个前提；二是为国际刑事法院与儿童的关系问题作铺垫；三是为本书结论中最后提出的思考作前置性介绍。

第三章"国际社会禁止征募儿童兵的早期努力"介绍禁止征募儿童在国际人权法、国际人道法和国际刑法中的规定与国际刑事司法机构的早期实践。"不了解昨天的法律就无法懂得今天的法律"。本章主要目的是提出无论是国际人权法还是国际人道法，对于禁止征募儿童兵的行为都没有足够的震慑力，并展现儿童兵的问题是如何从国际人权法进入国际刑法的调整范围的。

第四章"征募儿童兵的战争罪的主要法律问题（一）"，从第一案的确认起诉决定书和定罪判决书中归纳出三个问题，讨论了征募儿童的战争罪的前提条件和适用法律，征召与募集的联系与区别，即儿童的同意是不是有效的抗辩理由，"利用儿童积极参加敌对行动"的含义、分析与思考。

第五章"征募儿童兵的战争罪的主要法律问题（二）"，继续讨论征募儿童战争罪的心理要件，如何确定被征募儿童年龄的难题，文化相对性对

---

① *Lubanga Case*, "Judgment on the Appeals of The Prosecutor and The Defence against Trial Chamber I's Decision on Victims' Participation of 18 January 2008", 11 July 2008, ICC01/04-01/06-1432, para. 33.

保护儿童权利的影响，以及征募儿童的战争罪的犯罪严重程度。

第六章"征募儿童的战争罪与儿童权利保护"，着重总结第一案的事实以及各个法庭决定的异同，同时，从更宏观的视角对国际刑事法院未来的发展提出建议，提出武装冲突中保护儿童的建议。

"结语"总结全书，提出本书的最终落脚点是通过国际刑事法院判决的威慑力，最终实现在世界范围内停止征募儿童和利用儿童参与任何敌对行动，保障儿童的权利。

从内容来看，除去引论和结语，本书以"第一案"为线索，总体分为三大部分：第一章、第二章和第三章构成第一部分，研究武装冲突中的儿童所面临的困境以及国际社会所作的早期应对，提出早期应对的不足与问题。第四章和第五章是第二部分，也是全书主体部分，解决和回应早期国际社会规范与实践中的不足；完整地回答了征募儿童作为战争罪的构成要件，并提出了相关的分析与思考。第三部分是第六章，这部分提出国际刑事法院未来在处理涉及儿童的实体问题和程序问题时如何更好地满足儿童的"需要"，结束有罪不罚的现象，完善对武装冲突中儿童权利的保护。

第一章 国际刑事法院第一案的基本概况

作为弱势群体的儿童，在武装冲突一旦爆发的情况下，最容易受到这样或那样的伤害。例如，2013 年 8 月 21 日，一段令人毛骨悚然的视频出现在国内外各大视频网站上。在这段视频中，叙利亚一间约 20 平方米的房间内，摆放着包括至少 10 名儿童在内的数十具死者尸体。而在另一个房屋内，数名据称吸入沙林毒气的儿童及成人正在接受急救。部分儿童全身抽搐，口吐白沫，神志不清。视频中，尸体都被白色裹尸袋包了起来，只露出死者的头部，但依稀可以观察出，当中的大部分是儿童。① 另外，2012 年 5 月 25 日夜间，叙利亚胡拉镇袭击中 108 人遇难，其中包括 49 名儿童。同年 6 月 7 日，叙利亚中部的哈马省发生屠杀惨案，造成 78 人死亡。其中妇女儿童占半数以上。在这样一些武装冲突中，无论是政府军出击还是反对派动手，平民尤其是儿童都是首当其冲的牺牲品。甚至还有不少儿童加入武装冲突中，沦为"与武装部队或武装集团有联系的儿童"（a child associated with an armed force or armed group），② 这些儿童每天生活在战争的暴力与恐惧当中。

我们不禁扪心自问，像这样的一些杀害平民的行为为什么没有人来为

---

① 视频中很多受害者是儿童，况且这些症状很难模仿，因此外界认为这段视频可信度较高。凤凰网，http://v.ifeng.com/vblog/dv/201308/0410ac9b-1705-46e1-9695-435bbd693e87.shtml，最后访问时间：2015 年 3 月 1 日。——作者注

② 与武装部队或武装集团有联系的儿童是在《关于与武装部队或武装集团有联系的儿童的原则和指导》（以下简称《巴黎原则》）中使用的术语，后得到红十字国际委员会的采纳，是指不满 18 岁的、被武装部队或武装集团以任何身份征募或利用的人，包括但不限于儿童（男童和女童），其用途包括战士、厨师、搬运工、间谍或用于性目的。它不仅指正在或已经直接参加敌对行动的儿童。参见 UNICEF，"THE PARIS PRINCIPLES, Principles and Guidelines on Children Associated with Armed Forces or Armed Groups（February 2007）"（hereinafter Paris Principles），p. 7，para. 2. 1。

之负责,作出这些行为的人有没有得到应有的起诉和惩罚?如果没有,这是为什么?是这些行为者在武装部队或团体中指挥层级的地位太高了,还是国内法院或国际司法机构放而任之?在国际社会,现在有了一个这样的案件给了我们一个明确的回答。

一 案件概况

(一) 案件事实

这是一个与儿童密切相关的案件,发生在非洲中部刚果民主共和国(以下简称"民主刚果")[①]东部省份的伊图里地区中。不少儿童加入当地的武装冲突中,这些儿童每天生活在战争的暴力与恐惧当中,来自民主刚果苏达(Sota)地区的年仅10岁的法布里斯(Fabrice)就是其中之一,在一次访谈中,法布里斯这样描述了他的经历:"卷入武装冲突时,我还是一名六年级的学生。爸爸妈妈被'刚果爱国者同盟'的部队杀害了。民兵告诉我,我应该通过杀死敌人的方式为爸爸妈妈报仇。我跟随民兵来到了一个军事训练营,我看到了很多年龄相仿的孩子,接受了连续三个月的军事训练,偶尔也上前线,还获得了武器。他们喜欢让我们当保镖,我们的对手是'民族主义与融合主义者阵线'的人,卢班加让我们一些人去复员时,我们大部分人才13岁。"[②]

悲惨的法布里斯只是千千万万民主刚果伊图里地区儿童当中的一个。但是,为什么伊图里地区的儿童要遭受如此的命运?这跟民主刚果和伊图里地区多年的战乱有密不可分的联系。

1. 案件背景

(1) 伊图里地区的冲突

民主刚果是地处非洲腹地的一个大国,领土面积列非洲第二,周边与

---

① 非洲中西部以"刚果"为名的国家有两个。一个是"刚果共和国"(The Republic of Congo),简称"刚果",首都是布拉柴维尔,曾经是法国的殖民地,1960年宣布独立;另一个是"刚果民主共和国"(Democratic Republic of the Congo, DRC),简称"民主刚果"或"刚果(金)",首都在金沙萨,1960年脱离比利时独立,这个正是国际社会广为关注的,也是第一案背景发生的国家。——作者注

② REDRESS, *Victims, Perpetrators or Heroes? Child Soldiers before the International Criminal Court*, September 2006, p. 18.

九个国家相邻，边境线蜿蜒曲长。民主刚果国土辽阔，自然资源丰富，战略位置优越，在整个非洲国家事务中有很重要的角色，被誉为"世界原料仓库"和"非洲心脏"。但正是这个非洲的心脏地区在过去多年来却一直受到暴力掠夺和剥削，当地居民在动荡的环境中求生。

　　1960 年，民主刚果摆脱比利时的殖民统治，取得独立，但国内长期陷于混战，依然是内忧外患。1965 年 11 月 24 日，时任军队总司令的约瑟夫·德西雷·蒙博托（Mobutu Sese Seko）发动军事政变，自任总统，并把国家重新命名为"扎伊尔"（Zaire）。此后至 1990 年的 4 月，刚果都是处于蒙博托的独裁统治时期，国内陷入延绵不断的内战中。1996 年 10 月至 2003 年 4 月，民主刚果经历了一场席卷全境、人员伤亡惨重、历时近七年的战争。这场战争受到了 1994 年发生在卢旺达的大规模屠杀，即图西族与胡图族之间仇杀的深远影响。1997 年，洛郎·德西雷·卡比拉（Laurent Desire Kabila）在乌干达、安哥拉，尤其是卢旺达等国政府的大力支持下推翻了总统蒙博托，取得了政权，恢复国名为"刚果民主共和国"。1998 年，万巴（Ernest amba dia Wamba）成立了"刚果民主联盟"（Rassemblement Congolais pou la Demoratie，RCD），作为反对卡比拉的统一领导组织。同年，本巴（Jean-Pierre Bemba）领导的"刚果解放运动"受到乌干达的支持，在民主刚果北部发动叛乱。民主刚果出现了政府军与反政府军的冲突，卡比拉一方得到了刚果武装部队、安哥拉、津巴布韦、纳米比亚、卢旺达解放军等武装力量的支持，而"刚果民主联盟"、"刚果解放运动"、卢旺达、乌干达和布隆迪则是反政府武装阵营，流血冲突迭起。这次冲突被称为"非洲的第一次世界大战"。这场战争已致使 500 万民众丧生。①

　　正是在这场战争的背景下，民主刚果的很多地方都极不安全，常年陷于武装冲突中。②伊图里地区则发生了更为激烈和血腥的冲突。伊图里地区位于民主刚果东北部，毗邻乌干达边境，拥有 350 万至 550 万的人口，聚居着若干个部族，民族构成相当复杂。根据相关统计，伊图里地区的伦杜（Lendu）和赫玛（Hema）两个部族各占伊图里地区各自 40% 的人口。

---

① Integrated Regional Information Networks，"DRC：Special Report on Tensions in the Northeast"，http：//www. irinnews. org/report/30336/drc-special-report-on-tensions-in-the-northeast，最后访问时间：2017 年 12 月 6 日。

② 联合国大会：《国际刑事法院的报告》，A/60/177（2005），第 37 段。

其中，伦杜族主要以农耕为生，而赫玛族则是擅长游牧和商业。族群间生活、生产方式的不一致本来就容易产生矛盾，加之比利时殖民当局在统治期间实行的"分而治之"政策使两族群地位并不平等，1972 年、1985 年与 1996 年两族群间发生了三次较为严重的冲突。1999 年，赫玛族与伦杜族的冲突瞬间恶化，同时由于"非洲第一次世界大战"期间伦杜族与胡图族、赫玛族与图西族的各自联系，二者之间的仇恨日益加深，于是爆发了大规模的流血冲突。

最重要的是，伊图里地区富藏钶钽铁矿、钻石、黄金等天然资源，卢旺达和乌干达等这些国家对此一直虎视眈眈。卢旺达和乌干达在刚果东北部供养着强大的军队，以控制那里的矿产资源。而军队的耗费又来自资源的收入。资源争夺引发了战争，战争又加剧了资源争夺，伊图里地区的冲突从一开始就已经陷入了恶性循环的怪圈，冲突与暴力一发不可收拾，伊图里地区也就成为民主刚果局势最不稳定的地区之一。伊图里地区的首府布尼亚市（Bunia）因盛产黄金，受到各武装派别激战争夺。为躲避战乱，布尼亚市大量人口逃离家园，原来拥有 35 万人口的城市在冲突期间基本上变成一座空城。

伊图里地区的冲突演变至后期，战争范围已经不限于伊图里地区，参与冲突的武装团体包括热尔曼·加丹加（Germain Katanga）领导的、主要由伦杜族组成的"民族主义与融合主义者阵线"（Front des Nationalistes et Intégrationnistes，FNI），由马斯尤·丘伊（Mathieu Chui）领导的、主要由恩基提族（Ngiti）组成的"伊图里爱国抵抗力量"（Forces de Résistance Patriotique d'Ituri，FRPI），以及由托马斯·卢班加·戴伊洛（Thomas Lubanga Dyilo）领导的、背后由乌干达撑腰的、主要由赫玛族组成的武装团体"刚果爱国者联盟"（Union des Patriots Congolais，UPC），再加上刚果政府军与反政府军，错综复杂的冲突成了刚果战争的延续。有报道称，卢班加所在的"刚果爱国者联盟"为扩大其力量，绑架了成千儿童参加他们的军队，并且逼迫这些儿童参与战斗。而卢班加，正是本案的唯一被告。[①]

---

① Human Rights Watch，"Uganda in Eastern DRC：Fueling Political and Ethnic Strife"，http：∥www. hrw. org/reports/2001/drc/DRC0301. PDF，最后访问时间：2015 年 3 月 1 日。

（2）被告人的基本情况

托马斯·卢班加·戴伊洛 1960 年出生于民主刚果东方省的伊图里地区，是土生土长的赫玛族人。他曾于基桑加尼大学（the University of Kisangani）学习并取得了哲学学位，于 1999 年末至 2000 年初进入民主刚果政界，并当选为伊图里地区大会（Ituri District Assembly）的成员。2000 年 9 月，卢班加创办了"刚果爱国者联盟"，并于 2002 年 9 月 15 日签署了《刚果爱国者联盟章程》。卢班加成为"刚果爱国者联盟"的政治领袖，并迅速成为其军事分支"争取刚果自由爱国力量"（Patriotic Force for the Liberation of the Congo，FPLC）的主要指挥官，掌握部队的指挥权。①

（3）国际刑事法院及其管辖权的确立

卢班加之所以在国际刑事法院接受审判，是因为民主刚果是《罗马规约》的缔约国。国际刑事法院对《罗马规约》生效后（2002 年 7 月 1 日）的战争罪、反人类罪、种族灭绝罪和侵略罪有管辖权。根据《罗马规约》第 13 条，有三种方式可以启动国际刑事法院的管辖权，一是由缔约国将某一情势提交给检察官；二是由联合国安理会将某一情势提交给检察官；三是由检察官自己开始调查一项犯罪。第一案是由第一种方式启动的，即由民主刚果的约瑟夫·卡比拉（Joseph Kabila）总统于 2004 年 4 月 19 日向国际刑事法院提交了"民主刚果情势"。

卡比拉总统提交该情势，要求国际刑事法院审理该国境内发生的严重罪行，这是国际刑事法院管辖权的基石——补充性原则——发挥作用的第一个例子；对于民主刚果来说也是一个历史性时刻。当然也有人认为，卡比拉提交情势，既是民主刚果打击政治对手的手段之一，也是由于民主刚果国内的司法制度脆弱不堪，无法对国际犯罪进行有效的起诉。②

在这里有必要解释一下所谓"情势"与"案件"的区别，并对国际刑事法院的组织机构作相应的介绍。无论是《罗马规约》，还是国际刑事法院的《程序与证据规则》，都没有对"情势"和"案件"作出明确的解释。但法院的一个预审分庭指出，"案件"与"情势"最大的区别在于有

---

① *Lubanga Case*, Decision on the Confirmation of Charges.

② William W. Burke-White, "Complementarity in Practice: The International Criminal Court as Part of a System of Multi-level Global Governance in the Democratic Republic of Congo", *Leiden Journal of International Law* 18 (2005): 563 – 568.

没有一个或一个以上明确的嫌疑人，这个（些）嫌疑人实施了属于国际刑事法院管辖的一项或以上犯罪的具体行为，从而引发了国际刑事法院后续的逮捕与出庭等程序。也就是说，"案件"是有具体的个人和特定的行为指向的；而情势并没有，只是一个范围（空间、时间等），国际刑事法院在此范围内开展工作，以确定是否有"案件"。因此，在同一个情势中，往往就不止一个案件。截至2017年，法院正在调查或审理的一共有11个情势、25个案件。其中，卢班加案、卡坦加案（*The Prosecutor v. Germain Katanga*）和马赫迪案（*The Prosecutor v. Ahmad Al Faqi Al Mahdi*）完成了所有的审理阶段程序。[①]

下文多处会提及国际刑事法院的各个组织机构，因此有必要在这里加以简要介绍。国际刑事法院的组织机构是很有特点的。根据《罗马规约》第34条，院长会议，书记官处，上诉庭、审判庭和预审庭，以及检察官办公室是国际刑事法院的四个机关。其中，法院的审理机关包括预审庭、审判庭和上诉庭。预审庭负责审前程序，主要是调查和起诉阶段的司法监督，包括处理情势与案件的可受理性问题、复核检察官的不起诉决定等。其中最主要的就是在被告人到庭后，通过举行听证，确认检察官在起诉书中对被告准备提请审判的指控。当预审庭认为起诉书的指控符合一定的证明标准时，就会确认对被告人的指控，发布确认起诉决定书，案件就会被移交审判庭，正式进入审判程序。

案件进入审判程序后，就交由审判庭来负责。审判庭除了需要确保审判的公平从速，还需要充分尊重被告权利，并"适当顾及"对被害人和证人的保护。审判庭还有权就被害人的赔偿作出决定。在审判过程中，法庭需要听取控方以及被告及其辩护人两方的证据，只有当具有说服力的证据达到"超越了任何合理性怀疑"的程度，法庭才能认可控方指控的相应的犯罪事实。上诉庭就是检察官、被告人、被害人对某些特定问题的上诉进行听证与裁决。检察官和被告人可以就定罪量刑的判决进行上诉，而被害人仅能在赔偿事项提起上诉。颇有特色的是，《罗马规约》第82条规定了被告人的"中间上诉权"，第一案中也是经历了多个中间上诉，以至于程

---

① 参见国际刑事法院网页，https://www.icc-cpi.int/Pages/Main.aspx，最后访问日期：2017年12月1日。

序如此冗长。

检察官办公室（Office of the Prosecutor，OTP）是国际刑事法院的一个重要的独立的机构。但它的职能与国内的司法制度既有相似也有区别。在国际刑事法院的制度设计中，在法院管辖权和可受理性的启动和运作方面，检察官办公室往往发挥着关键和主要的作用。其中，检察长负责案件的立案、调查取证和起诉等工作。这和一国国内的公安（警察）与检察（起诉）隶属于两个不同部门的体制并不相同，国际刑事法院把这两个职能实质上都集中到了检察官办公室。国际刑事法院之所以这样设计和安排，是为了保持调查和起诉工作中的连续性和承上启下性，但这也不免产生一些消极的影响，那就是缺少了一个相互制约的因素，赋予了检察官极大的权力。为了限制检察官调查和起诉的权力，《罗马规约》第 53 条规定了检察官在作出决定时应当考虑的一些因素，其中包括了被害人的利益。当案件进入了审判阶段，检察官就会代表国际社会出庭支持起诉，他或她对追究被告人刑事责任主张负有举证责任。[1]

书记官处负责法院非司法方面的行政管理和服务，职责范围比较广。国际刑事法院的书记官处下设有被害人和证人股（Victims and Witnesses Unit），该股向证人、出庭作证的被害人提供帮助。由于证人在法庭作证时会面临危险，所以法庭得向他们提供保护方法和安全措施、辅导咨询和其他适当援助。该股与"第一案"密切相关，因为考虑到不少被害人和证人都是儿童，还有不少是女童，法庭尤其要考虑他们的需要，根据情况提出保护他们所应采取的措施与建议，对他们提供心理上的帮助，帮助他们消除紧张心理与情绪，从而使他们能出庭作证，以帮助庭审顺利进行。除此之外，被害人参与和赔偿部（Victim Participation and Reparation Section）与被害人公共律师办公室（Office of Public Counsel for Victims）也是两个设在书记官处中的、与被害人有联系的部门。被害人参与和赔偿部负责处理一些程序事项，例如，处理被害人参与申请书，同时为被害人的法律代理人提供支持；被害人公共律师办公室是一个独立的部门，既可以代表被害人做法律代理人，也可以就被害人特定问题陈述意见，还负责为被害人的法

---

[1]　参见朱文奇《国际刑事诉讼法》，商务印书馆，2014，第 207—210、422 页。

律代理人提供法律意见等。① 当然，在大部分情况下，还是由法院外部的独立律师担任被害人的法律代理人，外部律师同样可以从被害人公共律师办公室获得协助。

在卡比拉提交情势后，检察官办公室在 2004 年 6 月 23 日启动了调查，这也是法院自成立以来的首次调查。2006 年 2 月 10 日，第一预审分庭正式签发对卢班加的逮捕令。2006 年 3 月 17 日，卢班加由国内羁押转至法院羁押。第一预审分庭于 2007 年 1 月 29 日发布确认起诉决定书，审判从 2009 年 1 月正式开始，法庭举行了 204 天的听证，检方和被告方共有 70 多名证人出庭作证，还有 129 名受害者出席了庭审。最终，国际刑事法院第一审判分庭于 2012 年 3 月 14 日作出定罪判决。

2. 与指控相关的事实

（1）儿童兵入伍的相关事实

多名可靠并可信的证人作证表示，的确存在 15 岁以下儿童 "自愿" 或强行加入 UPC/FPLC，这些儿童很快就送至位于布尼亚市的总部或军事训练营，包括位于卢旺姆帕拉（Rwampara），曼德罗（Mandro）和蒙瓦卢（Mongbwalu）的训练营。视频证据清楚地显示了不满 15 岁的儿童正在卢旺姆帕拉训练营中受训。证据表明，在 FPLC 军营中的儿童经历了严酷的训练，并会遭受一系列严厉的惩罚。证据同时还显示，以女童为主的儿童被用于从事家务劳动。这些女童在军营中遭受了性暴力或强奸。因此，在 2002 年 9 月 1 日至 2003 年 8 月 13 日，有超越合理怀疑的证据表明，UPC/FPLC 征召和募集了不满 15 岁的儿童。

证人证言和书面证据证明，入伍了的儿童部署在布尼亚市、查米亚镇（Tchomia）、卡塞尼镇（Kasenyi）、博格罗（Bogoro）和其他地方，并参与了一系列的敌对行动，包括在甲部（Kobu）、松戈洛（Songolo）和蒙瓦卢（Mongbwalu）地方的冲突。UPC/FPLC 使用不满 15 岁的儿童作警卫，并成立了一个主要由不满 15 岁的儿童组成的特殊的 "Kadogo Unit"。录像证据表明 UPC/FPLC 指挥官经常使用不满 15 岁的儿童作保镖，并在为被告卢班加所在的卫队中提供服务。因此，在所有的情况下，已经有超越合理怀疑的证据表明，"刚果爱国者同盟/争取刚果自由爱国力量" 在 2002 年 9 月 1

---

① 参见《法院条例》第 80 条第 2 款、第 81 条第 4 款。

日至 2003 年 8 月 13 日，利用不满 15 岁的儿童积极参与敌对行动。

（2）共同犯罪计划存在的相关事实

证据表明，卢班加及其同伙策划建立军队，力图从政治上和军事上控制民主刚果东北部的伊图里地区。争取刚果自由爱国力量便是执行这一使命的部队。在这个事件发展过程中，导致了不满 15 岁的儿童入伍，并利用他们积极参加敌对行动。最晚从 2002 年 4 月开始，被告人卢班加所在的 UPC/FPLC 与姆布萨·尼亚姆维西（Mbusa Nyamwisi）所领导的"刚果争取民主联盟—解放运动"产生冲突。被告带领军队力求实现伊图里地区的政治变革，其中包括在如有必要的情况下，武力推翻姆布萨·尼亚姆维西的统治。被告一直领导和控制 UPC/FPLC，并派出其人员到卢旺达获取武器。在此期间，弗洛里贝·基森博（Floribert Kisembo）和博斯科·恩塔甘达（Bosco Ntaganda）等其他主要共同犯罪人，负责征募和训练新兵，其中包括不满 15 岁儿童。

（3）被告在共同犯罪计划中所起作用的相关事实

被告卢班加，伙同他人参与了 2002 年 8 月对布尼亚市的接管。卢班加以 UPC/FPLC 最高领袖的身份，任命了弗洛里贝·基森博和博斯科·恩塔甘达等人在 UPC/FPLC 中担任要职，这进一步表明了被告卢班加是 UPC/FPLC 的领袖身份。UPC/FPLC 中的指挥官和领导者，一直积极地参与对新兵的动员和征募活动中，说服赫玛族的成年人把儿童送入 UPC/FPLC。在 FPLC 正式成立之前征募来的儿童在曼德罗军事训练营接受训练。

（4）构成犯罪主观要件的相关事实

证据表明，卢班加是 UPC/FPLC 的政治领袖和军队总司令，对 UPC/FPLC 的活动有实质和持续的指挥，并发挥整体的协调作用。他参与策划军事行动，给军队提供后勤支持，包括武器、弹药、食物、制服等的供给，在这些活动中，被告卢班加都起到了关键的作用。卢班加密切地参与征募决策，积极支持征募行动，例如向地方群众和被征募者发表演讲。在卢旺姆帕拉（Rwampara）军营所作的讲话中，他鼓励包括 15 岁以下儿童的民众参加军队，鼓励他们在接受训练后前往战地为当地人提供安保。此外，他还用 15 岁以下的儿童作为自己的保镖。这些由卢班加所作出的"贡献"，总体而言，对于共同犯罪计划都是必不可少的。可以发现，上述的共同犯罪计划导致了不满 15 岁的儿童参加到 UPC/FPLC 以及利用他们积极参加了敌对行动。因此，证据已超越合理怀疑地表明，卢班加对儿童的入伍心理上是故意和明知的，他也确实知道武装冲突存在的事实情况以及武装冲突与儿童入伍之间存在联系。①

（二）第一案缘由

"检察官诉卢班加案"一直被称为"国际刑事法院第一案"。为了说明该案称为"第一案"的缘由，直观起见，作者利用表1－1列出了与该案同时期出现在法院列表中的情势的相关时间点。

表1－1　国际刑事法院相关情势、案件的主要程序时间点

情势与案件	收到情势提交报告	决定展开调查	签发首个《逮捕令》	确认起诉听证/确认起诉决定	定罪/量刑判决/上诉判决
乌干达	2004.1	2004.7	2005.7.8（Okot Odhiambo）	2016 年 12 月 6 日开始审理 Ongwen Case	暂无
民主刚果	2004.4	2004.6	2006.2.10（Thomas Lubanga Dyilo）	2006.11.9－28/2007.1.29（Thomas Lubanga Dyilo）	2012.3.14/2012.7.10/2014.12.1
苏丹达尔富尔	2005.3（安理会提交）	2005.6	2007.4.27（Ahmad Harun and Ali Kushayb）	2009.10.19－29/2010.2.8（Bahar Idriss Abu Garda）	暂无
中非共和国（1）	2004.12	2007.5	2008.5.23（Jean-Pierre Bemba Gombo）	2009.1.12－15/2009.6.15（Jean-Pierre Bemba Gombo）	2016.3.21/2016.6.21
肯尼亚	OTP 主动调查	2010.3	2011.3.8（William Samoei Ruto）	2011.9.1－9.8/2012.1.23	暂无

从上述列表上不难发现：卢班加案有如下三个"第一"：检察官办公室第一个决定展开调查、第一个发布确认起诉决定书和第一个发布定罪量刑判决书的。正因为如此，卢班加案是"第一案"，也是"主要争议问题"较多的案件。相比之下，检察官办公室虽然最早收到乌干达情势报告，但

---

① *Lubanga Case*, Summary of the "Judgment pursuant to Article 74 of the Statute", ICC-01/04-01/06-284315 March 2012, Trial Chamber I, paras. 28－40, https://www.icc-cpi.int/CourtRecords/CR2012_03947.PDF，最后访问时间：2018 年 3 月 1 日。

至今没有定罪或量刑判决。其他情势和案件更无可比性。

2012 年 3 月 14 日，国际刑事法院作出了它的第一份判决。刚果爱国者联盟的指挥官托马斯·卢班加·戴伊洛，确认因在 2002 年 9 月初至 2003 年 8 月 13 日，征募不满 15 岁的儿童加入 FPLC，并积极使用他们参加敌对行动而获战争罪。

（三）审理过程

本案于 2007 年 6 月 5 日正式进入审判阶段，2007 年 9 月 4 日，审判分庭召开了第一次情况会商（status conference），其后在审判正式开始前共召开了 54 次情况会商。2008 年 6 月 13 日，由于证据披露问题，法庭裁决中止（stay）本案全部诉讼。中止全部诉讼是法庭作出的一个无奈的决定。中止案件是由于检察官办公室在调查取证过程中为了取得证据，与某些信息提供者达成了众多非例外性质的保密协议，恰恰在这些证据中又包含了对辩方有利的出罪证据。根据《罗马规约》第 67 条第 2 款，检察官有义务"应在实际可行时，尽快向辩护方披露这些证据"。那么问题就在于，如果信息提供者坚持履行保密协议，不同意解密，那似乎不是"实际可行"的时候，检察官是否有权力不予以披露出罪证据？审判分庭认为所有出罪资料必须向辩方披露，也需要供法庭裁断。检察官的做法严重损害了诉讼公平，构成滥用权力，因此必须在现阶段暂停全部诉讼程序。2008 年 11 月 18 日，上诉分庭推翻审判分庭的决定，诉讼程序恢复。

2009 年 1 月 26 日和 27 日，被告人和被害人的法律代理人作了开庭陈词，检方于 2009 年 1 月 28 日传唤了首位证人。2009 年 7 月 14 日，检方的口头陈述阶段结束。2010 年 7 月 8 日，法庭再次以证据披露为由，裁决中止本案全部诉讼，至 2010 年 10 月 25 日恢复。

本案中，审判分庭举行了 204 天的听证会，听取了 67 名证人的证言。检方传唤了 36 名证人（其中包括 3 名专家证人），辩方有 24 名证人。3 名获得被害人地位的被害人在代理人的请求下，也获得证人身份。法庭传召了 4 名专家证人。检方提交了 368 项证据，辩方提交了 992 项证据，被害人代理人提交了 13 项证据，共计 1373 项。根据《罗马规约》第 68 条第 3 款，共有 129 名被害人获得了参与的权利。

2011 年 8 月 25 日和 26 日，被告人和参与人的口头陈词阶段结束。从 2007 年 6 月 6 日起案件移送至第一审判分庭，法庭共作出了 275 项书面决定和 347 项口头决定。审判分庭分别于 2012 年 3 月 14 日和 7 月 10 日对被告作出定罪判决与量刑决定。[①]

二　案件焦点

第一案是国际刑事法院的所作出的第一个判决，标志着一个历史性的时刻。可以想象有那么一刻，国际刑事法院未来的案件中，可能大家都已经记不清楚对卢班加指控的确切事实和罪名，但依然会记得卢班加这个名字，卢班加案是国际刑事法院的第一案。[②]

本案所反映出来的问题很多，既有阻碍审判程序进行的各种困难，这些困难甚至已导致了上述的两次审判的中止，还有一些与被告卢班加定罪量刑密切相关的实体问题。本书将围绕征募儿童的战争罪和儿童权利的保护，提出在本案的调查、起诉和审判过程中所突出反映的如下几个问题。

（一）实体问题

在第一案中，法庭需要处理的实体问题主要是如何对被告卢班加进行定罪和量刑，包括第一案发生的相关事实背景的性质问题，即相关事实是否可以定性为武装冲突，如果可以的话，这种冲突应被列为国际性的还是非国际性的。这是确定战争罪的一个必要前提条件。其中，国际刑事法院如何确定行为人征募儿童的行为构成战争罪是第一案中最具创新性的发展。

审判分庭对《罗马规约》第 8 条进行了深入的分析。判决的很大一部分是专门澄清第 8 条所指犯罪行为的含义，并评估这些行为的法律意义。审判分庭回顾了第 8 条中与征募儿童相关的三个概念，并指出这在《罗马规约》、《程序与证据规则》和《犯罪要件》中都没有定义。因此，审判分庭对征召与募集进行了解释，对这两个概念与"利用儿童积极参加敌对行动"进行了区别与联系，审判分庭提出了其对"积极参加敌对行动"概念的新理解。

1. 征召与募集的区别

在解释《罗马规约》中的征募和利用儿童的战争罪条款时，审判分庭

[①] *Lubanga Case*, Summary of the "Judgment pursuant to Article 74 of the Statute", paras. 4 – 12.

[②] William Schabas and Carsten Stahn, "Legal Aspects of the Lubanga Case", *Criminal Law Forum* 19 (2008): 431.

就发现"尽管其他国际法庭的决定并不是《罗马规约》第 21 条下的本法院需要直接适用的法律依据",但由于《罗马规约》对儿童兵相关规定的条款与《塞拉利昂特别法庭规约》的规定如此相似,因此塞拉利昂特别法庭的判例法……可能有助于《罗马规约》的解释。① 但是,在最终犯罪要件的解释方面,审判分庭不仅超越了特别法庭,还超越了预审分庭的解释。法庭对征召和募集的解释,与儿童的同意或儿童的自愿能否成为被告抗辩的理由密切相关,这是本书所要讨论的第一个实体问题。

2. "利用儿童积极参加敌对行动"

这是与儿童保护密切相关的是第二个问题,即在庭审中已经揭示出的对儿童的性暴力到底是否属于"利用儿童积极参加敌对行动"。对儿童性暴力行为并没有包括在对被告卢班加的指控当中,法庭决定不对这些性暴力行为是否属于"利用"范围进行分析。在这个问题上,奥迪奥·贝尼托(Odio Benito)法官提出了强烈的异议意见,她认为法院的目的并不仅仅在于决定被告有罪与否,还在于考虑被害人所遭受到的伤害。这个问题不但引发了对于儿童被害人的保护问题,还牵涉到对儿童被害人的保护程度以及国际刑事法院的司法职能问题。

因此,法庭如何定义"利用儿童积极参加敌对行动"成为本案的一个焦点。在本案中,审判分庭得出了与《罗马规约》筹备委员会、塞拉利昂特别法庭和预审分庭都不一样的结论。

3. 被征募儿童年龄确定的问题

被征募人的年龄是征募儿童的战争罪一个重要的犯罪构成要件,即需要犯罪发生时被征募人的年龄低于 15 岁。但是,这里有一个严重的问题:在非洲很多国家,要确定被征募人的年龄并不容易。在第一案中,检察官办公室的调查员称民主刚果政府的民事行政管辖事项非常有限,因此很难确定儿童的年龄。检方为了证明儿童的年龄,花了很多精力,也作了很多努力。在确定他们年龄的过程中,本书提出文化相对性与保护儿童权利的一些思考。

4. 征募儿童的犯罪严重程度

征募儿童的犯罪严重程度问题是在卢班加案的量刑决定书中讨论的,

---

① *Lubanga Case*, Judgment, para. 603.

被告卢班加被判处 14 年的刑期。虽然本案是国际刑事法院的"第一案"，但如上所述，这并不是国际社会处理征募或利用儿童积极参加敌对行动的第一个案件。虽然在塞拉利昂特别法庭中，已经就利用不满 15 岁的儿童的行为人有过量刑的讨论，但是，塞拉利昂特别法庭的判例没有在量刑决定中单独处理某一项犯罪，因此也没法观察这些案件中利用儿童兵的犯罪对于整个量刑的影响。这就使得第一案的量刑决定书成为观察和阐述征募儿童的犯罪严重程度的唯一文本。

（二）程序问题

第一案历时八年，产生了大量的诉讼文件。八年诉讼过程，引发了大量对未来国际刑事法院诉讼的猜测。但无论如何，有一个事实是清楚的：托马斯·卢班加·戴伊洛这个名字成为国际刑法史一个标志，也将与国际刑事法院的"童年"相联系。

从预审阶段开始到审判阶段结束，国际刑事法院耗时六年，这六年将会从卢班加被判处的 14 年中扣减。这当中出现了很多与正当程序相关的问题，才使得整个审判如此冗长。两次中止诉讼都与检察官办公室对证据和资料的披露相关；两次中止诉讼，都将整个诉讼时间拖延了近一年。而且，第一案中充斥着大量的中间上诉。由于在审理过程中，上诉分庭需要解决审判分庭遇到的一些问题，一旦审判结束，一些错误将难以纠正，为避免审判分庭继续往错误的方向走，故中间上诉的存在是有一定的合理性。

审判分庭从一开始就界定了四个在审理过程中最具争议的问题，包括控方未能披露可能出罪的证据；审判分庭试图改变对案件事实的法律定性；检察官办公室拒绝披露"中间人"个人身份；辩方提出终止全部诉讼的请求。审判分庭花了大量的时间和资源解决这四个问题，因为这些都对审判公正有着至关重要的影响。在第一案诉讼进行的过程中，已经产生了大量的学者分析，但目前仍然缺少独特视角的对第一案的整理。由于本书篇幅、主题与角度所限，对第一案中程序问题与儿童权利保护问题，将不在本书中展开论述与分析。

然而，诚如沙巴斯所说，在几年后，大家对卢班加案的确切事实和罪名都已淡忘。但"卢班加"却成为一个代名词，频繁地出现在学者、律师和国际法学生的眼中，多次出现在各类的法学教材中，从国际刑事实体法到国际刑事诉讼程序法，结合着"卢班加案"，讨论着相关的责任模式、冲突性质、犯罪心理要件、被告人权利、审判程序以及被害人的权利与地位等问题。①

---

① William Schabas and Carsten Stahn, "Legal Aspects of the Lubanga Case", *Criminal Law Forum* 19 (2008): 431.

第二章 武装冲突中的儿童

　　国际刑事法院管辖下的犯罪并非一般性的、普通的犯罪，是对人们的生存和生活环境有严重影响的国际性犯罪。这些国际罪行经常发生在大规模的、有系统性的战争当中。只要人们被卷入战争，就会受到战争后果的波及，儿童更不例外。儿童卷入战争是有多种原因的：有的是因家境贫穷被父母以"纳税"的方式交给地方武装力量；有的只是为了解决"一片面包"的基本温饱，挨饿的滋味是最难受的，只好投靠武装集团；有的是被武装集团"洗脑"蛊惑了；也有的是为了给家庭成员复仇，等等。可以这样认为，身处战争当中的儿童，他们的童年与未来都因此而蒙上了巨大的阴影，遭受到极大变故。为了说明儿童与国际刑事法院是如何联系起来的，首先就要理解儿童在战争中所受到的影响与所扮演的角色。作为下文必要的铺垫，本章的第一部分呈现武装冲突中儿童的历史与现状，第五部分介绍本书主线"第一案"中的儿童，中间的第二、三、四部分论述儿童在武装冲突中的三种不同角色。首先，儿童是受害者，武装冲突的存在严重地影响了儿童个人的生存与发展。其次，这些直接与间接的影响又使一些儿童参加到武装冲突中，成为"施害者"。最后，在武装冲突结束后，回归正常生活，他们依然是实现地区和平、正义与和解力量中的关键者。

一　儿童卷入武装冲突的历史与现状

（一）历史状况

　　儿童出现在战争中，自古有之。古代罗马人的军事队伍主要就是以儿童为主。那时的儿童在战场上是相当活跃的，但一般只是作为军事乐队手或者军队运动员，如拿破仑时代的鼓手男孩和美国内战期间的军队球员。19 世纪，儿童既要为军事活动提供支持，也要到前线作战，如南非第二次布尔战争中的"童子军运动"，还有如英国作家乔治·奥威尔（George Orwell）在《向加泰罗尼亚致敬》（*Homage to Catalonia*）[①] 书中所描述的1936 年至 1939 年的西班牙内战中对儿童兵的使用。[②]

　　20 世纪还有一个著名的儿童卷入战争的例子就是第二次世界大战中的希特勒青年团（Hitler-Jugend）。希特勒青年团是一个在 1922 年至1945 年由纳粹党设立的青年组织，成员人数达 870 万人，占当时德国青年的98%。纳粹党对希特勒青年团中 10 岁至 18 岁的男孩提供军事训练。[③] 在第二次世界大战即将结束之际，为了解决军人短缺的问题，希特勒青年团中的成员甚至参与了防空炮部队的工作。同盟国一直让 8 岁的孩子参加到保卫德国的战斗中，一直到战争结束。儿童经常用于作战和参加到抵抗运动中，特别是在波兰的大屠杀，青年卫士组织（Hashomer Hatzair）大量地投入 1943 年 1 月 18 日开始的"华沙犹太人起义"（Warsaw Ghetto Uprising）。[④]

---

① "刚抵达前线，我就被任命为下士，或者叫作 cabo（班长），并负责指挥一支十二人的队伍。这个小分队只是一群毫无训练的乌合之众，成员基本上都是些十几岁的孩子。在民兵里，年仅十一二岁的少年儿童到处可见，他们通常是来自法西斯占领区的难民。让他们参加民兵，也是养活他们的最简便的办法。通常，他们会被安排在后方从事轻松的工作，但有时他们也会设法逐步地进入前线。在前线，他们给大家造成了威胁。我记得有个小混蛋将一颗手榴弹丢到防空壕的火堆里，事后还说那仅仅是'为了开个玩笑'。在波切洛山（Monte Pocero），我虽然认为那里的任何人不会小于十五岁，但大家的平均年龄肯定不到二十岁。这种年龄的孩子根本就不该被送上前线，因为他们无法忍受长期睡眠不足，在前沿战壕中缺觉那可是家常便饭。起初，要想让我们的岗哨在夜晚正常执勤几乎是不可能的事。我的这个小分队的坏小子们，你只有把他们从防空壕里拖出来才能把他们弄醒，然后就在你转过身来的一刹那，他们便离开岗哨，重新溜进了防空壕。有时候，尽管天寒地冻冷得可怕，他们竟然也能斜靠着战壕壁酣然入睡。幸运的是，敌人也同样缺乏进取精神。在我看来，在许多个夜晚，我们的阵地完全有可能被二十个拿气枪的童子军攻占，此外，二十个拿着羽毛球拍的女童子军说不定也能干成这件事。"参见〔英〕乔治·奥威尔《向加泰罗尼亚致敬》，李华、刘锦春译，江苏人民出版社，2006，第 22 页。

② 参见 Bhavani Fonseka, "The Protection of Child Soldiers in International Law", *Asia-Pacific Journal on Human Rights and the Law* 2（2001）：69 - 89。

③ 希特勒青年团按年龄和性别分为三个组织，其构成主体为 14 岁到 18 岁的男性青年。10 岁到 14 岁的男孩加入其附属的德国少年团，14 岁后加入希特勒青年团。10 岁到 14 岁的女孩加入其附属的青少女联盟，14 岁后加入德国女青年联盟。——作者注

④ 参见 Michael H. Kater, *Hitler Youth*（Harvard：Harvard University Press, 2006），p. 145。

20 世纪初，在一些人道主义机构的倡导下，儿童是战争中的受难者的想法开始盛行。这些机构有：1919 年由埃格兰泰恩·杰布（Eglantyne Jebb）女士创立的国际救助儿童会（Save the Children），就是为了帮助在第一次世界大战期间陷入困境和受到战争影响的儿童；1937 年成立的国际计划（Plan International），主要是为西班牙内战中的儿童提供食品、住宿和教育；1942 年由法政牧师（Theodore Richard Milford）成立的乐施会（Oxfam），目的是在第二次世界大战期间运送粮食给希腊儿童；1946 年成立的联合国儿童基金会（United Nations International Children's Emergency Fund，以下简称"儿基会"），为第二次世界大战后的欧洲儿童提供紧急食品和医疗保健；红十字国际委员会（International Committee of the Red Cross，ICRC）在第二次世界大战后为家庭团聚以及呼吁儿童是战争受害者作出了大量努力。20 世纪相当长的一段时间内，儿童都被认为无法在身体上和精神上承担起作为一个战斗员或士兵所需要的能力。[①]

但是，好景不长。在 20 世纪中后期，随着现代武器的发展，各个国家中的政府军队和非国家武装团体中出现了越来越多的儿童。像 AK47 轻便易携和简单易用的武器的出现，使得人们开始利用儿童参与到战争当中，比较典型的如 1970 年柬埔寨的红色高棉。冷战结束后，种族和宗教矛盾层出不穷，很多武装冲突的性质开始改变为国内性质。国内武装冲突的作战方式也多以游击战为主，儿童在这种作战形式中有着天然的优势，因此使用儿童参与战争的现象大为增加，他们扮演着如侦察员和情报员的角色。随着武装冲突性质的不断演变，使用儿童作为自杀式炸弹袭击者最令人痛心疾首。泰米尔猛虎组织（Liberation Tigers of Tamil Eelam）在与斯里兰卡政府长达 20 年的冲突中，反复使用儿童进行自杀式袭击。目前，这一现象依然偶见于阿富汗、巴勒斯坦和伊拉克等地方。

（二）现状

1998 年，联合国儿童基金会估计，全球有大约 30 万儿童卷入 30 个不同国家或地区的战争当中，世界上 129 个非国家武装集团中有 69 个征募和使用了儿童兵。[②] 2001 年，联合国大会的报告表明，世界范围的各种武装

---

① 参见 P. W. Singer, *Children at War*（New York：University of California Press，2006），p. 10。

② 参见 P. W. Singer, *Children at War*（New York：University of California Press，2006），p. 30。

部队、组织或集团共征募了 30 万左右 18 岁以下的儿童作为战斗员参加敌对行动。[①] 2004 年 11 月，"禁止使用儿童兵组织"（Coalition to Stop the Use of Child Soldiers）公布的一份报告显示，"在每场主要的战斗中，无论是政府军还是反对派，都看到儿童的身影"。[②] 这种情况直到 2006 年也没有得到任何改善。当年，联合国负责儿童和武装冲突问题的特别代表拉迪卡·库马拉斯瓦米（Radhika Coomaraswamy）提及这对于武装冲突中的儿童是"可怕的一年"。[③] 2008 年，一些团体和媒体估计的儿童兵的数字飙升至 40 万。2008 年"禁止使用儿童兵组织"的全球报告称，全球至少仍有 17 个冲突地区的作战部队以某种方式在"使用"儿童，"在那里的武装冲突中确实存在儿童兵的现象"。[④] 最新的报告表明，截至 2016 年 12 月，全球共有 53 个武装集团在武装冲突局势中尚未采取措施加强儿童的保护（包括征募和使用儿童）而被列入名单当中。[⑤]

儿童被卷入战争的现象在非洲地区更甚。有学者指出，非洲成为儿童兵现象的"中心"（epicenter）地带，数据表明，从 20 世纪 90 年代初到 21 世纪，非洲几乎所有的武装集团在武装冲突中都在征募和利用儿童兵。[⑥] 2014 年联合国秘书长的年度报告提供了一些较新的数据。在民主刚果，记录在案的依然有 910 名儿童（783 名男童和 127 名女童）遭受武装团体征募和使用。据报告，近一半儿童充当战斗人员，其余从事挑夫、炊事、情报员和其他辅助工作。多数女童沦为性奴。联合国核实了 209 个冲突期间针对女童性暴力的案件，最小的一些女童仅为 4 岁。性暴力行为人有罪不

---

① 联合国大会：《2001 年 1 月 23 日加拿大常驻联合国代表团临时代办给秘书长的信附件：1996 - 2000 年马歇尔审查：关于加强保护受战争影响的儿童方面取得的进展和遇到的障碍的严谨分析》，A/55/74，第 12 页。

② 参见 Coalition to Stop the Use of Child Soldiers, *Child Soldiers Global Report*（2004），p. 13，https://www1. essex. ac. uk/armedcon/story_id/child_soldiers_csc_nov_2004. pdf，最后访问时间：2018 年 3 月 1 日。

③ United Nations, "Special Representative Says 2006 'A Terrible Year' for Children for Children in Armed Conflict, as Third Committee Continues Debate on Children's Rights", http://www. un. org/press/en/2006/gashc3853. doc. htm，最后访问时间：2017 年 12 月 6 日。

④ Coalition to Stop the Use of Child Soldiers, *Child Soldiers Global Report*（2004），p. 12.

⑤ 联合国大会安全理事会：《儿童与武装冲突：秘书长的报告》，A/72/361-S/2017/821（2017）。

⑥ 参见 P. W. Singer, *Children at War*（New York：University of California Press, 2006），pp. 19 - 21。

罚问题依然存在。①

尽管各地都有不同的数据，非常清楚的是儿童兵的征募问题现在并没有一点消失的迹象。下文会提到，在过去的20多年里，尽管有各种保护儿童和谴责此类现象的人权文书出现，但这些人权条约都在法律框架上有不足之处，反而在事实上导致了儿童兵数量的增加。

儿童兵成为一个全球性的现象，与武装部队或武装团体有联系的儿童在武装冲突中扮演着受害者与参加者的双重角色。

二　武装冲突中的受害者

国际刑事法院管辖下的国际犯罪大都是与武装冲突相联系的。② 在第一次世界大战期间，在死伤人数中，5% 为平民，现在上升到90% 。当今的武装冲突中，战斗员和平民的区分越来越模糊，平民日益成为恐怖行动、暴力以及强迫迁移和剥夺的对象。1993 年，为了回应武装冲突对平民（尤其是儿童）的严重影响，联合国大会决定指派一名特别报告员，专门研究武装冲突中的儿童问题。③ 1996 年 8 月 26 日，根据联合国大会第 48/157 号决议，秘书长委派的专家格拉萨·马谢尔（Graca Machel）提交了一份名为《武装冲突对儿童的影响》（A/51/306，以下简称《马谢尔报告》）的报告。这份报告第一次完整地向世界阐述了战争对于儿童的影响。随后的年度报告中，特别报告员再次向世界介绍武装冲突对儿童的影响方面的全球趋势，并在报告附件提供一个名单，列出违反国际法，从事征募和使用儿童，对儿童实施性暴力，杀害和残害儿童，多次攻击学校和（或）医院并多次袭击或威胁袭击受保护儿童的名单。例如，在 2006 年的年度报告中，特别报告员称全世界有 200 万儿童在武装冲突中被杀害，600 万儿童由于冲突而流离失所，而超过 25 万儿童在武装冲突中成为儿童兵。时至今

① 联合国大会安全理事会：《儿童与武装冲突：秘书长的报告》，A/68/878-S/2014/339*（2014），第 59、63 段。

② UNICEF Innocenti Research Centre，"International Criminal Justice and Children"，Septerber 2002，p. 29. http://www.unicef.org/emerg/files/ICJC.pdf（last visited December 6, 2017）.

③ 参见 Matthew Happold，*Child Soldiers in International Law*（Manchester：Manchester University Press，2005），pp. 36 – 42。

日，情况并没有得到好转。2012 年，秘书长在其报告中谴责 32 个"惯犯"，也就是那些"因犯下严重侵害儿童行为而被列名五年或五年以上的当事方"。① 其中，7 个是政府的安全部队人员。② 遗憾的是，尽管国际社会已经不断意识到这些犯罪的存在，儿童还是现代武装冲突中的目标，还经常扮演着受害者和参加者的双重角色。③

（一） 对儿童使用暴力作为武装冲突的手段

对儿童使用暴力是武装冲突的一种战争手段。"儿童在武装冲突中的经历是与成人不一样的。他们在身体上、经济上、政治上和军事上都处于弱势的地位。"武装冲突继续不成比例地影响儿童。使用爆炸武器、空袭，或使用恐怖战术，不分青红皂白地攻击平民地区或直接袭击平民，给儿童造成令人不安的影响。④

在武装冲突中，强奸和性暴力既是战争的后果，也是战争中的一种武器，用作恐吓和强迫平民逃离。强奸和性暴力通常会伴随其他严重侵犯人权的行为发生，如杀害、致伤、强奸、绑架和抢劫。在冲突中，所有年龄的妇女都可能成为性暴力的受害者，但出于一系列的原因，包括身体小和易受伤害性，女童处于特别危险的境地。受到性暴力影响的儿童还包括那些目睹家庭成员被强奸的儿童以及那些由于母亲的被强奸而被唾弃的儿童。⑤ 在几个局势中，对严重侵害儿童行为有罪不罚十分普遍，尤其是性暴力，进一步恶化了儿童的脆弱性。例如，联合国的一个专家小组于 2010 年访问刚果（金），发现性暴力犯罪的数量依然居高不下，特别是在刚果

---

① 秘书长的此份报告，另附有两份附件，其中附件一"在已列入安全理事会议程的武装冲突局势中招募或利用儿童、杀害和残害儿童和/或对儿童实施强奸及其他形式性暴力的各方名单，并注意到对儿童犯下的其他侵害和虐待行为"，就是这里指称的"列名"惯犯。联合国大会安全理事会：《儿童与武装冲突：秘书长的报告》，A /66/782- S /2012/261*（2012），第 45—47 页，附件一。

② 联合国大会安全理事会：《儿童与武装冲突：秘书长的报告》，A /66/782-S /2012/261*（2012），第 221 段。

③ 参见 Geraldine Van Bueren，*The International Law on the Rights of the Child*（Netherlands：Kluwer Academic Publishers，1995）；Roger J. R. Levesque，"Geraldine Van Bueren，The International Law on the Rights of the Child"，*Fordham International Law Journal* 19（1995）。

④ 联合国大会安全理事会：《儿童与武装冲突：秘书长的报告》，A /68/878-S /2014/339（2014），第 6 段。

⑤ 《马谢尔报告》，第 92—94 段。

（金）的东部，给平民造成了严重的伤害。① 当中，对儿童的影响更为深远、危险与严重。② 这种影响既是精神上的，也是身体上的，包括艾滋病的传播与感染，非自愿和强迫怀孕的发生。而在精神上，性暴力会对受害儿童的记忆产生影响，他们会长久地产生不安全感。联合国妇女地位委员会谴责儿童沦为性暴力的受害者，尤其是女童，由于她们的年龄和脆弱性，更是处于危险的境地。③ 更为不幸的是，作为性暴力的结果，又影响了一些女童怀孕所生下的儿童。这些"第二代"的儿童，和他们年轻的母亲，蒙受了污辱和歧视，受到了严重的社会排斥，而且还经常被剥夺基本的权利，如国籍、家庭和身份等。而这些"第二代"的儿童，又可能由于年轻的母亲所受到的伤害而面临严重的健康问题。④

此外，儿童在武装冲突中会受到各种暴力的影响。儿童权利委员会认为，由于儿童是极端暴力的受害者，会对他们产生多种长期和短期的健康后果，包括"致命性伤害；非致命性伤害（可能导致残疾）；生理健康问题（包括以后死于肺病、心脏病、肝病和性传播感染病）；认知障碍（包括就学和工作能力受损）；心理和情感后果（如被排斥和摒弃感、依恋障碍、创伤、恐惧、焦虑、不安全感和自尊受损）；心理健康问题（如焦虑和抑郁性紊乱、幻觉、记忆障碍和自杀企图）；以及健康高风险行为（如药物滥用和过早开始性行为）"。⑤ 除此之外，还有一些发育和行为上的后果，例如，不愿意上学，以及激进的、反社会的、自我毁灭的和在人际交往中具有破坏性的行为，这些都能使儿童受到学校的排斥而参加到战斗中。这

① UN Office of the High Commissioner for Human Rights（OHCHR），"Progress and Obstacles in the Fight Against Impunity for Sexual Violence in the Democratic Republic of the Congo"，April 2014，para. 7，http：∥www. refworld. org/docid/534b931f4. html，最后访问时间：2017 年 12 月 6 日。

② 民主刚果性暴力受害的情况，可参见 UN Office of the High Commissioner for Human Rights（OHCHR），Report of the Panel on Remedies and Reparations for Victims of Sexual Violence in the Democratic Republic of Congo to the High Commissioner for Human Rights，March 2011，http：∥www. refworld. org/docid/4d708ae32. html，最后访问时间：2017 年 12 月 6 日。

③ UN Commission on the Status of Women，"The elimination of all forms of discrimination and violence against the girl child"，12 December 2006，E/CN. 6/2007/2，para. 30，http：∥www. refworld. org/docid/46c5b30c0. html，最后访问时间：2017 年 12 月 6 日。

④ 参见《马谢尔报告》。

⑤ 儿童权利委员会，《第 13 号一般性意见（2011 年）：儿童免遭一切形式暴力侵害的权利》，CRC/C/GC/13（2011），第 15 段。

些长期的心理、社会和健康的影响能够急剧地改变儿童的生活道路。

这些儿童的情况不应该被国际社会所忽视，不应被国际刑事法院所忽视，特别是当国际刑事法院在具体的案件中需要考虑和回应《程序与证据规则》第86条关于被害人和证人"需求"的时候。而且，这些在武装冲突中承受了暴力的儿童，当他们来到国际刑事法院，成为司法程序中的证人或被害人时，国际刑事法院需要承担起保护儿童的责任。

很多人注意到的是男儿童兵，但事实上，多达40%的儿童兵可能是女童。女童兵面临的战后困境其实更严峻，例如，他们在可恶的性暴力和强迫婚姻中受到创伤，而对她们犯下这些暴行的不仅仅是成年男性指挥官，也有男童兵，有时甚至有女性指挥官和其他的女童兵。女童兵面临着更高危的艾滋病和性传播疾病的风险。那些怀孕的女童兵也几乎没有任何产前护理，出现显著的健康问题，包括产妇的死亡率高。当女童兵分娩成为母亲后，她们可能面临巨大的挑战（如照顾自己的子女），包括当她们在冲突后重返社会时。[1]

（二）武装冲突对儿童的经济社会影响

武装冲突同样对儿童有严重的经济和社会影响，甚至涉及社会文化方面的影响。在武装冲突期间，由于学校被攻击，教育的基础设施受到严重的影响，儿童会失去受教育的机会，这会影响他们未来发展成为情感独立的个人。而且，如果儿童家中成年人不幸遭受杀害，这些儿童不得不成为家庭的核心角色，女童成了"母亲"，男童成了"父亲"。这些都剥夺了《儿童权利公约》赋予他们的根本权利。同时，在武装冲突后，许多儿童家里可能会缺少法律和社会的保护，没法取得根据国内法而获得的财产权和继承权，这就会使得儿童更加弱势。

在这样的经济和社会条件下，儿童就会选择入伍，因为他们要参加到武装冲突中保护自己和家庭成员，报复家庭或社区成员受到的伤害或者确保日常的开支。同时，这些儿童一旦进入武装部队，就会被迫割断与社会和家庭的联系，染上药瘾、毒瘾，这使得他们未来的重返社会之路更为困

---

[1] Michael Wessells, *Child Soldiers: from Violence to Protection* (Cambridge : Harvard University Press, 2006), pp. 9, 101, 110, 117.

难。[1] 再如上述提及的非自愿和被迫怀孕的女童，会被她们本来的家庭所拒绝，更不能正常地结婚，遭受更长期的消极的经济和社会影响，严重损害了她们的未来。

武装冲突中儿童的生活环境严重缺乏水、环境卫生、保健和教育等基本服务，疾病发病率剧增。许多儿童是由于疾病死亡的，例如，截肢和感染细菌，腹泻疾病，呼吸疾病，所有的这些都是由于被抛弃和缺少基本的健康和卫生条件。在武装冲突中，健康的服务和食物的提供是经常中断的，使得很多儿童食无定时。当国家遇到经济困难时，这些问题就显得更加严重。尽管武装冲突中仍然有一些人道援助，但食物、药物的分配，以及当地的医疗体系必然会受到影响，这对大部分的妇女和儿童的影响是不可忽略的。[2]

（三）难民和国内流离失所的儿童

武装冲突会造成平民的迁徙。无论是国内冲突还是国家间的冲突，人们都会大量逃亡，成为本国内的流离失所者或者难民。早在1980年，全世界就有570万难民，在20世纪80年代末，这个数字上升到1480万。联合国难民署的统计数据显示，至2015年年底，全球属于难民署所"关切的人们"的总数已攀升至6400万，[3] 创历年前所未有的高位。在这些难民和国内流离失所者中，至少有半数是儿童。流离失所对儿童的身体、情感和发育都有深刻的影响并增加了他们的易受伤害性。

儿童经常成为大规模流离者的主要受害人，在他们生命的重要和易受伤害时期，他们被野蛮地赶出家园，暴露于危险和不安全中。无数儿童在流离失所的过程中，同其家庭脱离，身体受到虐待并被劫持到军队集团中，或者由于饥饿和疾病而死亡。在逃离家园过程中，儿童遭受着麻疹、腹泻疾病、急性呼吸道感染、疟疾和营养不良等折磨，这些都是由于过度拥挤、缺少食物和医疗环境恶劣引起的。流离失所的儿童由于缺乏安全环境

---

[1]　参见《马谢尔报告》。

[2]　参见《马谢尔报告》，第136—165段。

[3]　United Nations High Commission on Refugees, "TABLE 1 Refugees, asylum-seekers, internally displaced persons (IDPs), returnees (refugees and IDPs), stateless, persons, and others of concern to UNHCR by country/territory of asylum | end-2015", in *Statistical Yearbook* (2015), pp. 6–10.

和受教育的机会，又极容易沦为如性暴力和征募儿童兵等犯罪的被害人。[1]

由于大规模的人口迁徙而导致的社会结构破坏，经常使得国家和社区并不能对失去家庭的儿童提供充足的保护。即使儿童有父母的照料，但这些父母本身就连正常的生活都没法为儿童保障，更不用说去提供保护。那些流离失所且和父母失去联系的儿童更经常遭受精神上的伤害。[2]

对于很多参与到武装冲突中的儿童来说，由于他们在武装冲突中可能犯下的罪行，他们的难民地位问题也是相当复杂。依据 1951 年《关于难民地位的公约》第一条（六）（甲），没有一个条款能够考虑到这些可能负有罪行的儿童难民。[3] 按照这一条，许多儿童很有可能由于参加了冲突，而得不到难民公约对他们的保护。有学者认为如果能区分开儿童是被强迫入伍还是自愿入伍的，对于被强迫入伍的儿童，可以授予其难民的地位，即使他或她可能犯有国际罪行。[4] 但是，这样的设想是与难民公约的目的和宗旨相违背的，这又给这些儿童造成了无法可依的困境。

三　武装冲突中的参加者

儿童成为武装冲突的参加者，是多种因素综合的结果。有些儿童为了安全、保护、报复、追求社会公正等的原因就会"自愿"加入武装集团，从"受害者"变成"施害者"。[5]

（一）武装组织征募儿童兵的动因分析

武装集团为什么会更倾向于使用儿童兵呢？

首先，冷战结束后，由于国内武装冲突数量增加迅速，武装集团需要

---

[1]　《马谢尔报告》，第 26、66 和 79 段。

[2]　参见 Geraldine Van Bueren, *The International Law on the Rights of the Child* (Netherlands: Kluwer Academic Publishers, 1995); Roger J. R. Levesque, "Geraldine Van Bueren, The International Law on the Rights of the Child", (1995) 19 *Fordham International Law Journal* 832。

[3]　该款规定如下："（六）本公约规定不适用于存在着重大理由足以认为有下列情事的任何人：（甲）该人犯了国际文件中已做出规定的破坏和平罪、战争罪、或危害人类罪。"

[4]　Ann Davison, "Child Soldiers: No Longer a Minor Incident", *Willamette Journal of International Law and Dispute Resolution* 12 (2004), pp. 152 – 153.

[5]　联合国大会：《负责儿童与武装冲突问题的秘书长特别代表的报告》，A/66/256 (2011)，2011 年 8 月 3 日，第 9 – 10 页。

儿童来补充兵源、扩充势力。海德堡大学国际冲突研究所（Heidelberg Institute for International Conflict Research）每年都会对全球发生的武装冲突作统计与报告。据该研究所 2013 年的报告，在 1945 年至 2013 年，非国际性武装冲突在数量上不但远远多于国际性武装冲突，而且一直呈上升趋势。[①]非国际性武装冲突的增加与长期化有一个非常重要的影响，就是模糊了平民与战斗员的区别，这使得儿童、妇女这些弱势群体更容易成为武装组织袭击、绑架的目标。另外，冲突长期化太消耗人力、财力等资源，这些武装集团征募和利用更多的年轻战斗员就是为了保存武装集团长久和旺盛的战斗力。这样，儿童就成为他们征募的对象，甚至成为集团中主要的战斗力量。

由于儿童易屈服、不反抗、不成熟等特点，武装集团更倾向于征募和使用儿童。儿童兵较于成人兵更廉价、更可塑、更容易替代。儿童兵的征募是非常低成本的，很多武装集团因此从成本收益的角度出发非常倾向于征募儿童兵。儿童更听话，更加服从上级的命令，比成年士兵容易控制。儿童入伍后，武装集团会强加给儿童一些角色、身份和价值观，并会对他们进行"社会化"的教育。在塞拉利昂，武装集团为了让儿童切断与日常社会的联系，强迫儿童杀害自己所在社区的亲人和平民，让这些儿童彻底无法重返家园。这些儿童在武装集团如此的"培训"下，起了带有暴力色彩或者所谓男子气概的名字，建构了自己士兵的新身份，开始慢慢冷漠，只知道追求军事荣誉，冷漠地看待暴力与死亡。[②]此外，武装集团还利用儿童相对较小的体形、不容易被敌人发现的特点，让儿童去当间谍，搜集敌方情报，甚至让儿童去当人盾。

另外，在客观上，近 20 年来技术的发展使得轻武器和小武器泛滥，例如，左轮手枪、自动手枪、步枪、冲锋枪、突击步枪、轻机枪和手榴弹，等等。这些武器价格低廉，容易获得，在世界许多区域都有供应。也正由于它们便宜、具杀伤力、便携易藏、经久耐用，往往成为非国际性武装冲

---

① Heidelberg Institute for International Conflict Research，"Conflict Barometer 2013"，http://hiik.de/de/downloads/data/downloads_2013/ConflictBarometer2013.pdf，p.17，最后访问时间：2015 年 3 月 1 日。

② 参见颜琳《武装组织的社会性克制：参与进程与儿童兵规范的传播》，外交学院国际关系专业 2009 级博士学位论文。

突的"首选武器"。这些武器也极易操作，年仅十岁的儿童经过短期的训练就能使用，并且更容易卷入暴力、实施暴行。调查显示，半小时就能让一个儿童学会使用 AK47 自动机枪，不到一分钟就能让儿童学会拆卸组装一支 12 英寸口径的 AK47 自动机枪。[①] 而一个十岁的儿童就可以背得起一挺 AK47 或者 M16 机枪。在一定程度上可以这样说，轻小武器的扩散不仅使得儿童能够轻易地转变成"儿童兵"，而且还让儿童学会了如何"杀人如麻"。小型武器的出现与泛滥，使得武装部队或集团比以前更愿意选择使用儿童作为战斗员。[②]

（二）儿童入伍的原因

儿童入伍的原因有很多种，也因冲突起因、性质各异，但强迫依然是主要的诱因。一些武装部队或集团直接就把儿童从学校、街道甚至家中带走，并强行给他们授予军衔。[③] 由于这些儿童出生在动荡中，很多没有正式的出生登记，因而也就没有相应的法律来解决这类问题。难民营的环境往往也是高度军事化的。在一些情况下，儿童要不遭受强迫，要不被人欺骗，从难民营中送到其他国家进行"政治教育"或军事训练，这也强迫了大量的儿童入伍，[④] 据统计，全球 5 亿的难民和流离失所人口中有 44% 是低于 18 岁的儿童。[⑤] 儿童通过绑架、威胁、恐吓而入伍，在这些强制入伍方式面前，他们是彻底的弱势群体。[⑥]

另外，不得不承认，儿童入伍有很大一部分是所谓自愿的，自愿与非自愿之间的区别也是本书重要研究的一部分。为什么儿童会"自愿"选择

---

① 联合国大会：《2001 年 1 月 23 日加拿大常驻联合国代表团临时代办给秘书长的信附件：1996 - 2000 年马歇尔审查：关于加强保护受战争影响的儿童方面取得的进展和遇到的障碍的严谨分析》，A/55/74，第 36 页。

② 参见 P. W. Singer, *Children at War*（New York：University of California Press, 2006），p. 15。

③ 这种情况出现在危地马拉、萨尔瓦多、埃塞俄比亚、莫桑比克、秘鲁、苏丹、缅甸、斯里兰卡、利比里亚。参见 Ilene Cohn, Guy S. Goodwin-Gil, *Child soldiers: the Role of Children in Armed Conflict*（Oxford：Oxford University Press, 1994），p. 161。——作者注

④ 参见 Michael Wessells, *Child Soldiers: from Violence to Protection*（Cambridge：Harvard University Press, 2006），p. 41。

⑤ UNHCR, "Global Trends 2010: 60 Years and Still Counting", http://www.unhcr.org/4dfa11499.html，最后访问时间：2015 年 3 月 1 日。

⑥ 参见 Michael Wessells, *Child Soldiers: from Violence to Protection*（Cambridge：Harvard University Press, 2006），p. 37。

入伍？他们能表达何种程度的"自愿"？

在这个问题上，学者之间也是有分歧的。有人不赞成要在"自愿"与否之间作区别，因为儿童有没有自由意志和能力来表达同意是有疑问的；[①] 戴维森（Ann Davison）就提出，那些认为儿童会自愿入伍，自愿接受武装部队或武装集团指挥官对他们的"非人"对待是无法想象的。[②] 也有人认为儿童是可以作出理性决定的，他们的目的是取得保护和结盟，而另一些人则认为年轻的儿童不可能有选择的意识，儿童所作决定不过是社会、政治、经济和文化的压力下的结果。

对于在武装冲突地区的儿童来说，他们出生成长在贫穷和脆弱的家庭，他们连温饱问题都没法解决。武装集团在征募时向他们允诺入伍后能获得食物、衣服和金钱，能帮助他们逃离贫困与痛苦，这些都对他们产生了巨大的吸引力，这称为儿童入伍的"诱因"（pull factors）。事实上，在儿童入伍后，绝大多数武装集团之前对儿童和儿童家庭的承诺都是如幻泡影。

那些所谓"自愿"的儿童很大程度上是被武装部队或集团悉心地、狡猾地"利用"了，利用了他们的不成熟和他们对于权威事物的好奇心。那些"公开展示的武器装备、英雄的葬礼或照片，学校经常出现的录像和演讲、英雄调子的音乐和用于调动爱国热情、热血的影片"，[③] 就是用来诱惑那些对自己所处的社会或者政府政策不满意的儿童。但是，这些儿童在"自愿"入伍时没有意识到参与战斗对身体和精神的损害，这才是问题的症结所在。儿童没法作出理智的决定，他们只是被这样一些外在"诱因"推着向走前。在那些长期被冲突蹂躏的土地上，暴力早就成为生活的一部分，儿童想当然地认为这样军事化的社会就是生活的一部分，他们错以为民族战斗的"自由战士"才是英雄，社会压力是这些儿童"自愿"的"诱因"。

儿童进入武装部队或集团，要不就是自愿的，要不就是强迫的。一些人认为儿童生活在这样严重的武力环境下，文化、社会、经济和政治压力

---

① 参见 P. W. Singer, *Children at War*（New York：University of California Press, 2006), p. 61。

② 参见 Ann Davison, "Child Soldiers：No Longer a Minor Incident", *Willamette Journal of International Law and Dispute Resolution* 12（2004)：138。

③ 参见 Michael Wessells, *Child Soldiers：from Violence to Protection*（Cambridge ：Harvard University Press, 2006), pp. 237 – 254。

会使得儿童"自愿地"入伍，但实际上，所有的儿童应该被认为是非自愿的。[①] 但也有一些人认为儿童不应该被认为是"不完整"的个人，他们并不是完全没有自由意志的，他们的参与也是一种应对策略，是他们应对挫折、贫穷、无望生活的保护策略。

本书认为，在所有的"诱因"中，生存是最根本的原因。渴望生存，渴望温饱，就足以将一个儿童推向了极端的武装集团。另外，寻求保护和为家人报仇是也是"自愿"的重要原因。[②] 总的来说，正如下文要讨论的那样，要在多大程度上说儿童是自愿的是有高度争议的。

（三）入伍对儿童的影响

在全世界超过四分之三的冲突中，儿童是以参加者的角色出现的，而且全球至少有86个国家征募儿童入伍或利用他们参加敌对行动。儿童参加武装冲突，带来的后果与影响有如下几个方面。

第一，儿童兵的出现，导致武装冲突更加残忍和血腥。儿童兵的出现，使当地的政治、经济、社会和道德秩序进一步崩溃。[③] 武装集团强迫对成为战斗人员的儿童，对社区中的平民犯下骇人听闻的暴行、杀害、强奸、性暴力、抢劫，等等，由于儿童对死亡的观念尚未形成，容易被极端思想所扭曲。大部分儿童甚至并不害怕成为战斗员，也意识不到他们的行为是犯罪。儿童成了无恶不作的一员，让当地平民陷入武装冲突的恶性循环中，重复着武装冲突对平民、对儿童带来的伤害和恶劣影响。最终，儿童成为这个暴力循环中的齿轮。武装集团对儿童灌输死亡、暴力和战争的观念，暴力和战争成为儿童生活的常态，他们甚至会觉得武装集团是保障自身安全的一种必要手段。红十字国际委员会认为，儿童作为武装冲突的参加者，这本来就是禁止的，儿童参加武装冲突，不但增加了武装冲突中对儿童的攻击，还会由于儿童的不成熟和冲动等一些特点，他们采取的行动往往不顾后果，这使得儿童及其身边的成人处境更为危险。

第二，入伍对于女童的影响更为复杂。女童由于身体、精神和社交等

---

① 《马谢尔报告》，第38段。

② 参见 P. W. Singer, *Children at War*（New York：University of California Press，2006），pp. 61 - 63。

③ 参见 P. W. Singer, *Children at War*（New York：University of California Press，2006），pp. 94 - 115；Matthew Happold, *Child Soldiers in International Law*，pp. 8 - 11。

方面与男童有显著的不同，入伍对她们的影响是负面且复杂的。武装部队或武装集团征募女童入伍后，主要利用女童从事内务性质工作，例如，取水与做饭。但是，有更多的女童是充当了集团中男性战斗员或指挥官的性奴隶，不少女童甚至要和男性战斗员或指挥官结婚、生子。在战争结束后，这些女童面临的压力更大，除了由于自身所受伤害而陷入困境外，还要面临来自家庭和社区的嘲笑或侮辱。① 尽管一开始许多女童遭遇了绑架和强奸，但由于后来又被迫和这些侵犯她们的战斗员发生了家庭与子女的"联系"，而不得不和战斗员创造了"家"。② 在很多的事例中，女童往往是不得不与对他们施加暴行的人同居，还牵连出复杂的情感问题，这些对她们实施犯罪的人同时也是她们的"丈夫"和孩子的父亲。

第三，战争结束后，入伍对儿童的负面影响将会放大，祸害终生。由于儿童入伍时处于人格发展与转型的时期，入伍长期处于武装集团所营造的暴力、残酷、无情的环境，从武装集团"习得"的军事训练、军事思想和习惯，会严重影响儿童往后的正常生活。儿童兵的经历使得他们对杀人、伤害、性暴力等恐怖血腥的场面习以为常，战争结束后，他们很难再去重新有积极、健康的观念以融入平常的社会和家庭生活。这些可怕的经历还受到他们自己的亲人、家庭和社区的拒绝和排斥，在煎熬中无法平静过日常生活，更难以再融入当地社区。在一国的武装冲突结束后，这些儿童由于缺乏教育，也没接受过其他职业训练，除了暴力、杀害之外什么都不会，只能从事一些如蹬三轮车、搬运货物等低收入的体力活。还有一些儿童兵跨越边境，成为邻国的雇佣军。正如联合国安理会秘书长在2006年的报告中指出，征募和使用儿童兵以及其他严重侵权活动正开始在区域内"迁移"。反叛团体开始越过边界征募易受害儿童，需要引起进一步重视。另一个令人关切的现象是雇佣军和雇佣团伙利用儿童的情况。虽然尚未有系统地收集足够的数据，但实地的报告显示，这是一个日益严重的问题。儿童不断地陷入一场又一场的战斗当中。③

---

① UN Commission on the Status of Women, "The Elimination of All Forms of Discrimination and Violence against the Girl Child", E/CN. 6/2007/2, para. 32.
② 联合国大会：《负责儿童与武装冲突问题的秘书长特别代表的报告》，A/61/275（2006），第13段。
③ 联合国大会安全理会：《儿童与武装冲突：秘书长的报告》，A/61/529-S/2006/826（2006），第4段。

　　战争结束后，让这些复员和被遣散的儿童重归社会，也是一个被整个国际社会所忽略的艰难任务。从军与杀戮的经历给儿童带来了巨大的身体和心理伤害，国家和国际社会应该帮助他们摆脱战争的阴影。联合国的"解除武装、复员和重返社会方案"（DDR）就是旨在使那些曾经积极参加的儿童战斗员放下武器，重新回归社会，重获平民地位和自行维持生计。[①]一般来说，在所有的复员和重归社会方案中都应该考虑到儿童的特殊需要，也应该分别组织和处理与儿童相关的问题。[②]例如，儿童复员需要考虑到教育、休息、精神状况、与家庭的团聚，等等。但是，在实践中如何执行？例如，按复员方案的计划，儿童参加"解除武装、复员和重返社会方案"缴纳武器，放弃武器不应有现金报酬。但在执行中却出现了通过现金允诺让儿童缴出武器的现象。这样做是有问题的，据报告显示，指挥官冒充前儿童兵的监护人，或将其武器拿走给自己的儿童，以换取现金。更有甚者，指挥官将武器卖给儿童，从解除武装、复员和重返社会计划中不当得利。[③]

　　最后，不提不提出最矛盾的一个方面，就是那些入伍后的儿童，他们本来自身就是"受害者"，现在是"参加者"，同时也是"犯罪者"，犯了那些别人曾对他们做过的严重和可恶的行为。有学者认为，对于一些儿童，诉诸国内司法可以帮助取得真相与和解。但是，15岁以下的儿童由于并没有"同意"的能力，是不应该受到国内刑事法庭的起诉的，对于他们来说，其他一些非司法机制就显得相当重要。儿童的在战后社区的和平、正义与和解机制中是能起到关键作用的，例如，促进医疗、教育和职业项目，这些都是对儿童的重归社会有益的。[④]

---

① 关于 DDR，可参见"解除武装，复员和重返社会"，联合国网站，http://www.un.org/zh/peacekeeping/issues/ddr.shtml（last visited March 1, 2018）。

② 参见 Geraldine Van Bueren, *The International Law on the Rights of the Child*（Netherlands: Kluwer Academic Publishers, 1995）; Roger J. R. Levesque, "Geraldine Van Bueren, The International Law on the Rights of the Child", *Fordham International Law Journal* 19（1995）。

③ 联合国安理会：《儿童与武装冲突：秘书长的报告》，A/59/695-S/2005/72（2005），第138—144段。

④ 参见 Mark A. Drumbl, *Reimagining Child Soldiers in International Law and Policy*（Oxford: Oxford University Press 2012），pp. 128 – 133, 119 – 122。

四 和平、和解和正义机制中的关键者

过去发生的一切不可能抹掉。儿童由于处于身体、观念和价值观的成长期与塑造期，武装冲突中的暴力、血腥与杀戮对儿童有深远的负面影响，并伴随他们终生。但是，儿童依然是武装冲突地区的未来，依然是未来的地区决策者，甚至是领导者。[1] 研究表明，儿童在身心康复良好的情况下，即使遭遇过一些极端形式的创伤，还是可以成为富有创造力的社会一分子的。例如，1988 年，在持续数年的心理、经济及社会帮助下，莫桑比克就有 39 名儿童兵脱离军营回归社会并成长为富有创造力、有责任感、关心他人的成年人，对整个社区和国家的团结与发展发挥了积极的作用。[2] 武装冲突后儿童该何去何从？在大规模侵犯人权行为过后，儿童应该得到教育，应该和家庭成员一起、过上有保障的生活，远离危险并得到安全的保护。在和平、和解和正义机制中，儿童应该扮演一个有意义的角色，既让他们成长，也让他们对和平、和解和正义机制[3]作出贡献。红十字国际委员会一直努力应对这一问题，帮助那些曾入伍或与武装部队有牵连的复员儿童兵平安地返回他们的家庭和社区，为他们回归家庭和社区生活提供便利，并支持开展活动以防止他们再次被征募。复员后的前儿童兵会在临时收容中心待上几个月，临时收容中心的儿童有机会在那里与其他人分享他们的恐惧与不安，让他们获得精神力量来抵御今后再被征募的可能性，

---

[1] UNICEF Innocenti Research Centre, "International Criminal Justice and Children", Septerber 2002, p. 3.

[2] 《缅甸儿童兵：一朝从军终身"沦陷"》，中青在线，http://qnck.cyol.com/html/2014-01/08/nw. D110000qnck_20140108_1-17. htm，最后访问时间：2015 年 3 月 1 日。

[3] 和平、和解与正义机制也称为"过渡司法"，"过渡司法"一词最早是在 1995 年由尼尔·克里茨（Neil J. Kritz）在其三卷著作《过渡司法：新建民主国家如何对待原政权》（Transitional Justice: How Emerging Democracies Reckon with Former Regimes）中首先提出的。克里茨的著作描述了一些冲突后国家应对相关问题的方式及其作用的各种机制。20 世纪 90 年代，随着学者和实践者努力解决新建民主国家这一不断扩大的问题以及这个问题的定义，相关讨论不断扩展，囊括了一系列法律对策和机制，包括起诉等司法机制，真相委员会、行政性赔偿和各种机构改革等非司法机制。参见国际刑事法院罗马规约审查会议《面对有罪不罚：真相委员会在实现和解和国家团结中的作用》，RC/ST/PJ/INF. 5（2010），第 2、13 段。——作者注

同时他们需要时间来寻找在武装冲突中失散的家人；临时收容中心还会通过一些游戏和互动，为这些儿童适应平民生活提供帮助。红十字国际委员会在当地也帮助儿童学习一技之长，如木工、缝纫、美发和烘焙，等等，让这些儿童得以谋生并参与社区生活。①

纳尔逊·罗利赫拉赫拉·曼德拉（Nelson Rolihlahla Mandela）在1995年指出："随着所有……的国家从以往的创伤和伤口中得到恢复，它们必须建立适当的机制，不仅为了处理过去的人权案件，也为了确保恢复受害人、幸存者及其家属的尊严。在不懈寻求适当公平的过程中，出现了一些意义深远的政策和法律问题……它们都起源于一个问题，即转型中的国家应当如何应对关于前政府或现政府中的个人大规模侵犯人权的指控。"②

对于司法机制，儿童应该在他们的健康、安全和被告公平审判权利得到保障的前提下，参与到国际刑事法院的司法程序中。尽管国际刑事法院的程序并不能解决儿童的所有需要，也不能帮助冲突地区的平民在战后回归正常生活，但国际刑事法院的程序应该努力在和平与和解的过程中做到至少不伤害平民，不伤害那些希望回归平民生活的人。根据《罗马规约》第68条，国际刑事法院在处理案件的过程中应让儿童参加到法院的程序中，保护儿童作为证人或者被害人的权利，防止在案件审判过程中只有成年人的声音与视角。③

对于非司法机制，例如，在比较典型的南苏丹的真相和解委员会（Truth and Reconciliation Commission）中，18岁下的儿童是不会作证的，但是能够参加为儿童和青年举行的特别听证。在塞拉利昂的真相和解委员会中，有儿童友好型的报告，包括了由儿童绘制的图画和适合儿童阅读的文本。其他的一些机制包括青年人对青年人的网络和"儿童之声"。"儿童之声"是一个在塞拉利昂的儿童节目，儿童可以通过这个节目参与到和平和解进程。④

① 《刚果民主共和国：应对武装团体征募儿童兵的问题》，红十字国际委员会，https：//www.icrc.org/chi/resources/documents/feature/2015/02-11-democratic-republic-congo-child-recruitment.htm，最后访问时间：2015年3月1日。

② Neil J. Kritz（ed.），*Transitional Justice：How Emerging Democracies Reckon with Former Regimes*，*Volume I：General Considerations*（Washington D.C.：United States Institute of Peace，1995）。该书的前言由曼德拉所撰写。——作者注

③ UNICEF，Paris Principles，Principle 9.0.

④ 经济及社会理事会：《儿童权利：秘书长儿童与武装冲突问题特别代表奥拉拉·奥图纽先生根据大会第51/177号决议提交的年度报告》，E/CN.4/2003/77（2003），第7页。

尽管这些例子并不适用于国际刑事法院的程序，但它们可以成为《罗马规约》执行未来赔偿程序的一部分。①

对于大多数儿童来说，他们关注的是战争后能不能获得受教育的机会、医疗和住宿，这些都比给予儿童直接的金钱更重要。儿童对于如真相与和解委员会的非司法机制同样有很高的期待。一些儿童参加真相与和解委员会是为了找到他们的家人，为了重返教育或者习得一门手艺，使他们能够找到工作和独立生活。当然，事实上也没法全部满足孩子们的这些期待。这里就有一个值得讨论的问题，参加真相与和解委员会会更符合《儿童权利公约》中规定的儿童"最大利益原则"②吗？虽然有委员会的存在，也没法使儿童的期望一一得到满足。传统的问责体制似乎也对儿童未来的生活起不到太大的改善作用。乌干达情势表明，在实践中，儿童并不理解什么是司法，也没法从直接的司法程序中获得更多。③

不论是司法机制还是非司法机制，与武装冲突相关的儿童不应该被战后的和平与正义努力边缘化。前儿童兵既非完全是被害人，也非犯下严重罪行的"恶魔"。他们同样是儿童，可能在领导方面有一些才能，把他们放在一个合适的好位置能培养出他们的自信、可靠和与他们年龄相称的成熟。所以，在战后的正义机制中（无论是国内的还是国际的、司法的还是非司法的），应该考虑到由于儿童受征募而带来的身份转型问题。在这方面，前儿童兵的惨痛童年经历应该得到承认和正视，同时，他们曾作为武装冲突的成员或"战斗员"的事实也不能忽略。④

尽管儿童的适应能力强，能在冲突中忍受各种极端的情况，但他们的这种经历会影响他们作为被害人、参与人或者法庭证人与国际刑事法院的互动。下文将会描述的是，对儿童的犯罪可能会影响儿童相信成人（包括律师和法官）的能力，并可能吞噬儿童的一些价值观（如对发誓和告知真

---

① 《马谢尔报告》，第 242 段。

② 参见《儿童权利公约》第 3 条第 1 款，该条款最为典型地反映了这一原则，它明确规定："关于儿童的一切行动，不论是由公私社会福利机构、法院、行政当局或立法机构执行，均应以儿童的最大利益为一种首要考虑。"

③ Office of the Secretary-General for Children and Armed Conflict, "Children and Justice During and in the Aftermath of Armed Conflict", p. 23. https://childrenandarmedconflict. un. org/publications/WorkingPaper-3_Children-and-Justice. pdf, 最后访问时间：2018 年 3 月 1 日。

④ 参见 Mark A. Drumbl, *Reimagining Child Soldiers in International Law and Policy* (Oxford: Oxford University Press 2012), pp. 53 – 58, 79 – 80。

相的重要性的理解）。因此，根据《罗马规约》第 68 条第 1 款，法院应采取一些保护被害人和证人的安全、身心健康等的适当措施，既保护儿童生存和发展，也可以让儿童参加到程序中，但需注意的是，一旦儿童作为证人的可靠性，以及其证人证言的证明价值受到挑战，法院程序的公平与公正很可能会受损。

　　武装冲突中的儿童既是受害者、参与者，同时也是和平、和解和正义机制的主要角色。要承认的是，很多儿童都通过某种方式成为这三个角色中的一个或多个，而来到国际刑事法院的。因此，为明确儿童与国际刑事法院是怎样联系起来的，国际刑事法院中的征募儿童罪又是如何构成、如何体现儿童保护理念的，本章主要部分展现了武装冲突中儿童所发挥的不同"角色"，他们不仅是脆弱的受害人，也不仅是"施害方"，也是司法和非司法机制中最大可能的和平缔造者。

　　在武装冲突中最令人震惊的趋势莫过于要儿童当兵卷入冲突。国际社会的目标是"确保儿童在任何时候、任何地点都与冲突当事方没有任何联系"。①

五　伊图里地区冲突中的儿童

　　正如第一案中的背景介绍，民主刚果的伊图里地区为一场旷日持久的、由一系列邻国外部势力触发的武装冲突所吞没，儿童已经深陷各种形式的征募、利用及伤害当中。

（一）多个武装集团对儿童的征募与伤害

　　以第二次刚果战争为例。1998 年 8 月 2 日，第二次刚果战争揭开序幕，民主刚果首都金沙萨的政府军与班尼亚穆伦盖族（卢旺达图西族移民）士兵对峙。反政府武装集团在卢旺达与乌干达军队的支持下迅速占领了东部的戈玛（Goma）、布卡武（Bukavu）等重要城市，并采取突袭的方式夺取了西部战线，相继占领军事基地基托纳（Kitona）及主要城镇，前锋直指首都金沙萨，反政府军势力还成立了政治组织"刚果民主联盟"

―――――――――――

① 联合国大会安全理事会：《儿童与武装冲突：秘书长的报告》，A/66/782-S/2014/339（2014），第 14 段。

（Rally for Congolese Democracy，RCD）组成过渡内阁，在此背景下 RCD 的部队有 35%～40% 是征募而来的儿童，声称要推翻总统卡比拉的统治。为了支持 RCD，乌干达建立了武装集团，即刚果解放运动（MLC）和乌干达人民国防军（UPDF），分散参加到民主刚果的大片战争中。忠于卡比拉的人呼吁抵抗，要求平民都使用他们手上的刀，宣称"全部人口从今天开始已经成为军事人口"。[①] 反政府军及乌干达、卢旺达控制并占领了民主刚果领土一半以上的东部、东北部地区，造成民主刚果分裂分治的局面。随着十多个国家参与到民主刚果东部的地区冲突中，大批 10 岁至 12 岁的儿童都参与到不同武装团体之间的战争肆虐中。[②]

2003 年 4 月，全国政治对话会议在南非太阳城闭幕，标志着民主刚果各方就过渡期的权力分配方案达成一致，大规模的各国参与的内战才得以宣告结束。联合军委员会要求武装集团提供战斗人员的名单，在册士兵约 35 万。18 岁左右的占 40%。据进一步的粗略估计，12 岁以下的占 10%，12 岁至 15 岁的占 30%，16 岁至 18 岁的占 20%。[③]

从 1999 年开始，民主刚果开启了艰难的和平进程。在国内民族和解问题上，没有各政治派别和反政府武装的参与谈判，就不可能结束伊图里地区的冲突和取得太阳城全国政治对话的成功。虽然刚果民主联盟参加了太阳城谈判，但 UPC 的领导人卢班加仍然谴责其他武装集团此举动是出卖了伊图里地区，并提出"伊图里人的伊图里"的口号，呼吁伊图里人取得自主权。据说他曾要求每个家庭要贡献一头牛，一只羊或一个孩子参与保护伊图里，企图削弱政府军在伊图里的力量，取得对伊图里地区的控制。各冲突方的集团中，都征募了不少儿童，几乎超过 50% 都是儿童。当地目击者称这些武装集团是"儿童军"。[④] 而伦杜族和赫玛族通过向拥有相同族群

---

① REDRESS，*Victims*，*Perpetrators or Heroes? Child Soldiers before the International Criminal Court*，September 2006，p. 18.

② 2003 年的报告称，在民主刚果依然有 12 个不同的武装集团征募和利用了儿童。参见联合国大会安全理事会《儿童与武装冲突问题：秘书长的报告》，A/58/546-S/2003/1053*，2003 年 10 月 30 日，第 19—20 页。

③ REDRESS，*Victims*，*Perpetrators or Heroes? Child Soldiers before the International Criminal Court*，September 2006，p. 21.

④ REDRESS，*Victims*，*Perpetrators or Heroes? Child Soldiers before the International Criminal Court*，September 2006，p. 21.

背景的父母施加压力，支持儿童入伍，同时他们也从敌方的阵营中绑架儿童入伍。确实有些儿童加入各种武装集团可能是出于自愿的，但他们这样做是有多种原因的。或者是贫穷的推动因素，或者是因为加入军队意味着良好的生活保障或可观的金钱报酬，或者是入伍给了他们安全和信念，使得他们所在的家庭或社区免受袭击。但是，这些儿童在入伍后，参与了杀害、绑架、破坏、恐吓、强奸、抢劫和针对平民或其他儿童施加暴力的培训。根据联合国的刚果民主共和国特派团估计，在 2003 年，就约有 3 万名儿童在武装集团当中。① 这些儿童自 1996 年以来就在不同的时间参加过不同的武装集团。其中不少儿童是以暴力方式征募的或者在当地民兵的煽动、家人的默许下"自愿"加入的。他们入伍的经验以及与武装集团的联系会严重影响到他们对受害经历的看法，也由于他们与他们的前指挥官的关系，这些经历也会影响他们在国际刑事法院作证的意愿，影响到复员和重返社会的努力。

除此之外，身处战区的儿童往往被冲突各方故意以极其残忍的方式杀害，或受重伤致残。在民主刚果的伊图里地区，许多儿童遭到武装集团的残酷杀害或重伤致残。例如，根据联合国的报告，在 2002 年年底，刚果解放运动和刚果争取民主联盟的士兵在蒙巴萨处决了 24 名儿童，刚果爱国者联盟的士兵在尼亚昆代杀害了 9 名儿童。而且有许多流落街头的儿童是因为战争而流离失所的农村儿童，其中越来越多的人遭到任意杀害，当地人称之为"社会清洗"。②

（二）伊图里地区人民对征募儿童行为的认识

在民主刚果东部，很多人并不知道国际刑法中征募不满 15 岁的儿童入伍是一种战争罪行为，甚至当有人告诉当地居民征募儿童是一种国际犯罪行为时，很多伊图里地区的当地人觉得非常奇怪。自 1996 年以来，那些参加了民主刚果东部连绵不断冲突的儿童，都更多地被视为战争英雄，他们是捍卫种族尊严和抵御外来侵略或者推翻不受欢迎的政治领导人的战斗者，而并不是犯罪的受害者。复员的前儿童兵也鲜与他们的父母或社区分

---

① Coalition to Stop the Use of Child Soldiers, *Child Soldiers Global Report* (2004), p. 14.
② 联合国大会安全理事会：《儿童与武装冲突问题：秘书长的报告》，A/58/546-S/2003/1053＊，2003 年 10 月 30 日，第 25 段。

享入伍的经历以及他们在军队中所经历的情感感受。由于缺乏情感交流，前儿童兵复员后只向所在社区传达了赤裸裸的事实，这使得他们在重新融入当地社区中产生了很多复杂问题。

对于 2006 年卢班加被国际刑事法院逮捕的消息，伊图里地区人民有不同的反应。有的人拍手称好；有的人认为国际刑事法院在干预地区事务，目的只是替代国内那些无效无用的司法机关；有的人认为逮捕审判会受到政治因素的干扰；而大部分当地居民的反应是比较模糊的，他们怀疑这是"白人"在执行其双重标准，这些他们眼中的"白人"先是允许卢班加所在的刚果爱国者联盟获得了犯下众多残忍行为所必需的各种武器，现在又让卢班加承担战争罪的责任。

此外，大部分当地居民感到惊讶、沮丧与不理解。感到惊讶的是，为什么卢班加只遭到有关儿童兵的指控，大多数人认为在民主刚果，征募和利用儿童不是一种罪行；而感到沮丧和不理解的是，有些被认为是"更加严重"的犯罪，如强奸、大规模的杀人和酷刑却没有被列入"白人"的指控范围中，是因为这些严重的行为没有被国际社会注意到吗？当国际刑事法院最初公布卢班加被逮捕时，伊图里的人民本是抱着很大的期待的，现在当地人民感到显著的失望。①

---

① REDRESS, *Victims, Perpetrators or Heroes? Child Soldiers before the International Criminal Court*, September 2006, http://www.refworld.org/docid/4bf3a5e22.html, pp. 21 - 22, 最后访问时间：2018 年 3 月 1 日。

第三章 国际社会禁止征募
儿童兵的早期努力

儿童因武装冲突而饱受折磨。被征募入伍的儿童，他们参与敌对行动，或者以其他方式与武装部队或武装集团产生联系，他们特别容易受到伤害：常常被囚、受伤或死亡。他们还会与家人分离，无法得到教育机会和其他基础服务。那国际法上对待征募儿童兵的行为是何种态度，有何实践？这正是本章所要阐述的问题。

一 禁止征募儿童的国际法律规范

本节将按时间顺序对在《罗马规约》之前的与保护儿童相关的国际法规定进行梳理，这些条款都是《罗马规约》将征募儿童纳入战争罪的基础。但与《罗马规约》最大的不同在于，这些法律规范都是以国家，而非个人作为承担权利义务的对象的。1998 年的《罗马规约》之所以能够以强有力的刑法规范语言将征募儿童的行为定罪化，都离不开这些条约深远的影响。

（一）国际人道法

近半个世纪以来，随着科技的发展，新的作战方式和作战方法层出不穷，平民，包括儿童都无可避免地成为战争中攻击的直接目标。由于意识到在战争中保护平民的迫切需要，1949 年的日内瓦四公约和 1977 年两个附加议定书，再加上后来创建的前南法庭、卢旺达法庭和国际刑事法院，使得国际人道法与国际人权法、国际刑法得到同步发展，适用范围大为增加。这些国际刑事司法机构的法庭章程都把"严重违反日内瓦公约"作为其管辖权的基础，这些司法机构的出现与实践体现了国际人道法的发展，也促进了人道法的发展，而且还把国际人道法推到了国际法的前沿。

如第二章所述，在战场上使用儿童的现象在 20 世纪 70 年代开始增多，而那时候的国际人道法律规范对此问题的规定并不多。《日内瓦第四公约》把儿童当作平民保护，而不是当作战争中的参加者保护。尽管《日内瓦第四公约》中甚至没有把儿童当作需要特殊保护的群体，① 但依然有一些条款明确规定了要保护儿童。② 直到 1977 年的两个附加议定书，国际人道法框架内的关于武装冲突中儿童参与以及禁止征募儿童的规定开始变得清晰起来。当时，越来越多的冲突是发生在国家内部，游击战成为流行的作战方式，因此非洲和亚洲的儿童参加战斗行动的现象开始增多。

1968 年 5 月的国际人权会议后通过了一项决议，要求联大审议"需要更多的国际人道法公约……，以确保更好地保护平民和其他战争受害者"。③ 这个决议被很多学者认为是联合国框架内的国际人权法与红十字国际委员会主导下的人道法相互交融的开始。④ 1977 年两个附加议定书是由各国政府派出的专家代表与红十字国际委员会一道起草的，在起草最开始的时候，红十字国际委员会就宣布，面对国际人道法的新挑战，最应关注的是儿童兵的问题。⑤

1977 年两个附加议定书分别调整有关国际性武装冲突和非国际性武装冲突的问题，在两个议定书中都纳入了有关禁止征募儿童的规定。因此，两个协定书的通过也代表着国际社会第一次在征募儿童的问题上获得了共

---

① 《日内瓦第四公约》第 16 条规定："伤者、病者、弱者以及孕妇应为特别保护与尊重之对象。"

② 例如，《日内瓦第四公约》的第 14、15、17、23、24、38、50、51、82 和 89 条。例如，第 50 条第 2 款："占领国应采取一切必要步骤以便利儿童之辨识及其父母之登记。但该国绝不得改变彼等之个人地位，亦不得使其参加隶属于该国之各种组织。"——作者注

③ 联合国大会："第 23 部分：武装冲突中之人权问题"，载《国际人权会议藏事文件》，A/CONF. 32/41（1968）。

④ 〔荷兰〕凯瑟琳·福廷：《1948—1968 年间红十字国际委员会与联合国间以及国际人道法与国际人权法间的互补性》，廖凡译，《红十字国际评论》第 888 期，第 94—112 页。

⑤ ICRC，"Protection of the civilian population against dangers of hostilities, Conference of Government Experts on the Reaffirmation and Development of International Humanitarian Law Applicable in Armed Conflicts"（Geneva 1971），CE/3b, pp. 46 – 49.

识，但是，它们也存在一些不足。

1.《第一附加议定书》第 77 条第 2 款

《第一附加议定书》第 77 条第 2 款规定如下：

> 第七十七条　对儿童的保护
>
> ……
>
> 二、冲突各方应采取一切可能措施，使十五岁以下的儿童不直接参加敌对行动，特别是不应征募其参加武装部队。冲突各方在征募十五岁以上但不满十八岁的人时，应尽力给予年岁最高的人以优先的考虑。
>
> ……

但是，该款起草的草案是这样规定的：①

> 冲突各方应采取一切必要措施，使十五岁以下的儿童不以任何方式参加敌对行动，特别是不应征募其参加武装部队或接受他们自愿参加敌对行动。

草案与后来正式文本相比，有三个方面的显著不同。第一，"一切可能措施"取代了草案中的"一切必要措施"。"可能"（feasible），按照红十字国际委员会 1987 年对第 76 条评注中的解释，应该理解为"能够完成或实施的，有可能或可行的"。② 也就是说，"可能"的主观性比"必要"强，特别是考虑到《第一附加议定书》中没有条款对这些术语进行定义或解释。"必要"成了"可能"，必然减弱了这一条款保护儿童的力度。

第二，"不直接参加"取代了"不以任何方式参加"。起草过程中，各方对于什么是"敌对行动"没有达成共识，而在参加中区分了直接还是间

---

① ICRC, *Draft Additional protocols to the Geneva Conventions of 12 August1949*：*Commentary*，Geneva，1973，pp. 86 – 87，http：∥www. loc. gov/rr/frd/Military＿Law/pdf/RC-Draft-additional-protocols. pdf，最后访问时间：2018 年 3 月 1 日。

② ICRC，"Protection of Children"，in *Commentary of 1987*，para. 3171，https：∥ihl-databases. icrc. org/applic/ihl/ihl. nsf/1a13044f3bbb5b8ec2563fb0066f226/8e174bc1926f72fac12563cd00436c73，最后访问时间：2018 年 3 月 1 日。

接的话，就更需要明确"敌对行动"的定义了。

第三，草案中"或接受他们自愿参加敌对行动"的措辞没有体现在正式文本中。根据红十字国际委员会评注的解释，当时第三委员会曾指出，在某些情况下，特别是在被占领土和民族解放战争中，完全禁止不满 15 岁的儿童自愿参加并不现实。[①] 尽管红十字国际委员会明确表明不完全同意的观点，[②] 但可能正是由于此种考虑，导致最后文本没有处理自愿入伍的问题，这为后来讨论自愿、儿童的同意问题造成了法律空白，给往后的司法机构造成了挑战。直到 30 年后的塞拉利昂特别法庭才第一次以司法判例的方式澄清自愿入伍的问题。

2.《第二附加议定书》的第 4 条第 3 款

《第二附加议定书》第 4 条第 3 款规定：

第四条　基本保证

……

三、对儿童，应给予其所需的照顾和援助，特别是：

……

（三）对未满十五岁的儿童不应征募其参加武装部队或集团，也不应准许其参加敌对行动；

（四）如果尽管有第三项的规定，而未满十五岁的儿童直接参加敌对行动，并被俘获，这类儿童仍应适用本条所规定的特别保护；

……

该条款的"对儿童，应给予其所需的照顾和援助"肯定了儿童是一个相对于其他平民来说特别脆弱的群体，儿童需要特别的照顾和援助，这也是他们享有特殊法律保护的原因。该条款中没有了《第一附加议定书》中的"可能措施"与"直接参加"这样的措辞与提法，也没有区分"直接"参加与非直接参加；同时，使用"不应准许"至少可以在解释层面上包括禁止自愿入伍问题，因此可以说保护的力度会比《第一附加议定书》更大

---

① ICRC, *Commentary of 1987*, para. 3184.

② ICRC, *Commentary of 1987*, para. 3185.

一些。但是，根据《第二附加议定书》第 1 条第 1 款，该议定书适用于所有非国际性武装冲突，但并不适用于"内部动乱与紧张局势"。于是，也有学者提出，当今冲突的不同性质实际上造成了对武装冲突中儿童保护的空白。[①] 而且《第二附加议定书》与《第一附加议定书》用语不同的背后可能有不同的政治考量。[②]

至于儿童的年龄门槛，两个议定书都继续沿用了《日内瓦第四公约》对儿童保护的规定，儿童年龄的问题将在本书的第六章中作详细的讨论。[③]

3. 小结

1949 年日内瓦四公约及其附加议定书对战争法规和惯例进行了详尽的编纂，战争罪亦开始通过公约的"严重违反"条款而得到第一次正式的成文法确定，但是今天习惯法下的战争罪并不仅仅局限于严重违反公约的行为。事实上，今天所说的战争罪，亦不局限于传统的"战争"情况。国际人道法的目的是减少武装冲突对平民的影响，并非给平民提供更多的除基本保护之外的保护。但是，在国际性武装冲突和非国际性武装冲突中，由国际人道法公约所提供的保护水平上确实有所区别。毕竟，两个附加议定书正式纳入禁止征募儿童，禁止国家武装部队与非国家武装集团直接或间接地征募儿童，这为后面的塞拉利昂法庭判例以及《罗马规约》的起草生效都作了坚实的贡献。尽管有众多的不完美之处，但 1977 年的两个附加议定书依然是国际社会禁止征募儿童的第一步，而且是很重要的一步，在武装冲突中征募和利用儿童的现象已经受到全球的关注。

（二）国际人权法

1. 联合国《儿童权利公约》

1959 年，联合国通过了一个并不具备约束力的《儿童权利宣言》。到了 20 世纪 70 年代末期，国际社会要求缔结一个儿童权利保护公约的声音开始出现。1979 年，波兰政府向联合国大会提交了一份关于儿童权利的公约草案，草案被联合国经社理事会采纳。1988 年，联合国大会要求人权委

---

① 参见 Amy Beth Abbott, "Child Soldiers—the Use of Children as Instruments of War", *Suffolk Transnational Law Review* 23 (2000): 499。

② Julie McBride, *The War Crime of Child Soldier Recruitment* (The Hague, The Netherlands: T. M. C. ASSER PRESS, 2014), p. 23.

③ 参见《日内瓦第四公约》第 14、23、24、38、50 和 89 条。

员会对公约草案工作给予优先考虑，希望能于 1989 年完成此公约的拟定工作。1989 年，《儿童权利公约》（*Convention on the Rights of the Child*，CRC）在联合国大会以协商一致的方式通过，1990 的 9 月 2 日公约正式生效。中国于 1991 年 12 月 29 日批准加入，成为《儿童权利公约》的缔约国之一。从波兰政府的第一份草案，到《儿童权利公约》文本的诞生，国际社会用了 10 年时间来完成。同时，根据《儿童权利公约》第 43 条设立联合国儿童权利委员会负责监督缔约国履行公约义务的情况。《儿童权利公约》已经成为联合国框架内缔结的，在国际社会得到最广泛签署和接受的国际条约。联合国条约数据库的资料显示，《儿童权利公约》目前有 196 个缔约国，在 2015 年之前，尚有美国、南苏丹和索马里三个国家未同意和批准；但南苏丹和索马里也分别于 2015 年 1 月和 10 月批准了《儿童权利公约》。因此，目前全球仅剩美国尚未批准《儿童权利公约》。①

《儿童权利公约》的通过和生效对于全球的人权发展来说，当然是一个积极的步伐。《儿童权利公约》作为一个人权法条约，能在所有的和平时期（或宣称和平时期）对儿童提供保护。作为一个人权条约，《儿童权利公约》没有减损条款。在其他一些人权条约中，在某些特殊情况下，如国家危难时期、国内紧张局势等，减损将是不可避免的。征募儿童的问题规定在《儿童权利公约》的第 38 条，这一条是创新性的，它明确地把国际人道法囊括进了国际人权法的法律框架中，这表明了两种制度在保护儿童这个问题上的融合。但可惜的是，当中处理武装冲突中儿童的条款依然被认为是一系列保护里的弱项，这使得很多儿童保护者非常失望。

第 38 条是这样规定的：

第 38 条

1. 缔约国承担尊重并确保尊重在武装冲突中对其适用的国际人道主义法律中有关儿童的规则。

2. 缔约国应采取一切可行措施确保未满 15 岁的人不直接参加敌对行动。

---

① Convention on the Rights of the Child, UNTC, https：//treaties. un. org/pages/ViewDetails. aspx？src = IND&mtdsg_no = IV-11&chapter = 4&lang = en，最后访问时间：2018 年 3 月 1 日。

3. 缔约国应避免征募任何未满 15 岁的人加入武装部队。在征募已满 15 岁但未满 18 岁的人时，缔约国应致力首先考虑年龄最大者。

4. 缔约国按照国际人道主义法律规定它们在武装冲突中保护平民人口的义务，应采取一切可行措施确保保护和照料受武装冲突影响的儿童。①

在起草的过程中，第 38 条是非常具有争议性的条款。《儿童权利公约》评注第 38 条编者菲奥纳·昂（Fiona Ang）说，《第一附加议定书》第 77 条第 2 款规定的 "冲突各方在征募十五岁以上但不满十八岁的人时，应尽量给予年岁最高的人以优先的考虑" 这一 "优先规则" 是当时关于年龄谈判妥协的结果。10 年后《儿童权利公约》在谈判第 38 条时，再次遇到了这个问题。例如，瑞典的提案就建议，《儿童权利公约》第 38 条应用 "必要措施"，非 "可行措施" 的用语；应将参加敌对行动的最低法定年龄设定为 18 岁而不是 15 岁；禁止儿童每一种参加，而不仅是直接参加；仍然保留 "优先规则"。瑞典的这几项提案中只有最后一项体现在了最后文本中。②

《儿童权利公约》第 38 条的规定仍有不足，受到很多学者的批评。第一，15 岁至 18 岁的儿童仍然是保护的漏洞，并没有囊括进第 38 条的最终文本中，这仍然是一个争论焦点。《儿童权利公约》第 1 条对儿童有明确的定义，即儿童就是 18 岁以下的任何人，但是第 38 条却并没有呼应这个定义。和《第一附加议定书》一样，《儿童权利公约》的草案一开始并不

---

① Article 38 provides, "1. States Parties undertake to respect and to ensure respect for rules of international humanitarian law applicable to them in armed conflicts which are relevant to the child. 2. States Parties shall take all feasible measures to ensure that persons who have not attained the age of fifteen years do not take a direct part in hostilities. 3. States Parties shall refrain from recruiting any person who has not attained the age of fifteen years into their armed forces. In recruiting among those persons who have attained the age of fifteen years but who have not attained the age of eighteen years, States Parties shall endeavour to give priority to those who are oldest. 4. In accordance with their obligations under international humanitarian law to protect the civilian population in armed conflicts, States Parties shall take all feasible measures to ensure protection and care of children who are affected by an armed conflict. "

② Fiona Ang, "Article 38 Children in Armed Conflicts" in André Alen, et al. (eds.), *A Commentary on the United Nations Convention on the Rights of the Child* (Leiden: Martinus Nijhoff Publishers, 2005), p. 53, para. 51.

是这样规定的。早在 1988 年 10 月，起草者就希望能直接规定禁止儿童参加战争，而且把年龄门槛提高到 18 岁。但是，这个草案遭到美国和英国的反对。① 这使得第 38 条再次"重蹈覆辙"两个议定书的遗憾。② 第二，第 38 条是整个《儿童权利公约》中唯一一条让缔约国采取"一切可能的措施"来履行他们义务的条款。在讨论过程中，有不少代表，例如瑞典，提出"可能"这词太弱了，要使用"必要"取代"可能"，但这并没有得到接受。第三，它再次重复了《第一附加议定书》中的直接与非直接的区别，只是对于直接参加的儿童提供了保护，忽略了那些在敌对行动中发挥作用或角色的儿童。第四，对于什么是敌对行动依然含糊不清，没有具体的定义或提示。

　　对此，学者们的评论多是较为负面。例如，德伯里（John J. DeBerry）就认为，第 38 条提供的保护现状比"理想中的保护差得远"，③ 甚至比不上人道法中的两个附加议定书。谢泼德（Ann Sheppard）认为，第 38 条的文本既没有特别突出关注此问题，也没有超越人道法已提供的标准。④ 戴维森（Ann Davison）说，1990 年是《儿童权利公约》通过的时间，也是全球儿童兵问题达到了前所未有、不可思议数据高度的年份。⑤ 这也只能说明《儿童权利公约》对于国际社会禁止征募儿童的作用甚微。《儿童权利公约》曾经有一个很好的机会来弥补国际人道法律框架下的不足，但由于政府的策略和各种原因，最终没有达到相应的期望。

　　2.《非洲儿童权利和福利宪章》

　　《儿童权利公约》的生效再次把全球的注意力聚焦到儿童兵现象，因此在全球范围内再次出现了一系列的章程和宣言，当中比较重要的是 1999 年生效的《非洲儿童权利和福利宪章》（*African Charter on the Rights and Wel-*

---

① Julie McBride, *The War Crime of Child Soldier Recruitment*, p. 27.

② 参见 Geraldine Van Bueren, "The international legal protection of children in armed conflicts", *The International and Comparative Law Quarterly* 49 （1994）: 814, 816。

③ John J. DeBerry, "Child soldiers and the convention on the rights of the child", *The Annals of the American Academy of Political and Social Science* 575 （2001）: 92.

④ Ann Sheppard, "Is the Optional Protocol Evidence of an Emerging 'Straight-18' Consensus?", *The International Journal of Children s Rights* 8 （2000）: 44.

⑤ Ann Davison, "Child Soldiers: No Longer a Minor Incident", *Willamette Journal of International Law and Dispute Resolution* 12 （2004）: 134.

fare of the Child，以下简称《非洲儿童宪章》）。① 《非洲儿童宪章》第 2 条明确对儿童下了定义，即儿童是 18 岁以下的人;② 其中，与武装冲突相关的是第 22 条，规定如下:

第 22 条　武装冲突

1. 本宪章的缔约国应承诺尊重并确保遵守适用于受武装冲突影响的儿童的国际人道法规则。

2. 本宪章的缔约国应采取一切必要措施，确保任何儿童不得直接参加敌对行动，尤其不得征募任何儿童。

3. 本宪章的缔约国应根据其在国际人道法下的义务，保护武装冲突中的平民，并采取一切可行措施，确保受到武装冲突影响的儿童得到保护和照顾。这些规则也适用于国内武装冲突和紧张极端局势中的儿童。③

相比于《儿童权利公约》第 38 条使用"可行措施"这样的措辞来说，《非洲儿童宪章》的用语无疑是清楚、明确且强有力的。第 22 条第 3 款甚至明确承认了在紧张极端局势中保护儿童的需要。正如学者认为，这表明起草者意识到，相比于冲突的性质来说，儿童的最大利益应该在国际法中得到优先考虑。④

---

① Organization of African Unity（OAU），"African Charter on the Rights and Welfare of the Child"，11 July 1990，CAB/LEG/24. 9/49（1990），http:∥www. refworld. org/docid/3ae6b38c18. html，最后访问时间: 2018 年 3 月 1 日。

② Article 2 "Definition of a Child" defines that "For the purposes of this Charter. a child means every human being below the age of 18 years."

③ Article 22 "Armed Conflicts" defines: "1. States Parties to this Charter shall undertake to respect and ensure respect for rules of international humanitarian law applicable in armed conflicts which affect the child. 2. States Parties to the present Charter shall take all necessary measures to ensure that no child shall take a direct part in hostilities and refrain in particular, from recruiting any child. 3. States Parties to the present Charter shall, in accordance with their obligations under international humanitarian law, protect the civilian population in armed conflicts and shall take all feasible measures to ensure the protection and care of children who are affected by armed conflicts. Such rules shall also apply to children in situations of internal armed conflicts, tension and strife."

④ 参见 Fonseka，Bhavan，"The protection of child soldiers in international law"，*Asia-Pacific Journal on Human Rights and the Law* 2（2001）: 91。

第 22 条还有一个特点就是没有明确的年龄规定。人道法和《儿童权利公约》的缔结与谈判过程已经表明，禁止征募儿童的年龄设定是一个难以在全球达成共识的问题，也是一个文化相对性问题，于是在第 2 条对儿童下了定义以后，就不再在第 22 条作更具体的规定，以避开儿童征募问题这个最大的"震中"。

但是，非常遗憾，可能也是由于这个"震中"，非洲一些国家并没有签署这个宪章，这使得该章程的创新之处没法在实践中得到体现，作为非洲国家的塞拉利昂签署了该宪章，但民主刚果和其他一些同样存在大规模征募儿童的国家均没有签署。

本书将会介绍塞拉利昂特别法庭在征募儿童方面的案例。作为非洲国家的塞拉利昂，于 1990 年 6 月批准了《儿童权利公约》，于 2001 年 9 月批准了《关于买卖儿童、儿童卖淫和儿童色情制品问题的任择议定书》，于 2002 年 5 月批准了《关于儿童卷入武装冲突问题的任择议定书》。这些承诺随后通过 2007 年《儿童权利法案》被纳入国家法律，这个法案取代了其他所有相关的国家法律并与《儿童权利公约》、《非洲儿童宪章》相兼容。塞拉利昂签署和不签署这些条约和宪章在后面讨论的案件中导致了法律适用的差别，特别是在能否使用法律错误作为抗辩理由方面；第一案中的卢班加也认为，他并不知道有禁止对儿童进行征募的规定，因为民主刚果没有参加和签署《非洲儿童宪章》。

3. 《关于儿童卷入武装冲突问题的任择议定书》

人权条约通常后附有"任择性"议定书，通过这种形式使条约的内容更加完整或者更加丰富。议定书可能是针对原条约中的任一问题，进一步解决原条约中的和新出现的问题，或者增加条约操作和实施的过程，例如增加个人投诉程序等。《儿童权利公约》在生效后，分别通过了两个任择议定书，在《儿童权利公约》原有内容的基础上，任择议定书增加了更加详细的内容，并扩展了义务范围。

《儿童权利公约》生效后，儿童出现在武装冲突中的问题愈发严重。作为解决该问题努力的一部分，《儿童权利公约》非政府组织工作小组与联合国儿童基金会于 1997 年 4 月 27 日至 30 日在南非开普敦开办了专题研讨会。研讨会的目的是召集专家和合作伙伴为防止征募儿童共商对策，尤其是推动将 18 岁定为征募的最低年龄，帮助儿童兵复员，帮助他们重新融入家庭和重返社会。《开普敦原则》和《招募儿童加入武装部队问题及动员和非洲儿童兵融入社会的良好实践》就是该研讨会的成果，建议政府和社区在受影响国家采取行动来结束对儿童权利的破坏。尽管《开普敦原则》和《招募儿童加入武装部队问题及动员和非洲儿童兵融入社会的良好实践》并不具有法律约束力，但是成为非洲大陆上"解除武装、复员和重返社会"计划（DDR）出现的基础。① 这个原则同样有助于保护儿童，引起对儿童兵问题的关注，有助于填补《儿童权利公约》的不足。

对《儿童权利公约》第38条的批评是产生《关于儿童卷入武装冲突问题的任择议定书》主要原因。《关于儿童卷入武装冲突问题的任择议定书》于2000年5月4日在联合国大会上通过，并于2002年2月12日生效。《关于儿童卷入武装冲突问题的任择议定书》相关条款规定如下：

第1条

缔约国应采取一切可行措施，确保不满18周岁的武装部队成员不直接参加敌对行动。

第2条

缔约国应确保不满18周岁的人不被强制征募加入其武装部队。

第3条

1. 考虑到《儿童权利公约》第38条所载原则，并确认公约规定不满18周岁的人有权获得特别的保护，缔约国应提高该条第3款所述个人自愿应征加入本国武装部队的最低年龄。

2. 每一缔约国在批准或加入本议定书时应交存一份具有约束力的声明，规定其允许自愿应征加入本国武装部队的最低年龄，并说明其为确保不强迫或胁迫进行此类征募而采取的保障措施。

3. 允许不满18周岁的人自愿应征加入本国武装部队的缔约国应设置保障措施，至少确保：

（a）此种应征确实是自愿的；

（b）此种应征得到本人父母或法定监护人的知情同意；

① UNICEF，"Cape Town Principles and Best Practices"，https：//www. unicef. org/chinese/emerg/files/Cape_ Town_ Principles（1）. pdf，最后访问时间：2017年12月1日。

（c）这些人被充分告知此类兵役所涉的责任；

（d）这些人在被接纳服本国兵役之前提供可靠的年龄证明。

……

5. 按照《儿童权利公约》第 28 和第 29 条，提高本条第 1 款所述入伍年龄的规定不适用于缔约国武装部队开办或控制的学校。

第 4 条

1. 非国家武装部队的武装团体在任何情况下均不得征募或在敌对行动中使用不满 18 周岁的人。

在《关于儿童卷入武装冲突问题的任择议定书》起草的过程中，问题依然在于对征募 16 岁、17 岁儿童入伍的保护的"失语"问题如何弥补。代表们已经注意到了以往对联合国儿童权利委员会的批评，因此争议的中心依然是儿童进入军队的最低年龄问题。也有许多人认为《关于儿童卷入武装冲突问题的任择议定书》应该是一个更多保护儿童的机会，而不是再去讨论已经讨论过的地方；^① 年龄的问题已经不是一个重要的区分因素，因为年龄更小的、比 15 岁更小的儿童兵已经在塞拉利昂、布隆迪等国家中出现了。在起草的过程中，美国和英国坚持认为儿童离开学校就可以参加武装集团，这样的立场遭遇了其他国家的反对，批评声四起，大家认为它们只是为了维护自己的征募策略，破坏了禁止儿童兵的努力。

《关于儿童卷入武装冲突问题的任择议定书》最后商定的文本直接将禁止强制征募儿童加入武装集团（非国家武装部队）的年龄提高到 18 岁，戴维森（Ann Davison）认为这成功地创造了"一个统一的儿童的定义"。同时，《关于儿童卷入武装冲突问题的任择议定书》第 4 条弥补了《儿童权利公约》第 38 条中没有关于非国家武装部队规定的缺陷。^② 这一条明确禁止了不满 18 岁的儿童进入非国家武装团队，并且赋予了缔约国政府采取

---

① 参见 Fonseka, Bhavan, "The protection of child soldiers in international law", *Asia-Pacific Journal on Human Rights and the Law* 2（2001）：80。

② 第 4 条规定如下："1. 区别于国家武装部队的武装团体，在任何的情况下，都不征募或使用 18 周岁以下的人参与到敌对行动中。2. 缔约国采取一切可能的措施来阻止这样的征募和使用，包括通过一切可能的法律措施来阻止和惩罚这些行为。"——作者注

一切可行的措施以阻止征募和利用儿童的义务。①

　　值得注意的是，第 4 条第 1 款还有一个很重要的规定，就是从原来《第二附加议定书》第 4 条第 3 款第 3 项的"也不应准许其参加敌对行动"一下子明确地提到了"均不得征募或在敌对行动中使用"。"在敌对行动中使用"这样的表达第一次出现在正式人权条约国际法中。

　　但《关于儿童卷入武装冲突问题的任择议定书》的缺陷与不足也是明显可见的。第一，《关于儿童卷入武装冲突问题的任择议定书》第 1 条又再次使用了"一切可行措施"的措辞，如果这个"可行措施"和人道法框架下含义相同，那就是说，"可行"意味着在当时情况下"实际的或实际可能的"情况，军事考虑和军事必要会使该条受到一定影响。② 这就允许了在特殊情况下使用儿童兵或者在军事危急的情况下"合法"地征募或使用了。英国对议定书的签署也是由于这个"可行"的措辞；英国称会采取一切可行的措施来确保 18 岁以下的儿童不直接参与战斗，除非在"真正的军事需要"的情况下。③

　　第二，《关于儿童卷入武装冲突问题的任择议定书》中明确纳入 18 岁的规定，但并没有取得预期效果。根据《关于儿童卷入武装冲突问题的任择议定书》第 3 条第 2 款规定，在批准或加入时交存的声明极大地破坏了《关于儿童卷入武装冲突问题的任择议定书》本来想要达到的保护目的，一些国家选择忽略《关于儿童卷入武装冲突问题的任择议定书》中 18 岁这一年龄限制，而通过交存声明的方式，选择 16 岁、17 岁作为标准。④ 另外，结合这些条款就可以发现，议定书给"自愿应征"留了一个"口子"，

①　Davison，Ann，"Child soldiers：no longer a minor incident"，*Willamette Journal of International Law and Dispute Resolution* 12（2004）：135.

②　参见 ICRC，IHL Database，Customary IHL，"Rule 15. Precautions in Attack"，https：//ihl-data-bases. icrc. org/customary-ihl/eng/docs/v1_ rul_ rule15（last visited March 1，2018）。该部分描述了不同国家的军事手册中的相关条款。2002 年 12 月 23 日，美国提交了对议定书批准的声明，其中就是用了"可行的措施"这样的术语，同样的术语也出现在阿根廷、澳大利亚、加拿大和英国的军事手册当中。——作者注

③　Rachel Harvey，"Child soldiers in the UK：Analysis of recruitment and deployment practicesof under-18s and the CRC"，p. 11，https：//www1. essex. ac. uk/armedcon/unit/papers/index. html，最后访问时间：2018 年 3 月 1 日。

④　以 16 岁为标准的国家有加拿大、萨尔瓦多和墨西哥。以 17 岁为标准的国家有奥地利、阿塞拜疆、佛得角、意大利、牙买加、新西兰和越南。——作者注

即允许不满 18 岁的人在第 3 条第 3 款 "至少确保" 的前提下，加入国家武装部队。这种保护和《第一附加议定书》与《儿童权利公约》第 38 条中的 "优先规则" 完全不一样。《儿童权利公约》评注中指出，第 3 条第 3 款的这 4 项 "确保" 在实践中并不容易实施。[①]

从议定书的起草过程开始，学界对《关于儿童卷入武装冲突问题的任择议定书》的讨论和批评就没有停止过，尤其是对于不满 18 岁的儿童自愿入伍的合法性问题。"自愿" 的标准始终是有争议的，当使用 "一切可行"、"直接参加"、"在敌对行动中使用" 这样一些模糊不清的表述时，议定书其实又是在重复《儿童权利公约》遇到过的难题。最后，允许没有签署《儿童权利公约》的国家[②]签署议定书，允许签署议定书的国家在最低年龄上提交声明，议定书的 "初心" 就更加受到破坏了。正如麦克布莱德（Julie）指出，这种将不同国际法律体系 "随机组合" 的态度是不可能有助于儿童权利的保护的。[③]

有趣的是，即使美国的提案遭受了强烈的批评，但美国并未因此就不参与或停留在起草活动之外，而是依然尽最大的努力参与到谈判中，以应对这些批评，以最大可能影响其他谈判代表。而英国的征募政策是于 1991 年由其专门委员会制定的，专门委员会一直坚持认为没有修改国内政策的必要。[④]

4. 小结

总的来说，国际人权法毫无疑问是成功的，它提供了一个原则框架，解决了一些国际社会面临的以权利为基础的问题。大部分国家和政府明确地接受了这些原则。但在现实中，当武装冲突出现的时候这些原则就会被忽视，人权就会遭受侵蚀。国际人权法框架中对儿童兵的保护有一系列

---

① Fiona Ang, "Article 38 Children in Armed Conflicts", in André Alen, et al. （eds.）, *A Commentary on the United Nations Convention on the Rights of the Child*（Leiden: Martinus Nijhoff Publishers, 2005）, pp. 54 – 55, para. 94.

② 美国没有签署《儿童权利公约》，但却签署了这个任择议定书。签署时，还特意声明强调美国不承担《儿童权利公约》的义务，而且美国签署附加议定书并不是任何国际法庭（包括国际刑事法院）对其行使管辖权的理由。——作者注

③ Julie McBride, *The War Crime of Child Soldier Recruitment*（The Hague, The Netherlands: T. M. C. ASSER PRESS, 2014）, pp. 34 – 35.

④ Julie McBride, *The War Crime of Child Soldier Recruitment*（The Hague, The Netherlands: T. M. C. ASSER PRESS, 2014）, pp. 30 – 31.

弱点。

第一，人权法条约中总是强调"可行"，表明对儿童的保护弱于国家的军事需要。条约中使用了直接参加、间接参加这样一些概念，对"儿童"的年龄有不一致的规定，这都表明对这些概念有必要澄清与区别。

第二，国际人权法如何适用于非国家行为体是不清楚的。非国家行为体在人权法下承担的是非直接的义务。例如，政府承担了国际人权条约的义务，再通过国内的规定来调整非国家行为体的行为。因此，通过追究个人刑事责任的方式能使非国家行为体的具体行为人遵守人权法，相当于执行了人权法的规定。

在执行国际标准或国际义务时，各国政府是会受限于国际社会的压力的，但大多数的非国家武装集团，特别是那些希望把自身和政府区分开来的武装集团，不太关心国际社会对它们的看法，即使是联合国的谴责或者政府对其征募儿童政策的披露，它们并不在乎。

同样，并不是所有非政府武装集团或团体会在政府倡议的问题上表现出"遵守更高的标准，希望取得积极的公开性和合法性"的姿态的。①2005 年起，安理会对征募儿童等六种严重侵犯儿童权利行为建立了监测和报告机制，以系统监测、记录和报告世界各地关切局势中令人发指的侵权行为。联合国秘书长根据这些信息，在其年度报告中会对那些征召、杀害或使儿童致残、对儿童实施性暴力、袭击学校及医院的冲突当事方进行点名。安全理事会儿童与武装冲突问题工作组定期审查来自监测和报告机制的报告，并根据该国国情就如何更好地保护儿童提出针对性建议。当然，安理会目前的"指明和点名"机制，还是会有一定作用的，斯里兰卡的猛虎组织和塞拉利昂的革命阵线就是受到压力，向联合国承诺不再征募 17 岁以下的儿童。但是，必须指出的是，这种"点名"机制是有缺陷的，效果也只是短暂的。②

综合本节的考察，如何弥补人道法和人权法框架下禁止征募儿童的不足呢？在这个问题上一直有两个不同学派。一些人认为为了实现人道法和人权法条约的目标，保护儿童免于征募的机制必须有"牙齿"，即有权威

---

① 参见 Ilene Cohn and Guy S. Goodwin-Gil, *Child soldiers: the role of children in armed conflict* (Oxford: Oxford University Press, 1994), p. 76。

② 联合国大会:《保护受武装冲突影响的儿童》, A/58/328 (2003), 第 21 - 22 段。

和可执行的有效惩罚措施。① 另外一些人认为，新的机制需要承认人道法与人权法保护框架的差别，即要考虑到 17 岁儿童的自由同意和对一些更年轻的更脆弱的儿童提供保护。②

最近几年，国际刑事司法作为一种执行国际规范的方式在世界范围内出现并复兴，强调某些践踏国际社会共同良知的行为，要从以条约为基础的人权报告机制转移到国际刑事惩罚机制上。这种转移既是过去长久以来太过依赖国际法来消除对人权违反的内在弱点而催生的结果，也可以归因于某些国家不愿意去承诺遵循国际人权法框架或对国际人权条约报告机制冷漠的态度。

儿童保护在国际刑法中可以得到加强的一个很重要的原因在于国际刑法也能规范一些非国家行为体，而这些非国家行为体偏偏正是征募儿童入伍的"始作俑者"和"常客"。③ 参与到武装冲突中或者战争中儿童数量剧增，在相当大的程度上是由于一些国家武装部队力量正在向非国家武装集团中转移。国际社会对这种转移现象的反映就是从条约法和向委员会的报告机制，转移至国际刑法上的个人刑事责任。正如著名的国际刑法学者沙巴斯认为："如果人权法在调整非国家行为体方面存在某种程度上的局限，那是由于人权法侧重于国家在管辖范围内对个人的义务，但当涉及国际犯罪中个人责任时情况就大不相同。"④

二 国际刑法对征募儿童的回应

征募儿童入伍现象在全球的普遍性引起了国际社会的广泛注意，国际人权法和国际人道法机制和框架的不足促使国际刑法对此问题作出了回应。

---

① 参见 Ilene Cohn and Guy S. Goodwin-Gil, *Child soldiers: the role of children in armed conflict* (Oxford: Oxford University Press, 1994), p. 161。

② 参见 Ann Davison, "Child soldiers: no longer a minor incident", *Willamette Journal of International Law and Dispute Resolution* 12 (2004)。

③ Scott Gates and Simon Reich, *Child Soldiers in the Age of Fractured States* (PA: University of Pittsburgh Press, 2010), p. 4.

④ 参见 Schabas, William A, "Punishment of non-state actors in non-international armed conflict", *Fordham International Law Journa* 126 (2003): 933。

（一）《罗马规约》与《犯罪要件》的通过

1. 《罗马规约》的通过

设立一个常设性的国际刑事法院审判那些最严重、最核心的国际罪行早已经是法学理论者和实践者们长期以来共有的想法。联合国大会于 1948 年通过了《防止及惩治灭绝种族罪公约》，该公约第 6 条就有了设立国际刑事法院的最初想法。国际法委员会在联合国大会决议下对这个最初的想法进行了审议与起草工作，但由于制定侵略罪定义过于敏感，国际法委员会的工作一直停滞不前。直到 1989 年，随着冷战的结束，为了打击日益猖獗的贩卖毒品犯罪，特立尼达和多巴哥联合拉丁美洲和加勒比海国家率先在联合国大会提出建立国际刑事法院的想法，并请求大会将此问题重新列入议事日程。

联合国大会于 1994 年成立了特设委员会，1995 年 12 月成立了筹备委员会，以讨论国际法委员会起草的《罗马规约草案》中的主要条款。① 从 1996 年至 1998 年，筹备委员会历经 19 个星期，举行了 6 次会议，由政府代表、国际法专家和非政府组织参加，形成了 116 条（1700 个注释）的文本。1998 年 7 月在罗马召开了全权会议。罗马外交大会的目的是制定和通过《罗马规约》。160 个国家和相当多的国际组织参与了会议。任务的复杂程度在提交给大会的原始文本中反映了出来，有超过 14000 个括号反映了各个与会代表的建议。一些非政府组织，自发组成被害人权利工作组联盟，为《罗马规约》和《程序与证据规则》条款最后纳入被害人权利作了很多努力。在连续 5 周的谈判后，终于形成了最后文件和 7 个简要决议，以 120 票赞成，7 票反对和 2 票弃权，通过了一个共计 128 条，融合了两大法系的精髓的《罗马规约》文本。②

2. 《犯罪要件》的通过

1998 年 7 月 17 日《罗马规约》通过。此外，还通过了一个《最后文件》，规定由联合国大会设立一个预备委员会。在该预备委员会被赋予的各项任务中，最重要的就是起草国际刑事法院《程序与证据规则》，对各

---

① 联合国大会：《设立国际刑事法院》，A/RES/49/53（1994），A/RES/50/46（1995）。

② 参见 John Washburn, "The Negotiation of the Rome Statute for the International Criminal Court and International Lawmaking in the 21st Century", *Pace International Law Review* 11（1999）: 363。

种程序和证据问题作出规定，起草《犯罪要件》以及对《罗马规约》第6、7 和 8 条的罪行定义作出详细解释。

美国在罗马外交大会上认为，由于《罗马规约》本身"不能对犯罪提供有效的指南"，缺少清楚的犯罪要件是不符合"法无明文规定不为罪"的基本原则的，因此需要通过一份类似《犯罪要件》的文件。① 这个提议最初被拒绝了，因为代表们认为如果罗马外交大会上再通过这样一份《犯罪要件》文件，其法律约束性会损害司法裁量权，也会限制法官在解释《罗马规约》时的能动性。但是美国对"法无明文规定不为罪"的担忧也是有道理的，于是《罗马规约》第 9 条的规定，② 为起草一份没有约束力的《犯罪要件》奠定了基础。因此，《犯罪要件》从一开始，就是定位于"非条约"、"无约束"和"帮助解释"的法律地位。③

2000 年 6 月 30 日，预备委员会承担了起草《犯罪要件》的任务，分别有来自美国、④ 瑞士—厄瓜多尔—哥斯达黎加联合提案，日本、⑤ 西班牙、⑥ 哥伦比亚⑦的代表起草的提案，以及红十字国际委员会的提案。红十字国际委员会的提案是对国际刑事案例作了较全面的分析和研究，分析研

---

① Preparatory Committee on the Establishment of an International Criminal Court，"Elements of offences for the International Criminal Court：proposal submitted by the United States of America"，A/AC. 249/1998/DP. 11（1998），https：//www. legal-tools. org/doc/50fc48/pdf/，最后访问时间：2018 年 3 月 1 日。

② 《规约》第 9 条规定，"本法院在解释和适用第六条、第七条和第八条时，应由《犯罪要件》辅助"。

③ 参见 Knut Dörmann，*Elements of War Crimes under the Rome Statute of the International Criminal Court：Sources and Commentary*（New York：Cambridge University Press，2003），p. 350。

④ 参见 "Proposal submitted by the United States of America：Draft elements of crimes（Ⅰ. General comments；Ⅱ. Terminology；Ⅲ. Article 6：Crimes of genocide）"，PCNICC/1999/DP. 4；"Addendum：IV. Article 7：Crimes against humanity"，PCNICC/1000/DP. 4/Add. 1；"Addendum：V. Article 8：War crimes"，PCNICC/1999/DP. 4/Add. 2；"Addendum：VI. Inchoate offences"，PCNICC/1999/DP. 4/Add. 3。

⑤ 参见 "Proposal submitted by Japan：Elements of crimes：article 8，paragraph 2（b）（i）to（xvi）"，PCNICC/1999/WGEC/DP. 12。

⑥ 参见 "Proposal submitted by Spain：working paper on Elements of Crimes：Elements of war crimes（article 8，paragraph 2）"，PCNICC/1999/WGEC/DP. 12。

⑦ 参见 "Proposal submitted by Colombia on the 'structure' ofwar crimes committed during armed conflict not of an international character"，PCNICC/1999/WGEC/DP. 44；"Proposal submitted by Colombia—Comments on the discussion on article 8. 2（a），（b）and（e）of the Rome Statute"，PCNICC/1999/WGEC/DP. 40。

究对象包括了莱比锡审判、纽伦堡审判和所有特设法庭、欧洲人权法院以及中美洲人权法院。① 预备委员会成功地完成了任务，2002 年 9 月在纽约召开的缔约国大会上《犯罪要件》得到通过。

《犯罪要件》也遇到了很多批评，主要是起草者过度编纂了文本。《犯罪要件》包括各种不同形式的指控，已经超越了当时起草时已存在的习惯国际法。有学者认为《罗马规约》和《犯罪要件》都过度编纂了法律，且《犯罪要件》是法律实证主义的过度发展，这些犯罪的定义与要件都是由缔约国提出的，国际刑事法院的法官在实践中要置之不理是相当困难的。也就是说，《犯罪要件》的出现表明了缔约国的意图是"保持对国际法立法的控制以及对国际刑事法院法官念了一个不能超越缔约国同意的'紧箍咒'"。②

尽管《罗马规约》第 9 条已经很清楚地提出《犯罪要件》只是"辅助解释"，但是《罗马规约》的第 21 条又给法院提供了适用条约的位阶，即"第一位"是《罗马规约》、《犯罪要件》和《程序与证据规则》。这就产生了冲突，《犯罪要件》是"辅助解释"还是必须适用呢？在"检察官诉巴希尔"（Prosecutor v Omar Hassan Ahmad Al Bashir）案中预审法庭就讨论过，尽管最后法官们没有达成一致，但结论依然是："《犯罪要件》和《程序与证据规则》必须适用，除非法庭认为这些文件中自身存在不可协调的冲突，或者与《罗马规约》冲突。如果有这样的冲突，《罗马规约》中的条款必须适用。"预审分庭认为，《罗马规约》第 9 条第 1 款进一步表明了《罗马规约》第 22 条的"法无规定不为罪"原则，目的是对于《罗马规约》中的犯罪提供"法律的确定性"。③ 这明显是超越了《犯罪要件》初

①　参见 "Request from the Governments of Belgium, CostaRica, Finland, Hungary, the Republic of Korea, and South Africa and the Permanent Observer Mission of Switzerland regarding the Text Prepared by the International Committee of the RedCross on Article 8, paragraph 2 (b), (c) and (e) of the Rome Statute of the International Criminal Court", PCNICC/1999/WGEC/INF. 2, PCNICC/1999/WGEC/INF. 2/Add. 1, PCNICC/1999/WGEC/INF. 2/Add. 2。

②　参见 David Hunt, "The International Criminal Court-High Hopes, Creative Ambiguity and an Unfortunate Mistrust in International Judges", *Journal of International Criminal Justice* 2 (2004): 61 – 67。

③　*The Prosecutor v Omar Hassan Ahmad Al Bashir*, "Decision on theProsecution's Application for a Warrant of Arrest against Omar Hassan Ahmad Al Bashir", ICC-02/05-01/09, 4 March 2009, paras. 128, 131.

始起草的目的。对于征募或利用儿童的犯罪来说，由于《罗马规约》的条款没有作出任何特定的心理要件的规定，《犯罪要件》的地位就显得更加重要。

《罗马规约》将征募儿童的战争罪的行为要件明确规定为三类不同的行为，即征召、募集儿童进入武装部队或集团、利用儿童积极参加敌对行动。《犯罪要件》同样在国际性武装冲突和非国际性武装冲突之下作了类似的表述。① 这些要件都会在下文中展开详细的讨论。

（二）禁止征募儿童条款的起草

《罗马规约》对征募儿童作为战争罪的发展有很重要的贡献，极大地推动了对战争中儿童的保护以及在国际法框架下对儿童使用暴力行为的起诉与惩罚。前面已提及了一些与征募儿童相关的术语，如"直接参与"、"使用"和"征募"等。"征募"和"使用"出现在《关于儿童卷入武装冲突问题的任择议定书》的第4条中，为《罗马规约》的纳入奠定了基础。

1.《罗马规约》的儿童视角

在开始的时候，联合国框架内保护儿童权利的不同机构都参与到整个国际刑事法院的创建过程中。1998年，联合国儿童权利委员会就此问题提供了一份建议书给筹备委员会。联合国儿童权利委员会要求筹备委员会在起草《罗马规约》时注意到以下几点：战争罪的定义；刑事责任的年龄；加重或减轻的情节；对儿童权利的保护。最重要的是，儿童权利委员会认为"《罗马规约》在尊重和保护儿童权利方面，必须与《儿童权利公约》的原则保持一致"。②

在起草的过程中，同时也在罗马外交大会的过程中，民间社会发挥了相当重要的作用，影响到了《罗马规约》最后的版本。通过"国际刑事法

---

① 国际性武装冲突中的犯罪要件是："行为人征募一人或多人加入国家武装部队，或利用一人或多人积极参加敌对行动；这些人不满15岁；行为人知道或应当知道这些人不满15岁；行为在国际武装冲突情况下发生并且与该冲突有关；行为人知道据以确定存在武装冲突的事实情况。"非国际性武装冲突中的犯罪要件也非常相似："行为人征募一人或多人加入武装部队或集团，或利用一人或多人积极参加敌对行动；这些人不满15岁；行为人知道或应当知道这些人不满15岁；行为在非国际武装冲突情况下发生并且与该冲突有关；行为人知道据以确定存在武装冲突的事实情况。"——作者注

② 联合国大会：《设立国际刑事法院筹备委员会：儿童权利委员会通过的决议》，A/AC.249/1998/L.18（1998）。

院联盟"（Coalition for an International Criminal Court，CIRC）这个非政府组织，超过 800 个来自世界各地的非政府组织来到罗马，包括妇女团体、残疾人组织、宗教团体和儿童权利团体等。在参加罗马规约大会的非政府组织的名单中，一些与儿童相关的组织有：加拿大儿童基金会、救助儿童会、黎巴嫩保护儿童联盟、青年发展合作会等。① 起草《罗马规约》期间，民间社会的影响反映在《罗马规约》的很多条款中，包括性别角度、性暴力被害人的保护措施和对儿童被害人的特别措施等。国际刑事法院现在的很多规定、制度与体系，都设立了被害人参与的程序，同样也规定了赔偿制度，这些是民间社会积极参与的结果。

　　《罗马规约》的最后文本多处体现了联合国相关儿童权利机构和非政府组织的联合努力。如《罗马规约》第 26 条，排除国际刑事法院对 18 周岁以下儿童的管辖权；第 36 条第 8 款，要求缔约国在处理对妇女或儿童的暴力等问题时推选具有专门知识的法官；第 42 条第 9 款，要求检察官应任命具有针对儿童暴力专门知识的顾问。在国际刑事法院管辖的罪名中，也是有多款与儿童相关的罪项，如第 6 条第 5 款的"强迫转移该团体的儿童至另一团体"；第 8 条第 2 款第 5 项第 4 目"故意指令攻击专用于宗教、教育、艺术、科学或慈善事业的建筑物……"；当然还包括禁止征募 15 岁以下的儿童条款的纳入，也是儿童权利组织参与的结果。在罗马外交大会上，联合国儿童基金会要求国家把《儿童权利公约》当作"指导国际刑事法院处理与儿童相关问题的原则和框架"，同时也确认了《儿童权利公约》应该包括到《罗马规约》的起草过程，同时考虑到《儿童权利公约》"全球广泛性签署数量"。②

　　因此，最终的结果是儿童权利体现在了《罗马规约》和《程序与证据规则》很多条款当中。《程序与证据规则》的第 16 条至第 19 条关于"被害人和证人股"的责任部分，最后都包括了很多由预备委员会提出的建议，例如，要有对儿童，特别是受到创伤的儿童的相关专家（第 19 条第 6 款），为了便利儿童以证人身份参与诉讼并向其提供保护，该股可以酌情指派一名

---

① 联合国：《联合国设立国际刑事法院全权代表外交会议》，A/CONF. 183/INF/3（1998）。

② UNICEF，"UNICEF and the Establishment of International Criminal Court"，17 March 1998，ICC Preparatory Works，pp. 1 - 2，http://www. legal-tools. org/en/doc/f0fa26/，最后访问时间：2018 年 3 月 1 日。

辅助人员，在诉讼的各个阶段协助儿童（第 17 条第 3 款），等等。

2. 禁止征募儿童条款的纳入

早在筹备委员会召开的第一次会议中，代表们就提出要把严重违反《日内瓦公约》第 3 条和《第二附加议定书》的行为纳入战争罪中。根据朱莉·麦克布赖德（Julie McBride）的介绍，由于征募或利用儿童在《罗马规约》起草之前一直没有被明确承认为犯罪行为，因此这在《罗马规约》谈判期间自然成了一个很有争议的问题。① 美国一直反对在《罗马规约》中纳入这一罪行，认为这尚未成为习惯国际法下的国际犯罪，这是筹备委员会在"立法"。②

直到 1997 年 12 月，由于这个罪名所涉的行为才有了坚实的人道法和人权法条约基础，筹备委员会才决定把征募儿童的条款纳入《罗马规约》第 8 条的战争罪中。《罗马规约》的起草者特别希望把违反《第二附加议定书》的行为纳入国际刑事法院的管辖中，而征募儿童参与战争，无论是参与国际性武装冲突还是参与非国际性武装冲突，都是对《第二附加议定书》的严重违反，都应该受到国际刑事法院的管辖。

至于以何种方式和表述纳入《罗马规约》中，最开始有这样四个不同的建议版本：

第一，强迫不满 15 岁的儿童直接参加到战斗中；

第二，征募不满 15 岁的儿童进入武装部队或者利用他们积极参加敌对行动；

第三，征募不满 15 岁的儿童进入武装部队或者允许他们参加敌对行动；

第四，不作规定。③

由于之前关于征募儿童的实践并没有明确地把征募和利用儿童的行为犯罪化，这样突唐的纳入自然就成为争议的焦点。欧洲的一些国家同意明

---

① Julie McBride, *The War Crime of Child Soldier Recruitment* (The Hague, The Netherlands: T. M. C. ASSER PRESS, 2014), p. 49.

② United Nations Diplomatic Conference of Plenipotentiaries on the Establishment of an International Criminal Court, Rome, 15 June-17 July 1998, Official Records, Volume Ⅱ: Summary records of the plenary meetings and of the meetings of the Committee of the Whole, 4th meeting (Wednesday, 17 June 1998), p. 54, http://legal. un. org/icc/rome/proceedings/E/Rome% 20Proceedings _ v2 _ e. pdf，最后访问时间：2018 年 3 月 1 日。

③ 联合国：《联合国设立国际刑事法院全权代表外交会议》，A/CONF. 183/2（1998）。

确纳入征募儿童作为战争罪，加拿大提及国际刑事法院的职责就应该是起诉和惩罚征募 15 周岁以下儿童的征募人。斯洛文尼亚提出被征募者年龄的下限应该定在 18 岁，丹麦、巴西和联合国儿童基金会的代表也赞同斯洛文尼亚的观点。比利时则认为尽管在 1977 年两个附加议定书和《儿童权利公约》第 38 条中有关于被征募者的年龄限制，但当时两附加议定书对年龄的规定过程是充满争议的，因此《罗马规约》应该把年龄提到 18 岁。黎巴嫩反对以 18 岁作为征募年龄下限的建议，尽管其国内已经不再允许征募 18 岁以下的儿童，但如果冲突是发生在反抗占领军的情况中，情况可能会有所不同，而且事实上"拥有不同文化的发展中国家在讨论这个条款时会有不同的考虑"。值得注意的是，黎巴嫩的这个观点是在整个起草过程中少数有提到文化因素的，更多的发展中国家关注的是军事需要，这跟《儿童权利公约》及其附加议定书起草时的情况基本相同。

但是，也有另外一种声音。新西兰认为在战争中征募儿童应该构成《罗马规约》中的犯罪的加重情况，而不是单独定为犯罪。美国也特别反对在战争罪下纳入这个条款，美国的理由是征募儿童并不是一个已存在的习惯国际法，如果纳入《罗马规约》中，这次起草会议就成了立法会议，这是完全"超出会议的职责与范围"。①

最后，在罗马外交大会上，征募儿童条款成功地纳入战争罪当中，但并不是像美国所说的那样作为习惯国际法纳入，而是作为已规定在成文条约中的禁止行为。② 征募或利用不满 15 岁的儿童进入国家武装部队、武装集团，无论在国际性武装冲突还是非国际性武装冲突中，现在都是一种犯罪行为。因此，禁止征募儿童在《罗马规约》第 8 条中出现了两次，分别是在第 2 项"严重违反国际法既定范围内适用于国际武装冲突的法规和惯例的其他行为"以及第 5 项"严重违反国际法既定范围内适用于非国际性武装冲突的法规和惯例的其他行为"，第 8 条第 2 款第 2 项第 26 目规定如下："征募不满十五岁的儿童加入国家武装部队，或利用他们积极参与敌对行动。"第 8 条第 2 款第 5 项第 7 目规定，"征募不满十五岁的儿童加入

---

① 参见 Dörmann, Knut, *Elements of War Crimes under the Rome Statute of the International Criminal Court: Sources and Commentary* (Cambridge: Cambridge University Press, 2003), p. 350。

② 《第一附加议定书》第 77 条第 2 款；《第二附加议定书》第 4 条第 3 款第 3 项；《儿童权利公约》第 38 条第 3 款。

武装部队或集团，或利用他们积极参加敌对行动。"①

早在 2002 年，征募儿童作为严重违反国际人道法的犯罪出现在了《塞拉利昂特别法庭规约》的第 4 条第 4 款，该款基本沿袭了《罗马规约》有关在国内武装冲突中征募儿童入伍的规定。但塞拉利昂特别法庭在 2004 年 5 月就认为，这个条款早在 1998 年《罗马规约》通过的时候就已经是习惯国际法，也就是说，特别法庭认为《罗马规约》对征募儿童条款的纳入，是一个编纂国际法的过程，是一个把现存的习惯规范纳入条约当中的过程。塞拉利昂特别法庭的这个决定在当时受到了很大争议，但是这个决定的结果既应对了一些对法庭合法性问题的挑战，又有利于国际刑事法院未来的发展，这将会在下节中讨论。

《罗马规约》第 5 条确立了国际刑事法院可对战争罪行使管辖权，第 8 条分了 4 款对战争罪有进一步的详细规定。② 本书认为，《罗马规约》谈判期间早就明确需要对国际法上早已禁止的战争罪行加以规定，以明确法院的管辖范围。当时的一些代表还注意到杰克逊法官在纽伦堡时就提出并鼓励国际机构对国际法的发展，他说，"国际法的制定必须适应时代的需要，就像普通法那样，不是阐述新的原则，而是通过调整旧的规则适应时代需要"。③ 因此在起草与谈判的过程中，外交大会上再三声明，《罗马规约》是在编纂现有的习惯法，对一些罪项的定义是保守的，但是在澄清和形成书面定义的过程中，不可避免地会推动着法律前进。④ 因此，将征募儿童

---

① 《规约》英文作准文本为："(b) (xxvi) Conscripting or enlisting children under the age of fifteen years intothe national armed forces or using them to participate actively inhostilities；(e) (vii) Conscripting or enlisting children under the age of fifteen years intoarmed forces or groups or using them to participate actively in hostilities"。

② 即 (1) 严重违反国际法既定范围内适用于国际武装冲突的法规和惯例的其他行为；(2) 第 2 款第 3 项适用于非国际性武装冲突，因此不适用于内部动乱和紧张局势，如暴动、孤立和零星的暴力行为或其他性质相同的行为；(3) 严重违反国际法既定范围内适用于非国际性武装冲突的法规和惯例的其他行为；(4) 第 2 款第 5 项适用于非国际性武装冲突，因此不适用于内部动乱和紧张局势，如暴动、孤立和零星的暴力行为或其他性质相同的行为。该项规定适用于在一国境内发生的武装冲突，如果政府当局与有组织武装集团之间，或这种集团相互之间长期进行武装冲突。——作者注

③ 参见 "Report of Robert H. Jackson, United States representative to the internationalconference on military trials"，p. 37，http：//www. loc. gov/rr/frd/Military _ Law/pdf/jackson-rpt-military-trials. pdf，最后访问时间：2018 年 3 月 1 日。

④ 参见 Robert Cryer, HakanFriman, *An Introduction to International Criminal Law and Procedure* (New York ： Cambridge University Press, 2010), p. 151。

纳入战争罪也应该符合这样一个情况，不仅仅是对 1998 年已有的国际法的编纂。但依然值得强调的是，《罗马规约》对禁止征募儿童条款的纳入，是国际刑法上第一次把征募儿童的行为"定罪化"了。

（三）征募儿童的战争罪的犯罪构成要件

第 8 条第 2 款第 2 项第 26 目和第 8 条第 2 款第 5 项第 7 目规定的征募儿童有着大致相同的犯罪构成要件，区分仅在于国际性或非国际性武装冲突。以第 8 条第 2 款第 5 项第 7 目的犯罪要件为例：

> 第 8 条第 2 款第 5 项第 7 目　战争罪——利用或征募儿童
> 要件
> 1. 行为人征募一人或多人加入武装部队或集团，或利用一人或多人积极参加敌对行动。
> 2. 这些人不满 15 岁。
> 3. 行为人知道或应当知道这些人不满 15 岁。
> 4. 行为在（非）国际性武装冲突情况下发生并且与该冲突有关。
> 5. 行为人知道据以确定存在武装冲突的事实情况。

这 5 项构成要件中，第 4 项和第 5 项是所有战争罪都有的事实情况要件。也就是说，前 3 项要件是征募儿童的战争罪所独有的，其中第 1、2 项属于物质要件（material elements），第 3 项属于心理要件（mental element）。

1. 物质要件

禁止征募儿童在第 8 条中出现了两次，分别规定在第 2 款第 2 项以及第 5 项中。第 8 条第 2 款第 2 项和第 5 项都称罪行是"严重违反国际法既定范围内……的法规和惯例"，《罗马规约》的起草者是顾及避免违反"法无明文规定不为罪"原则的神圣性，这清楚表明，这些条款是编纂长期存在的法律。[1] 这两个条款的第一次实践是在塞拉利昂特别法庭中，下一节将会加以介绍。

---

[1]　参见 Matthew Happold，"Child Recruitment as a Crime under the Rome Statute of the International Criminal Court"，in Doria et al.（eds.），*The Legal Regime of the International Criminal Court*（Leiden：Brill，2009），p. 6，https：//papers. ssrn. com/sol3/papers. cfm？abstract_ id = 979916，最后访问时间：2015 年 3 月 1 日。

　　由《罗马规约》建立的此项战争罪行仅限于征募不满 15 岁的儿童或利用儿童积极参加敌对行动中。但是，"征募"和"利用"在《罗马规约》和《犯罪要件》中都没有定义，这只能由法官在实践中进行解释。按照《罗马规约》的文义，"征募"与"利用"之间是由"或者"一词连接，于是该罪就是有征募行为与利用儿童积极参加敌对行动行为这两个部分，且可以解释为不需要两行为同时存在。具体而言，征募行为本身就可以构成该罪的行为要件，并不需要后续的利用行为存在与否。但应当注意的是，在取得儿童的同意后让儿童进入军校并不构成征募儿童的战争罪，因为进入军校并没有造成儿童与武装冲突之间有联系。儿童如果没有经过正式的征募过程或在军队集团中进行行政登记的过程，直接就被送上前线参加敌对行动，这可以认为是满足了该罪的行为要件。而条约的英文作准文本中更是区分了"征召"（conscripting）与"募集"（enlisting），特内夫特尔在《罗马规约》的评述中认为，"募集是指强制进入军队。征召一般是指自愿报名加入军队，纳入一个军事机构的名单或通过表明成员身份的参与军队的行为。"[①] 也就是说，"征召"是指作为一个军人，纳入"军事机构中的名单"；而"募集"的意思是"强迫服役或强制入伍"。

　　因此，《罗马规约》与《犯罪要件》概括了该罪的三个具体的行为，即征召和募集儿童进入武装部队或武装集团，利用儿童积极参加敌对行动。正如学者所指出，征募包括了征召和募集，但并不包括利用。征召和募集是两个单独但相关的问题，这是来自《第二附加议定书》第 4 条第 3 款第 3 项的规定。

　　2. 心理要件

　　定义主观的心理要件要比定义客观的物质要件困难太多。由于国际刑法目前尚未有完整的犯罪论体系，本书作者在开始写作时也经常纠结于到底使用何种国内刑法已有的犯罪论体系分析此问题。但经过文献阅读与思考后，本书目前认为，不必细究于何种理论何种体系能适用于国际刑法下的犯罪，而是把思考的主要点放在国际刑法中"个人刑事责任"的犯罪模式下进行探索。鉴于征募儿童的战争罪的心理要件非常有特点，在此作简

---

① 参见 Clark R. S. and Triffterer O. , "Article 26: Exclusion of Jurisdiction over Persons under Eighteen", in Otto Triffterer (ed.) *Commentary on the Rome Statute of the International Criminal Court: Observers' Notes, Article by Article* (Baden-Baden: Nomos, 1999), p. 261。

要的阐述与分析。

《罗马规约》中的战争罪很多都有自己的犯意标准，例如有这样的一些形容词或者副词，"故意"、"故意地"、"恣意地"和"背信弃义的"①，等等。但在第8条第2款第2项第26目和第8条第2款第5项第7目下的征募儿童的战争罪没有规定特别的心理要件。因此，需要结合《罗马规约》中对个人刑事责任犯罪心理要件作出一般性规定的第30条来分析。第30条规定如下：

> 第三十条　心理要件
>
> （一）除另有规定外，只有当某人在故意和明知的情况下实施犯罪的物质要件，该人才对本法院管辖权内的犯罪负刑事责任，并受到处罚。
>
> （二）为了本条的目的，有下列情形之一的，即可以认定某人具有故意：就行为而言，该人有意从事该行为；就结果而言，该人有意造成该结果，或者意识到事态的一般发展会产生该结果。
>
> （三）为了本条的目的，"明知"是指意识到存在某种情况，或者事态的一般发展会产生某种结果。"知道"和"明知地"应当作相应的解释。②

李世光等人编撰的《罗马规约》评注指出，关于这一条的谈判最初非常困难，不同法律体系对一些概念的理解各有差异，因而也出现了内容各异的各方提案。罗马外交大会期间，取得各方同意的是，原则上"故意"和"明知"这两个要素必须都是国际刑事法院所管辖下罪行的必备要素，

---

① 第8条第2款第1项第1目：故意杀害；第8条第2款第1项第6目：故意剥夺；第8条第2款第1项第4目：恣意地广泛破坏和侵占财产；第8条第2款第5项第9目：以背信弃义的方式杀、伤属敌对方战斗员。

② Article 30 "Mental element"："1. Unless otherwise provided, a person shall be criminally responsible and liable for punishment for a crime within the jurisdiction of the Court only if the material elements are committed with intent and knowledge. 2. For the purposes of this article, a person has intent where：（a）In relation to conduct, that person means to engage in the conduct；（b）In relation to a consequence, that person means to cause that consequence or is aware that it will occur in the ordinary course of events. 3. For the purposes of this article, 'knowledge' means awareness that a circumstance exists or a consequence will occur in the ordinary course of events. 'Know' and 'knowingly' shall be construed accordingly."

除非另有规定。各国主要分歧在于是否应该对"疏忽大意"（或类似概念）加以定义，但鉴于《罗马规约》对各项罪行的定义中都没有出现"疏忽大意"的表述，因此主张定义这一概念的国家没有坚持其立场。各国最后以加拿大代表团的提案为谈判基础，产生了现在的案文。① 《罗马规约》第30条第1款规定，只有当行为人在故意和明知的情况下实施犯罪的物质要件，才负个人刑事责任，而第2款和第3款分别规定了什么是"故意"和"明知"。

（1）第30条第1款：物质要件

第30条②包括了三种物质要件：行为要件、结果要件和情景要件。所有这三个要件都可以归类到事实与法律中的客观要件。结果要件是唯一一个既适用于"故意"也适用于"明知"的物质要件。"故意"指向特定的结果，"明知"是指知道特定结果的发生或者可能发生。因此，并不要求所有三个物质要件都是"故意和明知"，"故意"只是适用于行为要件和结果要件；"明知"适用于结果要件和情景要件。同时，每一个物质要件都有对应的心理要件。

第一，对于行为要件，最直接的要求是行为人必须参与了犯罪行为。第二，对于结果要件，像大多数犯罪一样，在国际性武装冲突和非国际性武装冲突中征募儿童的犯罪要件不仅要求存在一个犯罪行为（征募的行为），还要求这样的行为有直接的结果（出现了儿童兵）。行为人者必须"有意造成该结果"，或者至少"意识到这件事情的发展中会出现该结果"，因此意识到这样的结果是确立刑事责任的最低要求。结果必须发生在事情发展的一般过程，也就是说，除非有特殊情况的出现，结果一般是会发生的。因此，仅仅是行为人的参与是不足够的，他或她的行为带出了结果的可能性。"故意追求该结果"或者"明知该结果可能发生"都能满足结果要件。第三，情景要件指的是禁止的行为与禁止的结果必须存在于一个特定的事实情况中。行为人必须认识到附带的事实或者情景要件的存在，知道行为中的真实情况。对于征募儿童的战争罪而言，结合《犯罪要件》，第

① 参见李世光、刘大群、凌岩主编《国际刑事法院罗马规约评释》，北京大学出版社，2006，第278页。

② 第30条第1款规定如下："除另有规定外，只有当某人在故意和明知的情况下实施犯罪的物质要件，该人才对本法院管辖权内的犯罪负刑事责任，并受到处罚。"

一个这样的背景情节要求存在武装冲突，这是一个不需要任何心理要件的客观要件。但是，第二个情景要件就需要行为者认识到确立冲突的"事情情况"，这似乎就是故意的要求。①

（2）第30条第2款：故意

在《罗马规约》中，种族灭绝是唯一一个要求有特定的故意标准的国际犯罪，而且特设法庭使用"故意"作为犯意的一般要求。前南法庭的上诉分庭在"检察官诉切莱比契案"（*Prosecutor v. Delalic et al.*）② 中认为一个故意的行为是"有意和非偶然性的"，这两个是不同的。《罗马规约》尝试努力去定义故意，以及故意是如何适用于行为要件与结果要件当中的。

行为人要有特定的与行为要件相关的故意，即"该人有意从事该行为"，同时也要求行为人有作为结果的故意，即"该人有意造成该结果，或者意识到事态的一般发展会产生该结果"。"有意从事该行为"强调作为最基本的要求，行为必须是被告自主行动的结果。行为人行为的"故意"是指他或她"有意从事该行为"，这是直接故意，或者称作"一级故意"（dolus directus of the first degree）；第30条第2款进一步阐明了行为人的"故意"必须表明一个特定的结果会由于他或她的行为正常地出现。这称作"二级故意"（dolus directus of the second degree）。如果犯罪者在主观上并没有意识到他的行为会导致犯罪的客观要件的出现，那么行为人并不能被认为有意识地认识到客观要件，因此不能满足"故意"的要求。第30条第2款第2项提及结果会"发生"，并不是可能会发生，因此证明犯罪人意识到某个结果出现的可能性是不足够的，必须证明被告是能确实意识到他的行为会产生该结果。③

因此，也就是说，行为人，知道其行为（作为或不作为）会引发犯罪的物质要件，并且带着引发犯罪物质要件的具体意图实施此类行为（这也

① 参见 Clark RS and Triffterer O, "Article 26: Exclusion of Jurisdiction over Persons under Eighteen", in Triffterer Otto（ed.）, *Commentary on the Rome Statute of the International Criminal Court: Observers' Notes, Article by Article*（Baden-Baden: Nomos, 1999）, p. 331。

② ICTY, *The Prosecutor v Zejnil Delalić, Zdravko Mucić, Hazim Delić & Esad Landžo*, Appeal Judgment, 20 February 2001, para. 426.

③ 参见 Eser A, "Mental elements: Mistake of Fact and Mistake of Law", in Antonio Cassese et al.（eds.）, *The Rome Statute of the International Criminal Court: A Commentary*（Oxford: Oxford University Press, 2002）, p. 915。

称为第一等级的"特定犯意"，"一级故意"）。根据学者解释，上述意志因素还包括其他形式的犯意（dolus）。即行为人没有引发犯罪物质要件的具体意图，但是明知此类物质要件会是其作为或不作为的必要（necessary）结果（也就是所谓被称为第二等级的"特定犯意"，"二级故意"），同时，行为人意识到其作为或不作为可能会导致发生犯罪物质要件的风险，并且通过接受（reconcile）或承认（consent）结果，也就是"间接故意"或"可能性犯意"（dolus eventualis）。①

（3）《犯罪要件》：知道或应当知道

《犯罪要件》中关于心理要件的规定使问题更为复杂了。

> 第8条第2款第5项第7目　战争罪——利用或征募儿童
> 要件
> ……
> 3. 行为人知道或应当知道这些人不满15岁。
> ……

"知道或应当知道"（know and should have known）与第30条第3款的"知道"（know）和"明知地"（knowingly）有相似之处。按照第30条第3款，需要行为人对儿童的年龄有明确的意识。但《犯罪要件》规定的是"知道或应当知道"。什么是"应当知道"？对于这个术语有很多种不同的解释，Bothé认为"应当知道"在刑法中并不是一个适当的标准。② 考蒂埃（Michael Cottier）和格里尼翁（Julia Grignon）在最新的《罗马规约》评注中再次提出，"应当知道"这一表述似乎意味着只要行为人没有故意视而不见（willfully blind），就可以知道儿童的年龄，或者他已采取合理可行的保障措施（taken reasonable and feasible safeguards），以避免征召、募集或利用不满15岁的儿童，特别是当这个人的外表不能确定地排除他或她明显高于15岁时。这实质上就是有义务采取合理可行的保障措施，禁止使用或

---

① 宋健强：《司法说理的国际境界——兼及"国际犯罪论体系"新证》，法律出版社，2006，第173页。

② Bothé，"War crimes"，in Antonio Cassese et al.（eds.），*The Rome Statute of the International Criminal Court：A Commentary*（Oxford：Oxford University Press，2002），p. 391.

征募 15 岁以下的儿童。① 德曼（Dörmann）认为，只要行为人没有去实行保护 15 岁以下儿童的措施，或者没有尽到在最低程度上，询问他或她的年龄，就满足了"应当知道"的标准。② 哈波尔德（Happold）认为，根据《第一附加议定书》和《儿童权利公约》所规定"一切可行的措施"的用语，行为人有义务认真确认被征募者的年龄。③

"应当知道"比《罗马规约》第 30 条提到的"故意"和"明知"的标准都要低，同时，"应当知道"由于其相对模糊且主观的性质，是一个较为严格的证明标准，而如果以征募者的职务或者身份来判断，而非以其真实的心理状态来判断的话，就是一个误区。④ 因此，这是一种构建出来的知道（constructive knowledge）。检察官必须证明被告应合理地知道儿童不满 15 岁。这种构建性的知道不同于故意、明知和视而不见，这个条款要求是否有"合理的原因"去相信或者怀疑相关的儿童是 15 岁以下的。这个心理要件可能倾向于以经典的"心智正常人"（reasonable person）所具有的认知能力作为衡量标准作出判断，即征募的行为人作为一个心智正常人，在相同的情况下如何判断儿童的真实年龄，即使在征募时其根本无法准确获知，但如果能作出正常的判断，就应该承担个人刑事责任。⑤

三　塞拉利昂特别法庭的早期实践：诺曼案

2000 年 8 月，塞拉利昂总统卡巴赫（Kabbah）致信联合国秘书长安

---

① Michael Cottier and Julia Grignon, "Article 8", in Kai Ambos and Otto Triffterer (eds.), *The Rome Statute of the International Criminal Court: A Commentary* (Beck/Hart, 2016), pp. 526 – 527.

② 参见 Otto Triffterer (ed.), *Commentary on the Rome Statute of the International Criminal Court, Observers' Notes, Article by Article* (Baden-Baden: Nomos, 1999), p. 262。

③ 参见 Matthew Happold, "Child Recruitment as a Crime under the Rome Statute of the International Criminal Court", in Doria et al. (eds.), *The Legal Regime of the International Criminal Court* (Leiden: Brill, 2009)。

④ 参见 BingBing Jia, "The Doctrine of Command Responsibility Revisited", *Chinese Journal of International Law* 3 (2004): 8。

⑤ Badar M, "The mental element in the Rome statute of the International Criminal Court: acommentary from a comparative criminal law perspective", *Criminal Law Forum* 19 (2008): 497; Julie McBride, *The War Crime of Child Soldier Recruitment* (The Hague, The Netherlands: T. M. C. ASSER PRESS, 2014), pp. 67 – 68.

南，请求国际社会审判前武装冲突中的作恶者，他相信有关犯罪十分严重，足应引起世界人民的关注。"发动一个能使联合国决定设立塞拉利昂问题特别法庭的进程……审判那些对危害塞拉利昂人民的犯罪行为，把联合国维持和平人员扣押为人质负有责任的革命联合阵线（联阵）成员及其帮凶，并把他们绳之以法。"该信附文还提供了设立特别法庭及其管辖权和运作的拟议框架（S/2000/786）。2000 年 8 月 14 日，联合国安理会通过第 1315 号决议，其中请求秘书长与塞拉利昂政府谈判达成一项协议，设立一个独立特别法庭。安理会建议，该特别法庭的属事管辖权应明确包括在塞拉利昂境内所犯下的危害人类罪、战争罪和其他严重违反国际人道主义法的行为，以及塞拉利昂有关法律认定为犯罪的行为。安理会还建议，特别法庭对上述犯罪行为的最大责任人，包括危及落实塞拉利昂和平进程的领导人拥有属人管辖权。2000 年 10 月 4 日，秘书长根据第 1315（2000）号决议向安全理事会提交了一份报告（S/2000/915），其中概述了拟建立的"特别法庭"的性质与特殊性、职权范围和组织结构，以及在第三国执行判刑、特别法庭在别处开庭的可能性及其实际运作安排和机制等问题。"联合国和塞拉利昂政府关于设立塞拉利昂问题特别法庭的协定"草案和特别法庭规约草案附文载于该报告附件。经双边谈判后，2002 年 1 月 16 日，塞拉利昂政府与联合国签署设立特别法庭的协定，以及所附《塞拉利昂特别法庭规约》。按照《塞拉利昂特别法庭规约》第 21 条，该协定经塞拉利昂批准后于 2002 年 4 月 12 日生效。2002 年 3 月 19 日，塞拉利昂议会通过《批准法案》；2002 年 3 月 29 日，总统批准法案，法庭正式设立，同时，《塞拉利昂特别法庭规约》生效。规约第 4 条第 3 款是国际刑事审判历史中第一次把征募儿童兵规定为战争罪，并由此追究行为人的个人刑事责任。2002 年 12 月 2 日，法庭的 8 名法官宣誓就职，2003 年 3 月 10 日，检察官办公室提出第一批起诉书。①

特别法庭设审判庭、检察官和书记处三个机构，设立了四个分庭来审判那些对罪行负主要责任的人。审判分以下几组进行。

---

① 《塞拉利昂问题特别法庭规约》，http：//legal. un. org/avl/pdf/ha/scsl/scsl_ c. pdf，最后访问时间：2018 年 3 月 1 日；联合国安全理事会：《2002 年 3 月 6 日秘书长给安全理事会主席的信》，S/2000/246（2002），http：//www. refworld. org/cgi-bin/texis/vtx/rwmain/opendocp-df. pdf？reldoc = y&docid = 48450c6c2，最后访问时间：2018 年 3 月 1 日。

　　第一组是"革命联合阵线"（Revolutionary United Front，以下简称 RUF 案）被告组，被告是卡隆（kallon）、戈豹（Gbao）、塞萨伊（Sesay）。2003 年 2 月 28 日，审判分庭命令合并审理，3 月 5 日，检察官提起合并起诉。审判于 2004 年 7 月 5 日开始。

　　第二组是"国民防卫军"（Civil Defence Forces，以下简称 CDF 案）被告组，被告是塞缪尔·欣加·诺曼（Samuel Hinga Norman）、穆瓦尼纳·福法纳（Moinina Fofana）和阿留·孔德瓦（Allieu Kondewa）。

　　第三组是 2005 年 3 月开始审理的"武装力量革命委员会"（Armed Forces Revolutionary Council，以下简称 AFRC 案）被告组。[①]

　　第四组是专门起诉审判查尔斯·泰勒（Charles Taylor）的特别法庭（以下简称"泰勒案"）。

　　由于大规模地使用儿童是塞拉利昂冲突的特点之一，特别法庭也成为第一个解决和处理儿童征募犯罪的国际法庭。

　　塞缪尔·欣加·诺曼（Samuel Hinga Norman）就是国际刑事审判上第一个以征募儿童兵犯罪被起诉的军事指挥官。诺曼是塞拉利昂的内政部长，1994 年成为塞拉利昂瓦鲁纳（Valunia）酋长领地的首领，他在开庭时称自己和其他酋长领地首领经常讨论如何最好地保卫家园和人民。[②] 2004 年 1 月 27 日，特别法庭把福法纳、孔德瓦和诺曼三被告合并审判。2004 年 2 月 4 日，合案后的起诉书指控三名被告明知和故意使 15 岁以下的儿童进入国民防卫军。

　　2003 年 6 月，在正式审判开始前，诺曼的辩护律师向上诉分庭提出了初步动议案（Preliminary Motion，该动议案以下简称"诺曼案"），称法庭

[①] 塞拉利昂特别法庭是联合国和塞拉利昂政府共同设立的，目的是审判在内战中违反国际人道法和该国国内法的人员。检察官于 2003 年 3 月至 9 月分别对亚历克斯·坦巴·布里马（Alex Tamba Brima），布里马·巴齐·卡马拉（Brima Bazzy Kamara）和桑蒂吉埃·博博尔·卡努（Santigie Borbor Kanu）三位被告分别提出指控。三名被告都是"武装部队革命委员会"的领导人。1997 年 5 月，由塞拉利昂政府军前士兵构成的组织 AFRC 成立，发动政变，并邀请"革命联合阵线"（RUF）共同推翻当时的军政府。1998 年 2 月军政府被颠覆之后，AFRC 与 RUF 结盟。2004 年 1 月 27 日，第二审判分庭把三案合并审理，以下称此合并后的案为"AFRC 案"。在检方的指控文件中，指控被告人所在的 AFRC/RUF 在塞拉利昂征召、募集或者利用 15 周岁以下的儿童参加敌对行动。——作者注

[②] 参见 *Prosecutor v. Samuel Hinga Norman*，*MoininaFofana and Allieu Kondewa*（hereinafter *CDF Case*），Transcript，SCSL-2004-14-T，24 January 2006，para. 67。

对《塞拉利昂特别法庭规约》第 4 条第 3 款的征募儿童事项没有管辖权。诺曼认为，征募儿童兵的犯罪在塞拉利昂法庭的属时管辖期间之前（1996年 11 月 30 日前）在国际法上并不存在，[①] 也没有构成习惯国际法，因此，《塞拉利昂特别法庭规约》第 4 条第 3 款违反了"法无明文规定不为罪"（*nullum crimen sine lege*）的原则。征募儿童作为一种战争罪行为应该是在2002 年《罗马规约》生效之后的事情，且《罗马规约》中的定罪并不构成现有习惯国际法的编纂，《罗马规约》是制定了新的法律。[②] 在口头庭审过程中，上诉分庭邀请了联合国儿童基金会（UNICEF）提交"法庭之友"意见。2004 年 5 月 31 日，上诉分庭就此问题作出了决定，就征募儿童兵犯罪和"法无明文规定不为罪"和"法不溯及既往"等基本原则作了探讨，影响深远。

（一）禁止征募儿童罪与责的习惯国际法地位

面对辩方律师的疑问，上诉分庭其实是要回答两个问题：第一，《塞拉利昂特别法庭规约》第 4 条第 3 款所界定的罪行，是否在对被告的起诉书中所指称的行为发生时，已经是习惯国际法中需要承担个人刑事责任的罪行？第二，在起诉书所称的罪行发生时，禁止征募儿童是否也涉及个人的刑事责任？

1. "罪"的习惯国际法地位确立

上诉分庭认为，要回答第一个问题，必须根据《国际法院规约》第 38条第 1 款所规定的两个主要国际法渊源进行审查，第 38 条规定：

第三十八条

一、法院对于陈诉各项争端，应依国际法裁判之，裁判时应适用：

（子）不论普通或特别国际协约，确立诉讼当事国明白承认之规

---

① 联合国安全理事会：《2002 年 3 月 6 日秘书长给安全理事会主席的信》，S/2002/246。当中的第 1 条第 1 款："兹设立塞拉利昂问题特别法庭，以起诉对 1996 年 11 月 30 日以来塞拉利昂境内严重违反国际人道主义法和塞拉利昂法律的行为负最大责任的人"；同时见《塞拉利昂特别法庭规约》第 1 条 "特别法庭的职权范围"。——作者注

② *Prosecutor v. Samuel Hinga Norman*，"Fourth Defence Preliminary Motion Based on Lack of Jurisdiction（Child Recruitment）"，SCSL-04-14-AR72（E）-131，31 May 2004（hereinafter The Preliminary Motion），p. 3，para. 1.

条者。

（丑）国际习惯，作为通例之证明而经接受为法律者。

……

就国际条约而言，由于辩方也不反对征募儿童违反国际人道法这一事实，因此不需要就几个国际人道法公约作出详细阐述。但是，上诉分庭强调的是，在分析时，有关国际条约的一些关键用语是需要注意的。法庭强调了如下：

——《日内瓦第四公约》的第 14 条、24 条和 51 条：

"十五岁以下儿童"；

"俾十五岁以下儿童因受战争影响成为孤儿或与家庭分离者，不致无人照管"；

"以获得志愿应募为目的之压迫及宣传均所不许"；

——1977 年《第一附加议定书》的第 77 条：

"采取一切可能措施，使十五岁以下的儿童不直接参加敌对行动，特别是不应征募其参加武装部队"；

——1977 年《第二附加议定书》的第 4 条第 3 款第 3 项：

"对未满十五岁的儿童不应征募其参加武装部队或集团，也不应准许其参加敌对行动"；

——1989 年《儿童权利公约》第 4 条和第 38 条：

"应采取一切适当的立法、行政和其他措施以实现本公约所确认的权利"；

"采取一切可行措施"、"缔约国应避免征募任何未满 15 岁的人加入武装部队"和"应采取一切可行措施"。

就习惯国际法的分析，法庭认为，在 1996 年 11 月之前，禁止征募儿童的行为就已经形成习惯国际法（crystallised as customary international law）。就国家实践而言，许多国家的国内立法都表明了几乎所有国家都已经在很长一段时间内禁止征募 15 岁以下的儿童。除了少数国家外，所有国家都已于 1996 年批准了《儿童权利公约》。《儿童权利公约》是所有联合国框架内的国际条约中得到最多接受与加入的，这清楚地说明《儿童权利公约》的规定几乎在其生效之时就成为习惯国际法。《第二附加议定书》和《儿童权利公约》禁止征募儿童的规定由此也得到了广泛承认和接受，这就提供了令人信服的证据，表明在 1996 年以前，禁止征募儿童就已经是习惯国际法。此外，应该指出的是，自 20 世纪 80 年代中期以来，各个国家和非国家实体开始承诺不使用儿童兵，同时终结使用已经征募的士兵。①

因此，上诉分庭裁定，所有这些国际条约和习惯国际法，再加上缔约国对这些条款的遵守，表明了禁止征募儿童已经满足了习惯国际法所需的"通例之证明"（国家实践）和"经接受为法律者"（法律确信），构成一项习惯国际法。②

2. "责"的习惯国际法地位确立

法庭还认为，即使在 1996 年，征募儿童兵行为没有受到明文禁止，也是应该受到起诉和惩罚的行为。为此，上诉分庭援引了前南法庭在"塔迪奇案"（The Prosecutor v DuškoTadić）中曾经讨论过的，确定某一受到国际人道法禁止的行为是否起诉和惩罚需满足的四个要求：

——行为必须是对国际人道法规则的违反；

——该规则在性质上必须是习惯国际法，或者是必须遵守的条约法；

——行为必须足够"严重"，也就是说，它必须违反规则所体现的重要价值，以及行为必须给受害者带来严重的后果；

——根据习惯法或条约法，违反规则必然引起个人刑事责任。③

辩方特别引用了秘书长在 2000 年 10 月 4 日，根据第 1315（2000）号决议向安全理事会提交的一份报告（S/2000/915）中的第 17 段的论述："……尽管禁止征召儿童现在已经获得了一种习惯国际法地位，但在习惯法上是否习惯地已经认为这是一种应使被告承担个人刑事责任的战争罪

---

① *Prosecutor v. Samuel Hinga Norman*, The Preliminary Motion, paras. 8 – 24.

② *Prosecutor v. Samuel Hinga Norman*, The Preliminary Motion, paras. 14，53 – 54.

③ "（i）the violation must constitute an infringement of a rule of international humanitarian law；（ii）the rule must be customary in nature or，if it belongs to treaty law，the required conditions must be met；（iii）the violation must be 'serious'，that is to say，it must constitute a breach of a rule protecting important values，and the breach must involve grave consequences for the victim ［…］；（iv）the violation of the rule must entail，under customary or conventional law，the individual criminal responsibility of the person breaching the rule." 参见 *Prosecutor v Samuel Hinga Norman*, The Preliminary Motion，para. 26；另可参见 *Prosecutor v Duško Tadić*, Decision on Defence Motion for Interlocutory Appeal on Jurisdiction，2 October 1995，para. 94。

行，还很不清楚。"① 因此，"塔迪奇案"中所确立的第 4 个要求——根据习惯法或条约法，违反规则必然引起个人刑事责任，成了"诺曼案"上诉法庭分析的重点。

第一，上诉分庭的分析起点其实是塔迪奇案上诉分庭中所概述的国际法确定个人刑事责任的因素：在国际法中明确和无争议地承认交战规则；国家实践以包括政府官员和国际组织声明的形式表明将禁止行为定为刑事犯罪；国内法院和国际法庭对违反行为的惩罚。上诉分庭接着指出，在满足这些条件的情况下，必须追究个人的刑事责任，因为正如纽伦堡法庭所言："违反国际法的犯罪是由人犯下的，而不是由抽象实体犯下的，只有惩罚犯下此种罪行的人才能够执行国际法的规定。"②

第二，法庭以明确指出年份的方式，交叉援引了前南法庭和卢旺达法庭的相关规定，以及前南法庭的塔迪奇案和阿卡耶苏案。这可以得出，国际法明确和无争议地承认对基本保护行为的违反会导致个人刑事责任，以及国际法庭对此类违反行为的惩罚。时间顺序大致如下：

1994 年，在制定卢旺达问题国际法庭规约时，安全理事会首次明确承认，严重违反基本保证的行为将导致个人刑事责任。

1995 年，前南法庭上诉分庭对塔迪奇案中关于起诉其违反战争法规和习惯法（包括违反共同第三条和附加议定书）合法性问题的上诉作了维持决定。

1997 年，儿童权利委员会在给乌干达执行《儿童权利公约》报告提建议时，明确提到《儿童权利公约》第 38 条，提请充分遵守国际人道法的义务，应该要让发生在该国北部武装冲突的各方知道，违反国际人道主义法规则的责任是要归责于行为人的。

1998 年，卢旺达法庭的阿卡耶苏案审判分庭，援引了前南法庭"塔迪奇案"上诉分庭的观点，即认为如果"严重违反"保护重要价值的规则，行为人显然是需要对其行为承担个人刑事责任。阿卡耶苏案处理的也是违反人道法中"基本保证"的行为。

1998 年，明确将征募儿童定为战争罪的《罗马规约》获得通过，并于

---

① 联合国安全理事会：《秘书长关于设立塞拉利昂特别法庭的报告》，S/2000/915（2000），第 17 段。

② *Prosecutor v. Samuel Hinga Norman*, The Preliminary Motion, para. 37.

2002 年 7 月 1 日正式生效。塞拉利昂上诉庭明确拒绝辩方所认为的《罗马规约》是新立法的观点，个别国家的持续反对与该问题的习惯国际法地位无关。在制定《罗马规约》期间进行的讨论表明，当时就是侧重于编纂和有效执行已有的习惯国际法规则，而不是形成新的立法。

1999 年，国际劳工组织第 182 号公约，即《禁止和立即行动消除最恶劣形式的童工劳动公约》对此问题就有规定。

2000 年，联合国大会通过《关于儿童卷入武装冲突问题的任择议定书》，将 18 岁作为征兵的最低年龄，要求各国采取一切手段，防止不满 18 岁的个人直接参与敌对行动。议定书 2002 年 2 月 12 日生效。《关于儿童卷入武装冲突问题的任择议定书》的目的，并不是辩方所说的首次将征募儿童行为成文定罪，而是将当时已经是禁止征募儿童的年龄，从 15 岁提高到 18 岁。①

第三，各国的国内立法，其实已经包括以刑事制裁手段来执行公约的规定，这也进一步说明并未违反"法无明文规定不为罪"原则。

《罗马规约》通过后，大量国家将征募儿童定为犯罪行为，例如澳大利亚。截至 2001 年，已经有 108 个国家明确禁止征募儿童，最早的追溯到 1902 年挪威的法律。联合国儿童基金会法庭之友意见所提交附件中的"2001 年儿童兵全球报告"表明，法律制度完全不同的国家在这个问题上都有共识，无论是大陆法系，普通法系国家和伊斯兰法系。更具体地说，对待征募儿童问题，1996 年以前不同国家的国内立法有如下三种不同的路径：第一种就是来自各种法律制度的某些国家在国内法中禁止征募不满 15 岁的儿童；第二种是绝大多数国家都在军事法律或行政立法中规定禁止征募儿童，例如，奥地利、德国、阿富汗和土耳其；第三种实践更简单一些，军事管理部门直接通过接受教育的义务来严格控制征募儿童兵问题，例如，英格兰，毛里塔尼亚和瑞士，在这些国家，由于不可能犯罪，所以不需要处罚的规定。②

塔迪奇案上诉分庭提到的要素，至此已基本满足。但诺曼案的上诉法庭还是补充了如下几点。

①　*Prosecutor v. Samuel Hinga Norman*, The Preliminary Motion, paras. 30 – 36.
②　*Prosecutor v. Samuel Hinga Norman*, The Preliminary Motion, paras. 43 – 47.

　　第一，国际条约并不需要明确表明，某项规则的纳入或个人刑事责任的确立是编纂了习惯国际法；事实上，也并不会出现只有编纂和纳入公约后，习惯国际法才得以适用的情形。正如梅龙法官以教授的身份所指出的那样，"即使没有相应的规定来确立特定法院的管辖权或惩罚幅度，某些国际法禁止的个人行为构成刑事犯罪，也不会受到严重的质疑"。①

　　第二，尽管《卢旺达法庭规约》和《前南法庭规约》都没有对禁止征募儿童进行明确列举，但这种行为与两规约中明确列出的行为具有同等的性质。禁止征募儿童是一项根本性保证。卢旺达法庭和前南法庭起诉违反《第二附加议定书》的行为也进一步表明，早在 1996 年前，征募儿童就是一种罪行。②

　　第三，刑法的基本原则规定，刑事规则必须具体详细说明犯罪的客观要素和必要的犯罪意图，以确保所有可能犯了属于法律禁止行为的行为人事先知道哪些行为是被允许的，哪些行为是被禁止的。例如，《儿童权利公约》第 38 条规定"一切可行措施"，第 4 条敦促缔约国的"采取一切适当的立法措施"。由于所有"可行措施"和"适当的立法措施"都由国家来处理，以防止征募儿童，这些措施似乎也包括作为执行措施的刑事制裁。③ 正如奥图诺（Otunnu）已经明确指出的那样："纸上的文字不能拯救孩子们的危险。"

　　第四，即使没有规定处罚，个人的刑事责任也可能随之而来。正如卡塞斯（Cassese）教授在其著名的《国际刑法》一书中指出，众所周知，在许多国家，特别是在大陆法系国家，有必要在法律中规定与每项罪行相关的刑罚；但这一原则在国际层面可能不适用。事实上，由于各个国家对各种罪行的严重性规定不同，对每一种刑事罪行的严重程度以及随之而来的严厉惩罚等各种观点尚未达成一致。因此，国际刑事司法机构享有更大的司法裁量权来惩罚犯有国际罪行的人。④

　　第五，习惯法，正如其名称所示，从习惯而来，自然需要时间来发展和形成，但国际法并未规定多久时间才算足够，这也很难给出一个特定的

---

① *Prosecutor v. Samuel Hinga Norman*, The Preliminary Motion, para. 38.

② *Prosecutor v. Samuel Hinga Norman*, The Preliminary Motion, para. 39.

③ *Prosecutor v. Samuel Hinga Norman*, The Preliminary Motion, para. 41.

④ *Prosecutor v. Samuel Hinga Norman*, The Preliminary Motion, para. 48.

日期或通过某一特定事件，来明确地表明习惯法就形成了。在考虑形成习惯国际法时，正如迈克尔·克赫斯特（Michael Akehurst）指出，"参与实践的国家的数量是比实践的时间更重要的标准"，① "制定习惯法规则所需要的国家数量，会根据与规则相冲突的实践数量不同，而有所不同，并且，如果没有与规则相冲突的做法，即使是少数几个国家所遵循的实践，也可以创建习惯国际法"。②

　　第六，国际社会在 1994 年时已经普遍拒绝征募儿童兵。由于 1996 年《马谢尔报告》的公开发表，辩方称诺曼在此时对征募儿童兵仍抱有 "善意" 是不成立的，诺曼在那个时间段后，再声称不知道国际社会已禁止征募儿童这样的说法是不可能的了。③

　　至此，诺曼案上诉分庭的结论其实早就已经呼之欲出了。可以这样认为，在某一个特定的时期内，国家决策者们和人民开始对征募儿童这个问题有意识（the conscience）。20 世纪 80 年代中期就是这一 "特定的时期"（a certain period）。禁止征募儿童兵的现象开始于 20 世纪 80 年代中期，大概在 1990 年至 1994 年，一些规定禁止征募儿童的国际条约开始被国际社会广为接受。在 1994 年至 1996 年，大多数国家国内法开始把这种行为定义为犯罪行为。而又大约经过了 6 年，禁止征募 15 岁至 18 岁的儿童的行为又正式成为条约法的规定内容。关于禁止征募儿童兵，考虑到儿童的年龄确定标准，最终导致这一问题在《儿童权利公约》任择议定书上才得到正式的编纂和发展。在国家层面，绝大多数国家根据本国法律都不征募 15 岁以下的儿童，在 1996 年之前都将这种行为定为刑事犯罪。即使征募儿童现象仍然存在，也不损害习惯法的效力。禁止征募儿童在明确纳入成文条约法之前，就已经是一种国际犯罪，这当然也是在本案的属时管辖范围之前，

① Michael Akehurst, "Custom As a Source of International law", in *The British Year Book of International Law* 1974 – 1975（Oxford：Clarendon Press, 1977）, p. 16.

② "…the number of states needed to create a rule of customary law varies according to the amount of practice which conflicts with the rule and that [even] a practice followed by a very small number of states can create a rule of customary law if there is no practice which conflicts with the rule." 参见 Michael Akehurst, "Custom As a Source of International law", in *The British Year Book of International Law* 1974 – 1975（Oxford：Clarendon Press, 1977）, p. 18；*Prosecutor v Samuel Hinga Norman*, The Preliminary Motion, paras. 49 – 50.

③ *Prosecutor v Samuel Hinga Norman*, The Preliminary Motion, para. 52.

即 1996 年 11 月之前。这同样符合国际刑法的一些基本原则。①

（二） 对上诉分庭决定的讨论

标准得到满足，问题得到解决，禁止征募儿童已经在习惯国际法上定罪化。但是，上诉分庭决定里的分析与思路仍然值得注意。通过以上的梳理，上诉分庭最终裁定遵循的认定习惯国际法的思路是这样的：征募儿童兵的罪与责是有序发展的，从意识（conscience）到习惯，从习惯到法律确信，再上升为刑法中需要惩罚的行为。

根据《国际法院规约》第 38 条，国际法主要有三个渊源，条约、习惯和一般法律原则。传统观点认为，习惯国际法包括两个要件，国家实践（物质因素）和法律确信（心理要素）。一个习惯实践如何演变成为法律是国际法需要探讨的问题，国际刑法专家安东尼奥·卡塞斯（Cassese）是这样认为的："通常情况下，选择某种做法一定是基于各国的经济，政治和军事等情况的……如果这种做法没有遇到其他国家强大和一致的反对，并被日益接受或默许接受，那么习惯法就逐渐形成了。而在这形成的后一阶段可能就会被认为是国际法，也就是法律确信已存在。"因此，在卡塞斯看来，习惯国际法并不必须是广泛的或者必须是与习惯国际人道法相一致的才能得以形成，例如 1899 年海牙和平会议中的马尔顿条款，"文明国家"、"人道法则"和"公众良心的要求"的提法就足以满足确立一个法律原则或法律规则所需的要素与价值。②

本书认为，事实上，上诉分庭论证禁止征募儿童是习惯国际法的进路无疑是正确的，即从国家的态度和实践中去寻找"国家实践"和"法律确信"，禁止征募儿童是"基本保证"，其所保护的价值也与马尔顿条款，"文明国家"、"人道法则"和"公众良心的要求"的提法一样，完全可以满足确立一个法律原则或法律规则所需具体的价值。征募行为违反了武装冲突中保护平民的基本义务，受到了整个国际社会的谴责。但是，本书依然要从习惯国际法认定的角度指出，法庭的认定是做得不足的，是较为薄弱的。

法庭指出，日内瓦四公约及其附加议定书早在 1949 年至 1977 年就限

---

① *Prosecutor v. Samuel Hinga Norman*, The Preliminary Motion, paras. 50, 53.

② 参见 Antonio Cassese, *International Criminal law*（Oxford：Oxford University Press, 2008），pp. 157 – 159, 160 – 161。

制在敌对行动中利用儿童，而 1989 年国际社会广泛接受了《儿童权利公约》。至此，法庭提出的"意识"和良知在国际社会上已经存在并一直存在，都是有一定说服力的。但是问题其实是出在对国内法的列举上。

法庭认为，1994 年至 1996 年，大多数国家都在国内法上把此行为定罪化，但事实上，上诉分庭决定只给出了三个例子，其中没有一个属于相关时段内：1962 年爱尔兰的刑法，1998 年阿根廷的刑法以及 1902 年挪威的法律。法庭还认为，其他国家也规定了刑法或行政法上的责任，但也只有四个例子，奥地利（2001 年）、德国（1995 年）、阿富汗（1976 年）和土耳其（1935 年），只有德国的法律是在相关时段内。此外，上诉法庭法官断言，因为某些国家的军事制度安排，征募儿童在实践中是"不存在"（impossible）的，并以英国、瑞士和毛里塔尼亚作为例子。这在实践中是真的不存在吗？

当然，本书并不是说在法庭在此问题上的推理是错误的，只是提出法庭的推理不但没有很好地论证禁止征募儿童已经成为习惯国际法，实际上还揭示了征募儿童问题的复杂性。必须承认，塞拉利昂上诉分庭在"诺曼案"中的这个决定，非常重要，为以后各个分庭，甚至为第一案的两个法庭，都树立了重要的先例；甚至可以说，如果没有"诺曼案"法庭的"先锋"作用，后面的法庭也同样必须面对这样的问题。"诺曼案"面临的情况是与"塔迪奇案"中辩方挑战前南法庭管辖权的情况是类似的；这两个案件的最终决定都成功地推动了国际刑法的发展，后来的法庭在此问题上都必须引用、借鉴和参照诺曼案的决定。征募儿童入伍和在敌对行动中利用儿童现象确实相当严重，但是，从习惯国际法的确立和论证的思路分析，不得不指出，塞拉利昂特别法庭上诉分庭是作了一个正确、恰当但法理并不充分的决定。也必须看到，国际法，特别是国际刑法，是一个在不断发展的、处于动态过程中的法律，即使是成文的法律当中尚存很多需要厘清的地方，各个国家也由于需要尽可能地保持灵活的解释余地等原因而存在很多理解上的分歧。这也反映了国际法的滞后性，"应然法"和"实然法"之间的差距是人类社会必须经历的阵痛。①

几乎在所有与儿童兵相关文章和著作中，都会讨论诺曼案，但都鲜有

---

① 参见冷新宇《论征募儿童作为战争罪》，《西安政治学院学报》2006 年第 2 期，第 71 页。

关注案件发生的大背景以及塞拉利昂文化中关于儿童和童年的关注，也没有跟踪往后的"武装力量革命委员会案"和相关的"国民防卫军案"。"武装力量革命委员会案"是重要的，它是国际法庭第一次面临征募儿童兵的犯罪的定罪与处罚；"国民防卫军案"是有价值的，因为它第一次在处理征募儿童的犯罪中遇到了文化相对性问题的挑战。

第四章　征募儿童的战争罪的
主要法律问题（一）

　　塔迪奇案对前南法庭的重要性是不言而喻的，该案对合法性原则和习惯法的解释都是革命性的。同样地，作为国际刑事法院第一案的卢班加案对国际刑事法院的未来也是相当重要的，国际刑事法院往后的案子中，对《罗马规约》和《犯罪要件》进行解释、适用和推理时，都肯定会借鉴这个"第一案"。尤其重要的是，本案把战争中对儿童的保护、对儿童的关注往前推进了一大步。这份判决第一次对活跃在民主刚果的一个武装集团领导人定罪，不但对于未来国际刑事法院的发展至关重要，而且在征募和利用儿童的问题上发展了国际法。第一案是对国际刑事法院程序的一次完整实践展示，更是国际刑事法院与儿童的第一次完整互动，为未来如何保护武装冲突中的儿童权利树立了重要的先例。

　　考虑到利用或征募儿童的战争罪在国际刑法领域的实践相对有限，国际刑事法院的两个法庭详细地论证了相对最有争议的本罪的第一个要件，即如何认定犯罪者征募儿童进入武装集团或利用儿童积极参加敌对行动。本章主要从第一预审分庭的确认起诉决定书和第一审判分庭的定罪判决书中提炼征募与利用儿童的战争罪中的主要法律问题加以讨论，讨论的过程中穿插介绍塞拉利昂特别法庭对征募与利用儿童的战争罪所作的最早期司法努力。特别法庭的先例对国际刑事法院的预审分庭和审判分庭都产生了影响，并最终实现了把特别法庭的先例与推理带进了国际刑事法院的判决书当中，本书分析的目的在于观察国际刑事法院在本案中所发展出的法理与特别法庭的实践有何异同，这当中有进步，也有不足。

　　本章论述的路线图是这样的：第一部分分析征募儿童的战争罪的前提

条件以及适用法律；第二部分剖析该罪中的两个关键行为要件——征召和募集，以及讨论它们是怎么区分的，这也是儿童的同意能否作为被告出罪抗辩理由的关键所在；第三和第四部分关注该罪的第三个行为要件"利用儿童积极参加敌对行动"，以及相关解读带给我们的分析与思考。

一　前提条件和适用法律

在国际刑事法院所处理的案件中，前提条件和适用的法律一般都会在判决书和决定书中首先讨论。战争罪是违反战争法规和惯例的行为，是违反国际人道法的行为。由于国际人道法的适用范围是在武装冲突的情况下，战争罪的处理也就要求发生在武装冲突的背景中。也就是说，必须要有武装冲突的存在，才能可能谈得上战争罪的问题。武装冲突的存在是战争罪构成的前提条件之一。[①] 另外，还需要指出的是，武装冲突根据性质可以分为国际性的和非国际性的。[②]

当然，一直以来就有一些学者、[③] 国际组织[④]以及前南法庭"塔迪奇案"的中间上诉判例[⑤]提出这么一种观点，即区分国际性和非国际性的武

[①] 针对控方所指控的犯罪，《犯罪要件》要求被指控的犯罪行为"在（非）国际性武装冲突情况下发生"。但无论是日内瓦公约及其附加议定书、《罗马规约》还是《犯罪要件》均没有关于武装冲突的定义。《犯罪要件》第 8 条的序言提供了一些指引："《罗马规约》第 8 条第 2 款战争罪的犯罪要件应（shall）在国际法关于武装冲突的既定框架内解释……"——作者注

[②] 朱文奇、冷新宇、张膑心：《战争罪》，法律出版社，2010，第16—17页。

[③] 例如，James Stewart，"Towards a Single Definition of Armed Conflict in International Humanitarian Law: A Critique of Internationalized Armed Conflict"，*International Review of the Red Cross* 85 (2003)；Dietrich Schindler，"The Different Types of Armed Conflicts according to the Geneva Conventions and Protocols"，*Collected Courses of the Hague Academy of International Law* (1979 – Ⅱ)；W. Michael Reisman and James Silk，"Which Law Applies to the Afghan Conflict?"，*American Journal of International Law* 82 (1988)。

[④] 例如，Jean Pictet (ed.)，*The Geneva Conventions of 12 August 1949: Commentary-Volume Ⅲ: Geneva Convention relative to the Treatment of Prisoners of War*，p. 31，https://www. loc. gov/rr/frd/Military_Law/pdf/GC_1949 – III. pdf，最后访问时间：2018 年 3 月 1 日；Jean-Marie Henckaerts，"Study on Customary International Humanitarian Law: A Contribution to the Understanding and Respect for the Rule of Law in Armed Conflict"，*International Review of the Red Cross* 87 (2005)。

[⑤] *Prosecutor v. Dusko Tadić*，"Decision on the Defence Motion for Interlocutory Appeal on Jurisdiction"，paras 96 – 98，119。

装冲突没有意义，尤其考虑到冲突的性质是变化的。但是，本案的审判分庭认为，本案的目的并不是讨论国际性和非国际性武装冲突的区分，更重要的是遵循目前《罗马规约》法律条文的框架。①

因此，前提条件和适用法律的讨论和解决，对于国际刑事法院的每一个案件来说都是必须的。

（一）前提条件：武装冲突的存在及其性质

按照《罗马规约》第 8 条第 2 款第 2 项第 26 目和第 8 条第 2 款第 5 项第 7 目的规定，征召或募集不满 15 岁的儿童进入国家武装部队或武装集团，无论是在国际性武装冲突还是非国际性武装冲突中，都是一种犯罪行为。这两款的区别在于第 8 条第 2 款第 2 项是"适用于国际性武装冲突"的；而第 8 条第 2 款第 5 项是"适用于非国际性武装冲突"的。因此，确定适用第 2 项和第 5 项的一个前提就是：在检方所指控的时间和地点范围内，是否存在一个相关的武装冲突，如果存在，这个武装冲突是国际性的还是非国际性的？在本案中，卢旺达和乌干达的政府军都或多或少地介入了伊图里地区的冲突。因此，法庭需要对本案武装冲突是否具有国际性进行界定。这是法院预审分庭和审判分庭都需要解决的第一个问题。

在确认指控决定书中，预审分庭认为没有足够的证据，使其有实质理由相信（there was insufficient evidence to establish substantial grounds to believe）卢旺达在伊图里武装冲突中的参与所发挥的作用是直接的还是非直接的。② 但是，预审分庭对于乌干达作为占领国的存在有不一样的分析，即认为有足够的证据，使其有实质理由相信（there is sufficient evidence to establish substantialgrounds to believe），由于乌干达的干预，使得 2002 年 7 月至 2003 年 6 月 2 日（这一天是乌干达军队撤出的日子）发生在伊图里地区的武装冲突可定性为国际性武装冲突。③ 同时，有实质的理由相信（there are substantial grounds to believe），从 2003 年 6 月 2 日和 2003 年 12 月下旬，有多方参与了伊图里地区的武装冲突，包括 UPC/FPLC，PUSIC，FNI，等等。因此，预审分庭决定，伊图里地区的武装冲突，从 2002 年 9

---

① *Lubanga Case*, Judgment, para. 539.

② *Lubanga Case*, Decision on the Confirmation of Charges, paras 221 – 226.

③ *Lubanga Case*, Decision on the Confirmation of Charges, para. 220.

月至 2003 年 6 月是国际性的；从 2003 年 6 月 2 日至 8 月 13 日是非国际性质的。① 预审分庭确认同时基于《罗马规约》第 8 条第 2 款第 2 项第 26 目和第 5 项第 7 目对被告指控战争罪。②

审判分庭在此问题上作出了与预审分庭不一样的判决。法庭认为证据已经超越合理怀疑地表明，UPC/FPLC 作为一个武装部队或集团，参与到伊图里地区的长期敌对行动中，并且在整个指控的相关时间段内都与武装冲突有联系。③ 卢旺达和乌干达政府军的确曾直接或间接参与到伊图里地区的冲突中，但决定 UPC/FPLC 是否为伊图里地区国际武装冲突的一方，相关的问题是在 2002 年 9 月至 2003 年 8 月，UPC/FPLC、RCD-ML/APC 和FRPI 是否作为两个或多个交战国家（即乌干达、卢旺达和民主刚果）的代表。④ 由于民主刚果政府给 RCD-ML/APC 以及可能给伦杜族民兵的支持是有限的，在这段时间内，并不能充分地认为民主刚果政府是在整体控制这些武装集团；也没有持续的证据认为民主刚果在组织、协调、计划UPC/FPLC 的军事行动方面发挥了作用。⑤ 而至于卢旺达和乌干达，在指控的整个过程中（2002 年 9 月至 2003 年 8 月）的证据都不足以表明（即使是初步证据），卢旺达或者乌干达是整体控制了（exercised overall control）UPC/FPLC。⑥ 因此，就目前与本案相关的当事方和指控而言，卢旺达或乌干达的参与或介入，以及乌干达对布尼亚（Bunia）机场的军事占领，并没有改变 UPC/FPLC、RCD-ML/APC 和 FRPI 等多个武装集团之间冲突的法律性质，也并不会带来两个国家之间的直接或间接的冲突。因此，本案中的冲突不符合国际性武装冲突的要素，法庭自此把焦点转向非国际性武装冲突的证明。

法庭注意到，《罗马规约》和《犯罪要件》中均不存在武装冲突或非国际性武装冲突的具体定义。但《罗马规约》第 8 条第 2 款第 6 项和《犯罪要件》导言对界定提供了一些指引。⑦《罗马规约》第 8 条第 2 款第 6 项

---

① *Lubanga Case*, Decision on the Confirmation of Charges, para. 236.
② *Lubanga Case*, Judgment, para. 525.
③ *Lubanga Case*, Judgment, para. 550.
④ *Lubanga Case*, Judgment, para. 552.
⑤ *Lubanga Case*, Judgment, para. 553.
⑥ *Lubanga Case*, Judgment, para. 561.
⑦ *Lubanga Case*, Judgment, paras. 531 – 534.

是这样规定的：

> 第二款第 5 项适用于非国际性武装冲突，因此不适用于内部动乱和紧张局势，如暴动、孤立和零星的暴力行为或其他性质相同的行为。该项规定适用于在一国境内发生的武装冲突，如果政府当局与有组织武装集团之间，或这种集团相互之间长期进行武装冲突。

《犯罪要件》第 8 条战争罪的导言规定："《罗马规约》第八条第二款所列战争罪要件，应当按照武装冲突国际法规……"

由此，法庭认为：

第一，非国际性武装冲突不包括一国的内部动乱和紧张局势，如暴动、孤立和零星的暴力行为或其他性质相同的行为；其既适用于一国境内的政府当局与有组织武装集团之间的冲突，也适用于有组织武装集团相互之间的冲突；这种冲突应该是持续了一定时间的、长期的冲突。

第二，《罗马规约》本身并未采纳《第二附加议定书》中关于冲突中武装集团要对"一部分领土行使控制权，从而使其能进行持久而协调的军事行动"以及各方要在一种"负责的统率下"这两个要素。

第三，结合前南法庭"塔迪奇案"中间上诉裁定中对非国际性武装冲突的定义，以及《罗马规约》的规定，非国际性武装冲突有两个要素：一是武装冲突各方要具有一定的有组织性（organised armed groups），二是冲突本身要达到一定的强度（protracted）。而认定这两个要件需要分别参考一系列的要素。

在以确定武装冲突性质为目的对武装集团的"组织性"认定时，法庭作了如下的考虑：武装集团内部的层次结构；组织架构及纪律规范；军事装备的可获得性（包括是否有枪支）；武装集团策划和实施军事行动的能力；采取军事介入行动的强度和密集度。但法庭也同时指出，对这些因素的列举并非穷尽，所有因素都不能单独起决定作用，法庭需要的是灵活考虑。[①] 在确定武装冲突的"强度"时，法庭考虑如下：武装冲突的严重性及潜在升级的可能性，冲突波及的领土范围及持续时间，政府部队介入的

---

① *Lubanga Case*, Judgment, para. 537.

增加，冲突各方的动员规模和武器分发情况，冲突是否引起了联合国安理会的注意，以及是否有相关的决议通过，等等。①

本案中，法庭认定，作为冲突一方赫玛族的 UPC/FPLC 拥有一个比较完备的领导体制，其有能力训练自己的部队并在该部队中实施纪律，同时，在卢班加被指控犯下战争罪的时间段内，UPC/FPLC 持续地在伊图里地区开展军事行动。而作为冲突另一方的伦杜族的 RCD-ML 长期资助和帮助训练当地其他的民兵和游击队组织，另外一支重要的民兵部队 FRPI 自身也具有一定的训练能力，并参与到几次大的战役之中。上述诸多因素都证明，在伊图里地区混战的几支主要的武装力量都达到了对武装冲突各方有组织性的认定标准。

本案中，法庭确认了在几支武装力量之间发生的十余次主要战斗，这些战斗发生的时间并没有明显的中止。而且本案整个指控期间，各方之间都不存在停战协议。2003 年 7 月，联合国安理会根据《联合国宪章》第七章，考虑冲突中各方滥杀平民导致的深重的人道主义灾难，更是授权刚果民主共和国特派团使用适当武力来保护当地平民。② 上述事实充分证明，伊图里地区各武装力量在 2002 年 9 月到 2003 年 8 月发生的冲突，已经达到了武装冲突所要求的强度。

法庭最终认定，鉴于"组织性"和"强度"这两要件均已满足，民主刚果和乌干达之间即使存在可能的国际性冲突，也不会影响目前 UPC/FPLC 和 APC、FRPI 之间冲突的非国际性质，在伊图里地区确实发生了非国际性武装冲突。战争罪所要求的背景要素得到了满足。③ 由此，审判分庭认为，与指控相关的武装冲突的法律性质为非国际性武装冲突，也就是说，只有《罗马规约》第 8 条第 2 款第 5 项可以适用。④

（二）适用的法律

第 8 条第 2 款第 5 项第 7 目所指的范围必须根据《罗马规约》第 21 条和第 22 条第 2 款来决定。

---

① *Lubanga Case*, Judgment, para. 538.

② *Lubanga Case*, Judgment, para. 548.

③ *Lubanga Case*, Judgment, para. 565.

④ *Lubanga Case*, Judgment, paras. 565 – 568.

第 21 条　适用的法律

（一）本法院应适用的法律依次为：

1. 首先，适用本规约、《犯罪要件》和本法院的《程序和证据规则》；

2. 其次，视情况适用可予适用的条约及国际法原则和规则，包括武装冲突国际法规确定的原则；

3. 无法适用上述法律时，适用本法院从世界各法系的国内法，包括适当时从通常对该犯罪行使管辖权的国家的国内法中得出的一般法律原则，但这些原则不得违反本规约、国际法和国际承认的规范和标准。

（二）本法院可以适用其以前的裁判所阐释的法律原则和规则。

（三）依照本条适用和解释法律，必须符合国际承认的人权，而且不得根据第七条第三款所界定的性别、年龄、种族、肤色、语言、宗教或信仰、政见或其他见解、民族本源、族裔、社会出身、财富、出生或其他身份等作出任何不利区别。

第 22 条　法无明文不为罪

……

（二）犯罪定义应予以严格解释，不得类推延伸。涵义不明时，对定义作出的解释应有利于被调查、被起诉或被定罪的人。

……

审判分庭表明将根据 1969 年《维也纳条约法公约》解释《罗马规约》，也注意到第 21 条第 1 款第 3 项的规定，要求法院根据不违反《罗马规约》、国际法和国际承认的规范和标准，不违反"对该犯罪行使管辖权的国家的国内法中得出的一般法律原则"以解释和适用《罗马规约》，法院也必须以"符合国际承认的人权"来适用和解释法律。同时，塞拉利昂的判例也是有助于第 8 条第 2 款第 5 项第 7 目的解释的。而这些"符合国际承认的人权"的规定，审判分庭特别提到了《第二附加议定书》和《儿童权利公约》的相关条款。法庭还特别提到了贯穿于审判过程中的一个更广泛的概念："与武装冲突有联系的儿童"（children associated with armed conflict），虽然这个概念并不构成对被告人的指控，但这个概念与提法依然清楚地表明需要给儿童提供最大可能的保护。法庭强调，解释法律和适用法律并不相同，但根据拉迪卡·库马拉斯瓦米（Radhika Coomaraswamy）女士提供给法庭的相关背景陈述，也就是说，在这样环境下生活的儿童，经常承担了更为广泛的任务，并不必然等同于传统意义上的战场。这些儿童面临许多危险，包括强奸、性奴隶、其他形式的性暴力，酷刑和不人道的待遇，还包括与他们所本应享有的根本权利不一致的困境。①

从以上的分析可以看出，检察官认为，在所指控的犯罪期间，是存在国际性武装冲突和非国际性武装冲突的，这也得到了预审分庭的认可。如前所述，区分国际性与非国际性武装冲突的意义可能并不是非常重要，但在目前的国际人道法和国际刑法的法律框架下，是基本的，是必须的。②

从上述审判分庭对于国际性武装冲突存在与否的判断可以发现，在实践中，其实比较困难的判断就是像本案中所出现的表面上并不牵涉两个国家，却被定性为国际性武装冲突的情况，即所谓"国际化的国内性武装冲突"的情况。而在这个问题上，向来就存在由国际法院在尼加拉瓜案中确立的有效控制（effective control）标准，③ 与前南法庭在塔迪奇案中所确立的总体控制（overall control）标准之争。④ 本案审判庭显然是继续坚持了前南法庭所确立的总体控制标准。⑤

在国际性武装冲突和非国际性武装冲突的不同背景下，适用于战争罪行为的法律有着极大的区别。在国际性武装冲突下，人道法的规则极其细致，而规制非国际性武装冲突的规则却很少，而且都只是基础性的规则。在日内瓦四公约中，只有共同第三条对非国际性武装冲突的情况作了原则性的规定，专门规制非国际性武装冲突的《第二附加议定书》，实质性的条文也只有短短 15 条，而规制国际性武装冲突的《第一附加议定书》则有 80 条。⑥ 这种区别其实也反映在《罗马规约》第 8 条当中，适用于国际性武装冲突的第 8 条第 2 款第 2 项下所列的战争罪多达 26 项；而适用于非

---

① *Lubanga Case*, Judgment, paras. 601 – 606.

② *Lubanga Case*, Judgment, para. 539.

③ *Military and Paramilitary in and against Nicaragua*（*Nicaragua v. US*）, Judgment of the Merits, I. C. J. Reports 1986, para. 115.

④ *Prosecutor v. Tadić*, Judgemnt, 15 July 1999, paras. 131, 137.

⑤ 有效控制标准与总体控制标准之争也是个非常有意思的主题，但由于与本书研究主题的相关性并不强，感兴趣的读者可参见朱文奇、冷新宇、张膑心《战争罪》，法律出版社，2010，第 78—89 页。——作者注

⑥ 朱文奇、冷新宇、张膑心：《战争罪》，法律出版社，2010，第 16—17 页。

国际性武装冲突的第 8 条第 2 款第 5 项则仅有 12 项。由于国际性武装冲突和非国际性武装冲突的情况下所适用的法律规则差异如此之大，从尽可能广泛地适用人道法从而保护战争受难者的角度来说，人们显然更希望能够尽可能地将武装冲突定性为国际性的。尤其就战争罪而言，国际性武装冲突中被认定为战争罪的行为比非国际性武装冲突的要多，而且在习惯法上也得到更广泛的接受。①

由于国际刑法的固有特点，虽然现在随着人权和人道观念的发展，要求对国际性武装冲突和非国际性武装冲突一视同仁的呼声越来越高，实践中这两者的区别亦有日渐缩小的趋势，但在目前的法律体系下，这种区别仍然是明显且基础性的。

二　"征召"和"募集"的解释

跟武装冲突的定性一样，《罗马规约》和《犯罪要件》并未对征召、募集或利用这些行为下一个明确的定义。因此，第一案中的两个法庭都通过借鉴日内瓦四公约、《儿童权利公约》和其他国际刑事法庭，特别是塞拉利昂特别法庭的实践来对这些概念进行界定。

《罗马规约》第 8 条第 2 款第 5 项第 7 目是这样规定的：

（e）严重违反国际法既定范围内适用于非国际性武装冲突的法规和惯例的其他行为，即下列任何一种行为：

……

（vii）征募不满 15 岁的儿童加入武装部队或集团，或利用他们积极参与敌对行动；

……

第 8 条第 2 款第 5 项第 7 目对应的犯罪构成要件如下：

1. 行为人征募一人或多人加入武装部队或集团，或利用一人或多

---

① 朱文奇、冷新宇、张腾心：《战争罪》，法律出版社，2010，第 20—21 页。

人积极参加敌对行动。

　　2. 这些人不满 15 岁。

　　3. 行为人知道或应当知道这些人不满 15 岁。

　　4. 行为在非国际性武装冲突情况下发生并且与该冲突有关。

　　5. 行为人知道据以确定存在武装事实情况。

　　对于其中的第 4 个要件，即"行为在非国际性武装冲突情况下发生并且与该冲突有关"，审判分庭认为，考虑到对这一要件的平义解释即可，并不需要详细地讨论细节，就足可表明征募不满 15 岁的儿童和非国际性武装冲突是有关的。①

　　《罗马规约》概括了该罪的三个行为，征召（conscript）、募集（enlist）和利用（use）儿童积极参加敌对行动，这相对于《第一附加议定书》、《第二附加议定书》、《儿童权利公约》第 38 条及其《关于儿童卷入武装冲突问题的任择议定书》第 4 条第 1 款等仅仅提到"征募"（recruitment）一词来说是个突破。但是，"征召"、"募集"和"利用儿童积极参加敌对行动"在《罗马规约》和《犯罪要件》中都没有定义，如何解释《罗马规约》是法官们需要面对的一个问题。征募与征召、征募与募集的区分和定性是本案法庭遇到的一个主要法律问题。《罗马规约》的英文作准版本是并列使用了"conscripting"和"enlisting"两个词来描述，但中文的作准文本将其合为"征募"一个词。国际刑事法院审判分庭在定罪判决书中澄清了《罗马规约》第 8 条第 2 款第 5 项第 7 目这三个概念的含义，以及它们之间的联系与区别。审判分庭分了两步走，第一步，解释"征召"、"募集"和"征募"的定义与区别。第二步，再解释"利用儿童积极参加敌对行动"，并确定哪些活动或哪些标准属于"利用儿童积极参加敌对行动"。

（一）"征召"、"募集"与"征募"的联系与区别

　　如前所述，《第二附加议定书》第 4 条第 3 款和《儿童权利公约》第 38 条第 2 款都使用了"征募"（recruitment）一词。那第一个问题就是，《罗马规约》第 8 条第 2 款第 5 项第 7 目下的"征召"和"募集"和这些

---

① *Lubanga Case*, Judgment, para. 571.

条约中所使用的"征募"到底有何联系与区别。

预审分庭回顾到，国际法上"参加武装冲突的儿童"（children partici-pating in armed conflicts）的概念最早出现在 1997 年两个附加议定书的起草过程中。预审分庭认定指控期间的武装冲突兼具国际性和非国际性性质，均可适用《第一附加议定书》和《第二附加议定书》。《第一附加议定书》第 77 条"对儿童的保护"第 2 款有如下规定：

> 冲突各方应采取一切可能措施，使十五岁以下的儿童不直接参加敌对行动，特别是不应征募其参加武装部队。冲突各方在征募十五岁以上但不满十八岁的人时，应尽力给予年岁最高的人以优先的考虑。①

《第二附加议定书》第 4 条"基本保护"第 3 款：

> 三、对儿童，应给予其所需的照顾和援助，特别是：
> ……
> （三）对未满十五岁的儿童不应征募其参加武装部队或集团，也不应准许其参加敌对行动；
> ……②

从条文可见，这两条所使用的术语"征募"与《罗马规约》中所使用的征召和募集有所区别。从附加议定书的筹备工作中发现，当时似乎考虑的只是禁止强行征募儿童；③ 红十字国际委员会 1986 年对《第二附加议定书》第 4 条第 3 款的评注又明确提到"儿童不应征募"的原则，且明确提到也不应该接受儿童的自愿加入。④ 往后，国际社会陆续通过了不少条约，

---

① 斜体强调为作者所加。——作者注

② 斜体强调为作者所加。——作者注

③ Y. Sandoz, C. Swinarski and B. Zimmermann（eds.）, *Commentary on the Additional Protocols of 8 June 1977 to the Geneva Conventions of 12 August 1949*（ICRC/Martinus Nijhoff Publishers, Dordrecht, 1987）, pp. 1354 – 1355, paras. 4474 – 4478; pp. 924, 925, para. 3184, http://www.icrc.org/ihl, 最后访问时间：2015 年 3 月 1 日。

④ Y. Sandoz, C. Swinarski and B. Zimmermann（eds.）, *Commentary on the Additional Protocols of 8 June1977 to the Geneva Conventions of 12 August 1949*, pp. 924, 925, para. 4557.

均禁止征募儿童入伍。① 从 1977 年的这两个附加议定书和国际条约条文看来，可以区分出征募有自愿和强迫这样两种形式上的区别。《罗马规约》于是选择用了"征召"和"募集"，而非"征募"这样的术语。由此，预审分庭认为，征召和募集是征募的两种形式，征召是强制入伍；而募集有自愿的成分。预审分庭还指出，这种区分也得到了塞拉利昂问题特别法庭"诺曼案"罗伯逊法官的认可。② 募集是一种"自愿"（voluntary）的行为，而征召是"强制"（compulsory）的要求。③

审判分庭的结论是一样的，即征召（conscription）与募集（enlistment）都是征募（recruitment）的形式，都是指把儿童纳入武装部队或武装集团。《罗马规约》以"征召"和"募集"替代了《第二附加议定书》和《儿童权利公约》中的"征募"一词。但与预审分庭稍有不同的是，审判分庭指出，"征募"中是否包括儿童自愿入伍，与本案无关，这不是法庭要处理的问题。④

审判分庭进一步指出，"募集"（enlisting）的定义是"招进军队名单"（to enroll on the list of a military body），"征召"（conscripting）的定义是"强制入伍"（to enlist compulsorily）。因此，区别就在于"征召"包括一个强制的额外因素（the added element of compulsion）。有趣的是，审判分庭给的定义是引用了《牛津词典》以及多尔曼（Dormann）和特内夫特尔（Triffterer）各自主编的《罗马规约》评注。⑤

在强调第 8 条第 2 款第 5 项第 7 目两个关键概念之间的联系与区别后，审判分庭也一并审查了利用 15 岁以下儿童积极参加敌对行动与"征召"、"募集"之间的关系。更确切地说，法庭提出的问题是这三个犯罪行为是否需要行为人具有相同的目的。例如，都是为了让儿童参加到敌对行动中。审判分庭注意到，第 8 条第 2 款第 5 项第 7 目的规定是"征募不满十五岁的儿童加入武装部队或集团，或利用他们积极参加敌对行动"，虽然

---

① 例如，《儿童权利公约》第 38 条；《非洲儿童宪章》第 22 条；《关于儿童卷入武装冲突问题的任择议定书》第 2 条和第 3 条，等等。——作者注

② *Prosecutor v. Samuel Hinga Norman*, The Preliminary Motion.

③ *Lubanga Case*, Decision on the confirmation of charges, paras. 244 – 248.

④ *Lubanga Case*, Decision on the confirmation of charges, para. 246; *Lubanga Case*, Judgment, para. 607.

⑤ *Lubanga Case*, Judgment, para. 608; footnotes 1778, 1779.

中文的翻译版本把征召、募集统一翻译成了征募，但这里需要指出的是，在英文文本中依然是征召和募集两个不同词语。在《罗马规约》文本中，征召、募集与利用之间是使用"或者"（or）这样的连接词。在法庭看来，这是三个不同的行为。法庭也注意到，在这方面，《罗马规约》的规定并不是特别清楚。"积极参加敌对行动"可以解释为与前面三个行为都相关，也可以解释为只指最后一个行为"利用"。如果选择第一种解释，这将会大大限制这一条款的适用范围。① 实际上，征募儿童的行为人的目的经常并不仅是让儿童参加敌对行动。审判分庭认为，《犯罪要件》上的规定，能给这个问题上提供进一步的指导与借鉴，其中的要件 1 是"行为人征募一人或多人参加武装部队或集团，或利用一人或多人积极参加敌对行动"。"一人或多人"的用语重复出现在"征召"、"募集"和"利用"的后面，均是这三个行为的宾语。也就是说，该项战争罪既包括征召和募集儿童入伍，也包括积极利用他们参加敌对行动。前两项罪名都没有提到任何的目的要素，而"积极参加敌对行动"是后面"利用"的构成要素。因此，审判分庭的结论是，征召与募集不满 15 岁的儿童入伍，独立于其后的任何阶段，这些男童或女童可能在后来被"利用"于积极参加敌对行动，也可能承担各种不同的任务。虽然征召与募集背后的目的往往确实也是利用儿童参加敌对行动，但这并不是法律的要求。也就是说，被征募的不满 15 岁儿童的地位，与后来他们是否积极参加了敌对行动无关。尽管在大多数情况下，征募就是为了利用。因此，法庭拒绝辩方提出的"募集，是指在武装冲突的背景下，为了让他或她代表武装集团积极参加敌对行动而纳入军队中"的说法。②

在法庭看来，尽管征召（conscripting）一词暗示了征募儿童的强迫性，但考虑到儿童的心智尚不健全，就算儿童本人同意应征，也是在不明后果的情况下同意的，不算真正意义上的同意，因此分辨征募行为强迫与否意义不大。何况，《罗马规约》将两种行为均定性为犯罪，区分对定罪并无

---

① 辩方是这样定义"募集"的：在武装冲突的背景下，以积极参加敌对行动为目的，让一个人成为一个士兵（Integration of a person as a soldier, within the context of an armed conflict, for the purposes of participating actively in the hostilities on behalf of the group），*Lubanga Case*，ICC-01/04-01/06-2773-RED-tENG, para 34。——作者注

② *Lubanga Case*, Judgment, para. 609.

必要性。综合上述，法庭决定，征募行为是否存在，只需要考虑是否存在征募不满十五岁儿童进入武装团体的客观事实。

（二）儿童"自愿"入伍的争论

"募集"是自愿征募，"征召"是强制征募；法律上的"自愿"是基于自由意志所作的决定，即为同意。值得注意的是，审判分庭在相邻的两段中，针对儿童的同意，先后使用了真实（genuine）和有效（valid）这两个不同的用语，但在判决中并没作区分与解释。儿童是否能"同意"入伍，"同意"积极参加敌对行动；儿童的这种"同意"能否真实，有效？本书在此认为有必要讨论儿童的"同意"在征募和利用行为上，以及在相关儿童权利保护问题和冲突后社会重建等多层面上的意义。

1. 塞拉利昂特别法庭的解释

1998 年《罗马规约》之前的条约对"征募"这个概念的规定其实是很模糊的，对于儿童是否可以自愿入伍的态度也是含糊的。在塞拉利昂特别法庭的"诺曼案"中，罗伯逊法官的异议意见就提到，《塞拉利昂特别法庭规约》第4条第3款和《罗马规约》第8条第2款第2项第26目的措辞是完全一样的，第4条第3款规定如下：

> 第4条　其他严重违反国际人道主义法的行为
>
> 特别法庭有权起诉实施下列严重违反国际人道主义法行为的人：
>
> ……
>
> （c）征募不满 15 岁的儿童加入武装部队或集团，或利用他们积极参加敌对行动。

在《塞拉利昂特别法庭规约》起草时，当时的联合国秘书长安南就提交了一份名为《秘书长关于设立塞拉利昂特别法庭的报告》（S/2000/915），报告中的第 17 段和第 18 段对第 4 条提了这样一些建议：①

> 17. 禁止征召 15 岁以下儿童是保护儿童的一个根本因素，在 1977

---

① 联合国安全理事会：《秘书长关于设立塞拉利昂特别法庭的报告》，S/2000/915（2000），第 17 段、第 18 段。以下引用为联合国网站提供的该报告的中文翻译。——作者注

年《日内瓦公约》第二号附加议定书中首次得以确立；该议定书第4条（3）款（c）项规定，儿童应该得到他们需要的照顾和帮助，并特别规定……

十年之后，禁止将15岁以下儿童征入武装部队的规定在1989年《儿童权利公约》第38条（3）款中得以确立；1998年，《国际刑事法院规约》将这一行为定为刑事罪，属于一种战争罪。尽管禁止征召儿童现在已经获得了一种习惯国际法地位，但在习惯法上是否习惯地已经认为这是一种应使被告承担个人刑事责任的战争罪行，还很不清楚。

18. 由于《国际刑事法院规约》将征召或招募15岁以下儿童（无论是被迫还是"自愿"）定为犯罪，是否具有习惯法性质还存在疑问，所以列入《塞拉利昂特别法庭规约》第4条（c）款的罪行不等同于国际刑事法院的规定。尽管"征召"或"招募"罪行的定义是指一种将某人的名字列上名单并且正式编入武装部队的行政行为，但根据《塞拉利昂特别法庭规约》草案，这一罪行所包括的因素有：（a）诱拐，这一因素对于塞拉利昂儿童的情况来说是原始罪行，按照四项《日内瓦公约》共同条款第3条，本身就是一种罪行；（b）最普通意义上的强行征募——尽管有表面的行政手续；（c）除了其他有辱人格的作用之外，将儿童转变为并使用为"儿童战斗人员"。

也就是说，在当时，联合国秘书长的建议是，把那些以积极参加敌对行动为目的的绑架儿童和强制征召儿童的行为犯罪化，但不包括募集儿童入伍的行为。征召和绑架应该是为战争罪行，但自愿入伍的概念在当时似乎尚未达此标准。如果儿童自愿入伍后并不从事战斗员的任务，那这个行为有可能是不违法的。同时，罗伯逊法官在"诺曼案"中也承认在武装冲突中利用儿童，置儿童于风险之中，后果是很严重的。[1]

在随后的实践中，"武装力量革命委员会案"的审判分庭明确无误地消除了对自愿入伍是否构成嫌疑人有效抗辩的疑问，跟随了卢班加案预审

---

[1]　*Prosecutor v. Samuel Hinga Norman*, The Preliminary Motion, paras. 8, 9.

分庭和"诺曼案"中的决定。① 法庭明确提及，《塞拉利昂特别法庭规约》第 4 条第 3 款已经预计到了儿童被卷入武装集团的可能性。虽然以前的战争主要是发生在国与国之间，但同时期的武装冲突通常涉及不同的武装集团，这些武装派别可能与国家没有联系，也可能是代表某个国家在行事。因此，法庭明确提出，国际人道法绝对不是形式主义的，并不仅将"征召"（conscription）限制在对国家及其合法政府的义务上的。② 审判分庭对"征召"（conscription）的解释包括了强迫的行为，如《秘书长关于设立塞拉利昂特别法庭的报告》第 18 段中提到的绑架（abductions），以及卢班加案预审分庭确认起诉决定中提到的武装集团为了利用儿童积极参加敌对行动（for the purpose of using them to participate actively in hostilities）而实行的强迫征募（forced recruitment）。而募集（enlistment）是指当儿童自愿参加武装部队或团体时对他们的接受。募集是一种自愿的行为，但儿童的同意不是一个有效的辩护理由。③ 征募的方式，实际上，最终是无关的，而且确实没有产生值得区分的差异，因为最终的结果是一样的。④

"国民防卫军案"的审判分庭在征召与募集的问题上，首先是回顾并遵循上诉分庭在"诺曼案"的决定，裁定征募不满 15 岁的儿童事实上构成了习惯国际法下的犯罪行为，在起诉时间之前就属于需要承担个人刑事责任的犯罪。⑤ 同时，法庭通过引用马休·哈波尔德（Matthew Happold）的观点指出，日内瓦四公约中没有明文规定禁止征募儿童的原因在于，当时儿童参加敌对行动（第二次世界大战期间）多为非正规性质的，这种参加被认为是自愿的、英雄式的等。在当时，儿童的参加被认为是特殊的，不需要法律的调整，而且是不太可能再重复出现的现象。⑥ 在"国民防卫军案"的起诉书中，第八项罪名提到了"募集"（enlistment），"利用儿童积极参加敌对行动"（using children to participate actively inhostilities）以及将儿童"引入"（initiation）武装部队等概念。法庭认为有必要审查国际人道法相关规定、这些概念及其与本案的相关性，具体而言，《塞拉利昂特

---

① *AFRC Case*, Trial Judgment, paras. 734 – 735.
② *AFRC Case*, Trial Judgment, para. 734.
③ *AFRC Case*, Trial Judgment, para. 735.
④ *AFRC Case*, Trial Judgment, para. 735.
⑤ *CDF Case*, Judgment, 2 August 2007, paras. 184, 189.
⑥ *CDF Case*, Judgment, 2 August 2007, para. 186.

别法庭规约》是否禁止"募集"，禁止"利用儿童积极参与敌对行动"以及"将儿童引入武装部队"等。① 无论是从日常用语解释，还是在上面引述的评论中，自愿入伍（voluntary enlistment）都是一种募集（enlistment）方式。因此，分庭认为，起诉书中所用的"募集"（enlistment）一词既包括自愿入伍（voluntary enlistment）和强迫入伍（forced enlistment），但强迫入伍是犯罪的加重形式。法庭认为，"要在自愿入伍和强制入伍之间作区分是有点做作的。在武装冲突的环境中，侵犯人权的行为如此盛行，一个不满 15 岁的儿童是否能自愿应征入伍，是值得怀疑的"。② 尽管如此，就起诉书而言，如果仅仅指控"募集"（enlistment），儿童的自愿与否都与被告人被指控的行为无关。③

但是，"国民防卫军案"的上诉分庭不同意审判分庭的观点。上诉分庭认为，就当时来说，缺乏必要的先例来解释什么样的行为或模式，构成《塞拉利昂特别法庭规约》第 4 条第 3 款中的"募集"。上诉法庭认为，"募集"的前提是，有关个人自愿同意成为武装部队或集团的一分子，但如卢班加案预审分庭的确认起诉决定一样，如果允许不满 15 岁的儿童入伍，那儿童的同意并非抗辩理由。法庭认为，募集包括两个要素，第一个是"被告的行为与儿童加入武装部队或集团之间有联系"（a nexus between the act of the accused and the child joining the armed force or group），联系是否存在是一个需要基于个案决定的事实问题；第二个要素是要求"对被告人的主观要素要求是知道儿童是不满 15 岁的，他或她可能参加作战训练"（knowledge on the part of the accused that the child is under the age of 15 years and that he or she may be trained for combat），④ 这当中的"参加作战训练"是源自"诺曼案"罗伯逊法官异议意见的一个提法，即他认为"募集"（enlistment）的行为人知道这些被募集的儿童在事实上是不满 15 岁的，而且是可能接受上前线训练，而并非在非作战区域提供支持服务的。⑤ "国民防卫军案"上诉分庭认为，在本案的背景下，武装集团并不是传统意义上

---

① *CDF Case*, Judgment, 2 August 2007, para. 190

② *CDF Case*, Judgment, 2 August 2007, para. 192.

③ *CDF Case*, Judgment, SCSL-04-14-T, 2 August 2007, para. 192.

④ *CDF Case*, Appeal Judgment, SCSL-04-14-829, 28 May 2008, paras. 140 – 144.

⑤ *Prosecutor v. Samuel Hinga Norman*, The Preliminary Motion, Dissenting Opinion of Justice Robertson, para. 46.

的军事组织，"募集"并不能狭窄地认为是一个正式的过程。因此，广义的"募集"包括任何接受儿童"成为武装部队一部分"的任何行为。这样的行为包括使儿童参加军事行动（making him in military operations）。①

上诉分庭的这种处理方法，通过术语"成为武装部队一部分"，将征募和利用整合了，进一步模糊了"征召"、"募集"和"利用"之间的区分。上诉分庭不区分三种行为，但在"募集"与"利用"之间插入了一个可能用于训练的目的要素，这样一个目的要素的增加明显是不利于儿童的。当然，"国民防卫军案"的上诉分庭处理了复杂的一些文化问题，这会在第五章中讨论。

"革命联合阵线案"的审判分庭在解释"征召"的时候采用了一种有意思的方法，即认为"征召"存在两种情况，一种是在存在合法政府的情况下，通过国内立法的合法方式征募入伍；另一种的"征召"就是一般所指的"强迫征募"（forced recruitment），就是通过如武力、绑架等非法的方式强迫儿童入伍。② 审判分庭在判决中引用了 CDF 案审判分庭和上诉分庭的判决，再次强调，尽管如此，区分自愿入伍和征召是做作的。③

2. 第一案的解释

如前述，在预审阶段，法庭就对"征召"和"募集"的概念进行了区分。预审分庭确定强迫或自愿性质的征募，在罪责认定问题上是没有区别的。但预审分庭也注意到了提交给法院的关于儿童"自愿入伍"的证据："15 岁以下的儿童'自愿'加入了争取刚果自由爱国力量，或者由他们的父母把儿童交给争取刚果自由爱国力量，这是争取刚果自由爱国力量对赫玛族家庭动员的结果；或者就是为了复仇而加入，因为那些与争取刚果自由爱国力量作战的民兵杀害了儿童的亲人。"④ 预审分庭强调儿童的入伍无论以何种方式，征召还是募集，强迫还是自愿，在法律上都是不相关（ir-relevant）的，企图在它们之间作出区别是做作（contrived）的。

预审分庭的决定是重要的，它确定了本罪中有两个关键的方式：第一

---

① *CDF Case*, Appeal Judgment, SCSL-04-14-829, 28 May 2008, para. 144.

② *The Prosecutor v. Issa hassan Sesay, Morris Kallon and Augustine Gbao* (hereinafter *RUF Case*), Trial Judgment, SCSL-04-15-1234 (25 February 2009), para. 186.

③ *RUF Case*, Judgment, para. 187.

④ *Lubanga Case*, Decision on Confirmation of Charges, paras. 247, 252.

是把不满 15 岁的儿童纳入一个武装集团(无论是通过武力还是通过其他方式),第二是在敌对行动中利用不满 15 岁的儿童。就这样,法庭把《罗马规约》规定的这三种行为(conscripting, enlisting, using)根据效果转换成两个:征募(无论是否利用武力)与利用(using)。法庭还认为,征召或募集儿童入伍都是持续性犯罪,犯罪从儿童进入武装部队或武装集团的那一刻开始,并持续到儿童复员或满 15 岁方算结束。

在案件进入审判阶段后,预审分庭的做法得到了检方支持,[1] 也得到了审判分庭的认可。审判分庭依然指出,在事实上,征召、募集和利用是三个独立的行为。庭审中,前儿童兵作证描述说他们在放学回家的路上被绑架后成了民兵战斗员,或以武力的方式被人从父母的家中带走,在所有情况下这都是暴力行为的结果。[2] 例如,第 16 号证人是前刚果爱国者联盟的新兵训练师,他估计新兵中的 75% 是那些在某一次进攻中失去了父母并"为了复仇"而自己主动参军的孩子们。当中的有些人是"非常敏感的志愿者"。[3] 第 55 号证人是前 UPC 的排长,声称有些儿童在很小的时候就尝试加入军队,但刚果爱国者联盟会拒绝接受他们,因为他们是"真正的孩子","如果征募了他们,会感到羞愧"。[4] 控方称,关于儿童是否"自愿"或者被他们的父母"自愿"将他们送入伍,《罗马规约》中并无规定,这也已经得到了法庭的支持。当时的首席检察官奥坎波在他的开庭陈词中称,"在《罗马规约》中并没有规定不满 15 岁儿童自愿入伍是合法的","要求不满 15 岁的儿童加入军队并不存在所谓的'自愿'问题,这是犯罪行为",也就是说,即使儿童是自愿入伍,卢班加也需要负刑责。审判分庭着重于儿童保护和儿童的"自愿"、儿童的"同意"问题之间的平衡。

---

[1] *Lubanga Case*, Prosecution Closing Submissions, ICC-01/04-01/06-2748-Red (21 July 2011), para. 138.

[2] *Lubanga Case*, Lubanga Trial Transcript (Witness DRC-OTP-WWWW-0299) T-117-Red (4 February 2009), p. 7, line 23, p. 8, line 2, p. 10, lines 9 – 14;(Witness DRC-OTP-WWWW-0213) T-132 (20 February 2009) p. 9, lines 21 – 25;(Witness DRC-OTP-WWWW-0007) T-149 (17 March 2009) p. 65, lines 11 – 16;(Witness DRC-OTP-WWWW-0297) T-285 (17 May 2010) p. 45, line 24, p. 46, line 12; Lubanga Trial Transcript (Witness DRC-OTP-WWWW-0008) T-135 (25 Feb. 2009) p. 9, lines 21 – 25.

[3] *Lubanga Case*, Witness DRC-OTP-WWWW-0016, p. 15, lines 17 – 25;p. 81, line 14.

[4] *Lubanga Case*, Witness DRC-OTP-WWWW-0055 (Resumed), p. 52, lines 5 – 11, http://www.legal-tools.org/doc/64470d/pdf/,最后访问时间:2015 年 3 月 1 日。

法庭提到了两个专家证人，心理学家伊丽莎白·肖尔（Elizabeth Schauer），以及当时的联合国特别代表拉迪卡·库马拉斯瓦米的意见。

对于儿童是否能自愿入伍的问题，伊丽莎白·肖尔在庭审中说：

> 从心理学的角度，我认为这是不存在的。原因在于：儿童几乎没有或只有非常有限的获取政治控制或军事信息的方法。他们不完全理解军队结构和实际的武装力量。他们不了解指挥链和当中所涉的实际利益。他们很少知道他们将要经历的入伍仪式和灌输仪式（the initiation and indoctrination rituals）。这些通常是很苛刻的，有生命威胁的，这可以是精神灌输，可以有政治意识形态，但这也可能是为防止儿童逃跑的殴打或其他形式的恐惧灌输。①

为了更清楚地表明参加战争和武装冲突对儿童在心理上的影响，伊丽莎白·肖尔向法庭举例说明了他们在北乌干达和苏丹作的一项大型研究，调查在难民人口中有创伤经历的人数百分比，他们随机采访了1000名前儿童兵，他们平均都经历过6至28个创伤事件类型，包括战斗、交火、直接暴露在冲突中、轰炸等。6至28个，只是类型，也就是说，这些儿童兵都经历了无数这样的事件。所有这些事件类型，都是创伤体验，这种体验是具体的、感官的，是活在儿童记忆深处的。②

拉迪卡·库马拉斯瓦米女士是2006年4月由联合国秘书长科菲·安南任命的副秘书长兼负责儿童与武装冲突问题的秘书长特别代表，她在法庭提到了她曾经实地考察了民主刚果，认为当地的儿童进入武装部队主要是三种途径，绑架、社区长辈说服和贫困。而当她和一些所谓"自愿"加入武装部队的儿童谈话时，孩子们说他们认为加入武装部队是很有魅力的，武装集团领袖的"迷人风采"尤其吸引着他们。但是，拉迪卡·库马拉斯瓦米女士还表示，无论这些儿童是被迫参加或"想"参加武装集团，但我们发现，这都是由武装集团的领袖来决定是否接受他们，而这正是责任之

---

① *Lubanga case*，ICC-01/04-01/06-T-166-ENG CT WT（rev. dec. 1974）07-04-2009 1-102 EA T，pp. 12 – 13，https：//www. legal-tools. org/doc/8d2115/pdf/，最后访问时间：2015年3月1日。

② *Lubanga case*，ICC-01/04-01/06-T-166-ENG CT WT（rev. dec. 1974）07-04-2009 1-102 EA T，pp. 13 – 16.

所在；我们觉得这是非常重要的，尽管他们（被告）可能是有魅力的，尽管孩子们可能是被诱惑的，但尊重国际法是很重要的，孩子们不应被接受成为武装集团的一员。①

显然，这两位专家证人采取的都是强有力的保护儿童立场，审判分庭同意："在所有情况下，法庭都认为《罗马规约》是为了保护那些脆弱的儿童，包括当他们缺少信息或者其他情况时。儿童入伍的方式，以及儿童是否自愿，是法庭在量刑和赔偿阶段考虑的因素。那才是合适的。但是，儿童的同意并不能作为辩方的有效抗辩。因此，法庭同意预审分庭的解释，征募不满15岁的儿童加入武装集团本身就是犯罪行为。在本案的情况下，征召和募集一并处理，尽管法庭是分开讨论的。"②

3. 其他解释

如上所述，审判法庭就儿童是否能表示同意的问题咨询了两位专家的意见。专家证人解释道，从心理学的角度来看，儿童是没法在加入武装部队或武装集团时作出"同意"的，因为他们对于战争的后果没有认识，或只有相当有限的认识。他们无法全面地理解他们正在经历的事情，无法深入了解所处的武装集团的结构与内部问题。专家证人认为，儿童既没有完全的知识或信息，也不具备对入伍行为所带来短期和长期后果的相应理解能力。③相应地，负责儿童与武装冲突问题的秘书长特别代表库马拉斯瓦米的意见也相当具有参考意义，即15岁以下的儿童不可能合理地同意，他们也没法分清自愿和强迫有什么不同，这应该是一个共识。因此，要区分同意与否是相当肤浅（practically superficial）的，儿童的同意不应具备法律相关性。④

显然，审判分庭采纳了专家的观点，但比专家证人证言区分地更为细

①　*Lubanga Case*，ICC-01/04-01/06-T-223-ENG，pp. 19 – 22，https：//www. legal-tools. org/doc/051a27/pdf/，最后访问时间：2015 年 3 月 1 日。

②　*Lubanga Case*，Judgment，paras. 617 – 618.

③　*Lubanga Case*，Trial Transcript of Hearing，ICC-01/04 01/06-T-166-ENG，7 of April 2009，pp. 13，90；Elisabeth Schauer，"The Psychological Impact of Child Soldiering"（Report of Ms. Elisabeth Schauer following the 6 February 2009 "Instructions to the Court's expert on child soldiersand trauma"），ICC-01/04-01/06-1729-Anx1，25 of February 2009（hereinafter Elisabeth Schauer's Report），pp. 7 – 8.

④　*Lubanga Case*，Annex A of Submission of the Observations of the Special Representative of the Secretary General of the United Nations for Children and Armed Conflict pursuantto Rule 103 of the Rules of Procedure and Evidence，ICC-01/04 01/06-1229-AnxA，18 March 2008，para. 14.

致，即认为不满 15 岁的儿童的同意是可能的，但这种同意只是在确定被告是否犯下了第 8 条行为时不作任何考虑。但是，正如本部分开头所述，审判分庭在相邻的两段中，先后使用了真实（genuine）和有效（valid）这两个不同词语，但在判决中并没作区分与解释。审判分庭认为，不满 15 岁的女童和男童"经常"（frequently）征募进入武装集团中，他们都"无法给予真正的知情同意"（unable to give genuine and informed consent）。

　　凯·安博斯（Kai Ambos）对此有不同的观点。他认为，犯罪行为客观要件存在与否的分析，经常会在结构上与儿童的可能同意问题及其影响问题相混淆。这里的问题就是，如果募集是"自愿的"，那么作为《罗马规约》第 8 条定义的一部分，需要考虑儿童的同意；如果不考虑这种同意，那只有征召行为才能适用第 8 条。也就是说，由于募集是以自由意志（同意）为基础的，所以像预审分庭和审判分庭所称的，"儿童的同意不能为募集提供有效的辩护"这样的说法在逻辑上是不可能的。从逻辑上说，如果法庭的这种说法成立，那么"征召"就会取代"募集"，因为只有"征召"这种行为违背了儿童的意愿，才得以不考虑儿童是否同意。当然，有理由认为，在武装冲突的情况下，儿童通常无法给予真正的知情与同意。实际上，如果法庭依靠两名专家证人观点，也就形成了法庭的观点，即"通常来说，不满 15 岁的女童和男童募集进入武装部队或武装集团时，往往不能表达真正的知情同意"① 这样一个法律观点。因此，安博斯认为，必须区分这两种行为之间"同意问题"带来的不同后果，同意只有在讨论"征召"时才有意义，而并非"募集"。法庭所指的"征募"只是"征召"。法庭通过判决表达了这样一种观点，即在武装冲突的情况下，对于加入武装集团的任何有效的儿童同意是不可能的。事实上，这是真的吗？儿童"自愿"加入武装部队的情况真的不可能吗？想象一个小孩，急需为军队服务的薪水，以便对家庭成员进行一些健康治疗。显然，在这种情况下，真正的问题是儿童的"自愿"意味着什么。但这已经不仅是个法律解释和适用的问题了，而是一个相当复杂的哲学问题。②

---

① *Lubanga Case*, Judgement, para. 163.

② 参见 Kai Ambos, "The first Judgment of the International Criminal Court（*Prosecutor v. Lubanga*）: A Comprehensive Analysis of the Legal Issues", *International Criminal Law Review* 12（2012）: 134 – 136。

4. 分析与思考

本书认为，儿童的同意问题不应该在定罪中有任何的法律相关性，审判分庭的处理是合适的；同时，识别儿童的"同意"，如安博斯所言，也是有必要的。如果一味地坚持儿童兵是受害者的视角，是没有办法全面深刻地认识儿童兵问题的。例如，庄博（Mark A. Drumbl）就认为，儿童兵并不都是"脆弱的、需要保护的受害者"，大部分儿童兵的入伍既不是被绑架的也不是强制征召的，相当一部分儿童是有强烈入伍意愿的。[①] 这种看法，也结合了《儿童权利公约》第5条中所称儿童是具有"发展中的能力"的，[②] 应该更细致地考虑和尊重当地习俗与文化，以提高国际法在解决这些年轻的成年人问题的灵活度。正如本书第二章中的论述，儿童入伍确实存在一些推动因素和诱因（push and pull factors），[③] 因此，思考儿童的同意与自愿是有一定意义的。

第一，征召与募集行为本身就构成犯罪，不需要行为人有任何目的性要素。"武装力量革命委员会案"法庭认为"征召"包含武装集团对儿童的强制行为，目的是利用儿童积极参加敌对行动。"国民防卫军案"上诉分庭也提出广义的"募集"包括任何接受儿童成为武装部队一部分的行为，包括使儿童参加军事行动（making him in military operations）。这两种解释为"征召"和"募集"这两种犯罪行为都增加了一个额外的目的要素，即征募是为了在敌对行动中利用儿童。卢班加案的两个分庭显然都没有采纳这种目的要素，首要原因当然是这个目的要素并不存在于国际刑事法院的《罗马规约》和《犯罪要件》当中。另外，儿童是否被征召或募集，这与他或她在征募后是不是参加敌对行动没有关系。这一点很重要，因此法庭拒绝了辩方认为征召和募集是为了利用儿童积极参加敌对行动的意见。这样的解释有助于解决那些在武装集团内用作性奴役或内部劳务的

[①]　参见 Mark A. Drumbl, *Reimagining Child Soldiers in International Law and Policy*（Oxford：Oxford University Press 2012），p. 13。

[②]　《儿童权利公约》第5条："缔约国应尊重父母或于适用时尊重当地习俗认定的大家庭或社会成员、法定监护人或其他对儿童负有法律责任的人以下的责任、权利和义务：以符合儿童不同阶段接受能力的方式适当指导和指引儿童行使本公约所确认的权利。"

[③]　负责儿童和武装冲突问题的秘书长特别代表办公室：《征召儿童的根本原因》，https://childrenandarmedconflict. un. org/zh/effects-of-conflict/root-causes-of-child-soldiering/，最后访问时间：2015年3月1日。

被绑架女童的困境；这也同样有助于解释，无论儿童是自愿还是强迫，进入了武装部队或集团都是把他或她置于危险之中，使他们失去了平民的地位，成为潜在的军事攻击目标。[①]

"革命联合阵线案"的审判分庭提及的另一个推理也未得到国际刑事法院第一案两个法庭的采纳，特别法庭的审判分庭认为，由于存在大量的对被绑架儿童的强制训练，这种"强制训练"可以作为"征召"的事实基础。[②] 特别法庭的这个解释，用于当时革命联合阵线这个案子中是没有问题的，但并不能在卢班加案中适用。卢班加案的事实情况不一样，儿童进入 UPC/FPLC 以后，他们并不一定都接受了军事训练，他们可能被利用于其他目的，例如，作为送信员、保镖或者性奴隶。如果把"募集"的概念跟军事训练相连，会让很多与武装冲突有联系的儿童得不到应有的保护。任何附加的要素，例如，征召或募集的方式、目的、训练的存在与否等，既不是，也不应该是法律上所要求考虑的因素，如果这些因素包含在了征募儿童的犯罪构成里，必然会导致对这些犯罪有罪不罚的现象，使儿童处于法律保护的真空状态，尤其是那些征募入伍但又不清楚武装集团目标的儿童。

第二，对于儿童的自愿或同意，《罗马规约》条文在逻辑上清楚地给予了考虑，但同时必须明确的是，不满 15 岁的儿童是不能够作出任何法律上的真实、有效的知情同意的，这与定罪无关。

《罗马规约》第 8 条第 2 款第 2 项第 26 目和第 5 项第 7 目对征募儿童条款的纳入，对武装冲突中的儿童提供了很高程度的保护。《罗马规约》区分了三种行为：征召、募集和利用儿童积极参加敌对行动。可以说，《罗马规约》第 8 条预见到儿童是有可能同意参加到武装集团或者敌对行动中的。在《罗马规约》的谈判期间，这个犯罪的定义一再改变，但在罗马外交大会之前都是一直使用"征募"一词。[③] 在罗马外交大会，为了回应美国的关切，征募被替换成现在的文本"征召或募集"，"征募"的含义是一国政府有一个积极的政策使儿童加入武装集团，"征召或募集"则是

---

① *Lubanga Case*, Judgment, paras. 609, 620.

② *RUF Case*, Trial Judgment, para. 1695.

③ UN Diplomatic Conference of Plenipotentiaries on the Establishment of an International Criminal Court, Report of the Preparatory Committee on the Establishment of an International Criminal Court, Draft Statute for the International Criminal Court, U. N. Doc. A/CONF. 183/2/Add. 1, 14 April 1998, p. 21.

一个较为被动的含义，主要指儿童纳入武装集团中。[①]

《罗马规约》第 8 条规定了"募集"，即预见到 15 岁以下的儿童可能会在同意的基础上入伍，不同形式的征募的区别是明显的。但是，由于受武装冲突影响的儿童可供作出的选择其实是极为有限的，强迫征召与自愿募集之间的界线相当模糊，因此对于自愿入伍问题是很难抽象化讨论的。[②]例如，哈波尔德提到，儿童兵以多种方式征募到武装部队或武装集团中，一般征募的形式可分为三类：强制性（compulsory）、强迫性（forced）和自愿性（voluntary）。强制性是指被征募人员有义务服兵役的情况；强迫意味着被征募人员除了加入这个武装集团之外别无选择，例如，他或她遭遇了绑架；自愿则是基于被征募人员同意的行为。[③]

我们需要承认征募模式的复杂性，这对于儿童来说尤其重要。但这些模式之间并非泾渭之明，很多儿童的所谓自愿或同意面临着某些身体、精神或者社会经济的压力，这种"同意"是难以确定的。暴力、饥饿、受到歧视、目睹亲人被杀戮后的复仇心理等，这些都无情地推着儿童走向所谓"自愿"入伍的深渊。[④] 不满 15 岁的儿童，即使他们看起来似乎是同意的，

[①] Herman v. Hebel and Darryl Robinson, "Crimes within the Jurisdiction of the Court", in Roy S. Lee（ed.）, *The International Criminal Court*: *the Making of the Rome Statute*, *Issues*, *Negotiations*, *Results*（Kluwer Law International, The Hague, 1999）, pp. 79, 118; Michael Cottier, "Article 8. War Crimes", in Otto Triffterer（ed.）, *Commentary on the Rome Statute of the International Criminal Court*; William A. Schabas, *The International Criminal Court*: *A Commentary on the Rome Statute*（Oxford: Oxford University Press, 2010）.

[②] Ilene Cohn and Guy S. Goodwin-Gil, *Child soldiers*: *the role of children in armed conflict*（Oxford: Oxford University Press, 1994）, pp. 23 – 24.

[③] Matthew Happold, *Child Soldiers in International Law*（Manchester: Manchester University Press, 2005）, p. 8.

[④] 参见《巴黎原则》原则6：儿童与武装部队或者武装集团产生联系是有多种原因的。许多是被强行征募的，其他的所谓"自愿者"也是事出有因的。虽然参加战争本身是一个重要的决定，但孩子们仍把入伍当作了对他们的生存，他们的家庭或社区最好的选择。在极端贫困，暴力，社会不平等或不公正的环境下，他们别无选择。性别不平等，歧视和暴力在武装冲突中十分频繁。女童和男童可能会寻求逃避基于性别的暴力或其他形式的歧视。其中，原则6.29指出，女童的"自愿"可能是寻求逃离那些对她们的其他罪行，如性暴力和早婚。另有报告指出，虽然男童和女童都是由一些相同的"推动因素和诱因"而加入了武装集团，但对于女童来说，会有一些与男童不同的基于性别的因素，如受到了家庭暴力和性暴力。参见 Plan UK, "Because I am a Girl: The State of the World's Girls 2008", pp. 60 – 61. https://plan-international. org/files/global/publications/campaigns/BIAAG _2008_english. pdf, 最后访问时间：2015 年 3 月 1 日。——作者注

但他们不可能真正地理解入伍对他们的生命与生活所带来的改变与后果，也不可能自主地作出选择，因为他们作出选择时的环境是饥饿、暴力和不安全感的蔓延等。① 即使人们认为儿童是有能力的行为者，认为他们有能力为自己的未来作出决定，但必须承认儿童在武装冲突的环境中作出选择或决定的可能性非常有限。

自愿入伍是一个备受争议的话题，其实部分还由于《关于儿童卷入武装冲突问题的任择议定书》第 3 条的规定，该条如下：

> 第 3 条
> ……
> 3. 允许不满 18 周岁的人自愿应征加入本国武装部队的缔约国应设置保障措施，至少确保：
> （a）此种应征确实是自愿的；
> （b）此种应征得到本人父母或法定监护人的知情同意；
> （c）这些人被充分告知此类兵役所涉的责任；
> （d）这些人在被接纳服本国兵役之前提供可靠的年龄证明。②

然而，允许不满 18 岁的人自愿应征的确保要求中，最为复杂一项要素为"确实是自愿"，什么是"确实是自愿"？这却没有定义。儿童权利委员会于 2007 年 9 月公布的《缔约国根据〈儿童权利公约关于儿童卷入武装

---

① 在这一点上，学者们也提出了同样的见解。有学者指出，孩子们加入武装团体经常是一种暴力文化、饥饿、安全的需要，或受到为家人死亡报复信念的驱动。孩子们成为"自愿者"，只是为了满足他们的基本需要，仅仅是为了生存。他的结论是，在战火纷飞的大环境下，很难确定孩子是否确实有选择"同意"的自由，他或她没有能力去决定自己的最佳利益，没有能力形成独立的见解或者分析矛盾的观点。另有学者提到，贫困，民族边缘化，缺乏教育，战争和疾病传播等都是一些在武装冲突中儿童进入部队的"根本原因"，他们没有选择生活方式的自由，他们进入部队是完全不由自己控制的。参见 Amy Beth Abbott, "Child Soldiers—the Use of Children as Instruments of War", *Suffolk Transnational Law Review* 23（2000）：516 – 518。——作者注

② （a）Such recruitment is genuinely voluntary；（b）Such recruitment is carried out with the informed consent of the person's parents orlegal guardians；（c）Such persons are fully informed of the duties involved in such military service；（d）Such persons provide reliable proof of age prior to acceptance into national militaryservice.

冲突问题的任择议定书〉第 8 条第 1 款提交初次报告的修订准则》① 中，与 "确实是自愿" 保障措施相关的是第 12 段：

12. 关于缔约国应当对自愿应征设置的最低保障措施，报告应当叙述这些保障措施的执行情况，而其中应说明如下：

（a）详细说明为确保真正自愿应征，以及从表明自愿应征意向直至实际入伍所采用的自愿应征保障程序……②

这里所指称的 "详细说明" 报告同样也是模糊不清的。

假设这样一种情况：一个孩子选择加入武装集团，是由于他或她的父母遇害，入伍能获得更好的资源和保护。或许我们就能够理解孩子行为的背后 "自愿"，也可以理解一些反对学者，如安博斯的观点。如果要把某些情况下募集入伍视为自愿或同意，应当相当地小心和谨慎。尤其重要的是，我们需要认识到，自愿入伍必须始终与儿童在武装冲突中一系列可能性相联系。正如韦塞尔（Wessells）所说，儿童处于高度胁迫的环境中，在这样的环境中不能轻易地认定儿童的自愿或同意是真实与有效的。③ 所以在本案中，才有了法庭指定的两位专家证人肖尔女士和库马拉斯瓦米女士的证词，她们就坚持认为儿童兵入伍不能被认为是出于真正的自愿，因为儿童在武装冲突的环境下缺乏自愿加入武装部队或集团的能力。

---

① 根据《关于儿童卷入武装冲突问题的任择议定书》第 8 条第 1 款，每一缔约国应在议定书生效后两年内向儿童权利委员会提交一份报告，提供其为执行议定书的规定而采取的各项措施的详尽资料。2001 年 10 月 3 日，委员会第 736 次会议通过了关于缔约国根据任择议定书第 8 条第 1 款提交初次报告的准则。经过对所收到的报告进行审查，委员会于 2007 年 9 月又通过了一份经修订的准则。——作者注

② "A detailed description of the guarantees in place to ensure that the recruitment is genuinely voluntary and of the procedures used for such recruitment, from the expression of intention to volunteer to the physical integration into the armed forces；…"，参见联合国儿童权利公约委员会，《缔约国根据〈儿童权利公约关于儿童卷入武装冲突问题的任择议定书〉第 8 条第 1 款提交初次报告的修订准则》，2007 年 9 月，CRC/C/OPAC/2，第 12 段，http://tbinternet.ohchr.org/_layouts/treatybodyexternal/Download.aspx? key = 92g0 + 9FnI5fX/ePqHxWObLX2P5GEb99twsPrh/K2aa/53Vhodt3zvExHQntDN0 + H&Lang = en，最后访问时间：2018 年 3 月 1 日。

③ Michael Wessells, *Child Soldiers*: *from Violence to Protection*（Cambridge ： Harvard University Press，2006），pp. 32 – 33.

　　尽管一些武装部队或武装集团没有严格地"强制"儿童加入，但利用具有蛊惑性宣传手段煽动没有完整心智能力的儿童，令儿童相信并参加战斗，在这个意义上，这些都是武装集团替代儿童在作决定，提前决定了他们的意志，并表现为外在的他们自己的"同意"。① 在卢班加案中，审判分庭要求心理专家肖尔女士出庭的原因也在于此。尽管儿童在征募者犯罪行为开始的时间点上是表达了同意，但犯罪发生后，儿童不可能停止或阻止犯罪的继续进行，他或她不可能离开武装部队或武装集团，也不可能再接受教育。正如贝尼托法官所说，无论征募是如何发生的，儿童同意与否，后果都是儿童会因为他们的入伍而无差别地受到伤害。

　　因此，本案的法庭就采取了传唤专家证人的方法来给法庭阐释武装冲突中的现象与环境，以及所谓的儿童同意的根本原因到底是什么，② 让国际社会听到了来自儿童心理专家证人的声音。在这种情况下，武装冲突中儿童入伍自身的意思表示，与定罪无关。

　　第三，尽管如此，但如果因此就认为，儿童的自愿入伍应该完全忽略，也是有问题的。承认儿童入伍的意思表示，重要且有意义。如上所述，不仅是募集，任何一种形式的征募在很大程度上都取决于冲突的背景、儿童的个人情况以及武装部队的情况等各种可能因素。例如，在乌干达北部，大多数儿童报告说他们已经被绑架；在塞拉利昂，必须区分 RUF 的征募和 CDF 与卡马加（the Kamajors）的征募，在前一种情况下，绝大多数的儿童是被绑架的，而在后两种情况下，大多数儿童有可能是表达了意思表示后加入的。③

　　承认和接受有范围的自愿募集，即儿童自我认为的"自愿"，对于承认儿童兵是有能力的社会行为者具有重要的意义。自我认为的自愿是指儿童自己将自己的入伍视为自愿的情况。有些研究表明，为数不少的儿童兵

---

① 参见 Amy Beth Abbott，"Child Soldiers—the Use of Children as Instruments of War"，*Suffolk Transnational Law Review* 23（2000）：516。

② 法官不仅可在庭审中传唤儿童权利方面的专家，还能传唤某些特别领域的专家，例如，心理学家、社会学家、军事专家等。在卢班加案中有两位专家，一位是临床心理学家，专攻创伤后压力恢复，曾与非洲的复员儿童开展广泛的合作。另一位是负责儿童与武装冲突问题的秘书长特别代表拉迪卡·库马拉斯瓦米女士，她曾走访世界有武装冲突的不同地域，并调查儿童的情况。——作者注

③ 参见 Chris Coulter，"Female Fighters in the Sierra Leone War：Challenging the Assumptions?"，*Feminist Review* 88（2008）：9。

将自己加入的方式认为是自愿的。① 那是什么原因使得部分儿童作出了这样的"同意"？有学者认为，是社会和经济的因素推着他们卷入这些足以改变他们一生的战争之中。有学者通过调查发现，事实上，有相当一部分儿童是自愿报名加入武装部队或集团的。例如，大约三分之二的儿童兵在入伍的时候都有某种动因；也有证据表明大部分的儿童并不是强制入伍的；还有观点认为，最近对撒哈拉以南非洲的调查就表明大部分儿童和年轻人加入武装部队或武装集团是有一定的自愿因素的。② 这些儿童兵所表现出的同意、自愿动机是多种多样的。例如，可能就是挺身而出地加入武装部队或武装集团，或为达到某些政治目的，推翻独裁者，获得培训，获得经济收益，为他们所在的社区服务，又或者仅是在身处最糟糕的情况中作自认为最好的努力。环境因素和情境制约着儿童或年轻人的决定，其中包括贫困、不安全感、缺乏教育、陷入暴力社会化、破碎的家庭等。③ 虽然这已经超出了本书的研究范围，但作这样的思考依然十分重要。在这些复杂多样的情况下，如果都否认儿童兵自愿参加武装部队或集体的能力，也就意味着儿童对自身经历的看法不受重视。加入武装部队或武装集团的方式往往决定了儿童如何看待自己在武装集团中的作用与身份。一些研究表明，不同形式的征募可能对前儿童兵的心理健康产生决定性影响：自愿参加的儿童在复员后遭受心理问题的可能性要小于那些强制强迫入伍的儿童。④ 此外，如果忽视了儿童自认为的入伍的想法，也就意味着他们自认为自愿的原因得不到重视，那只会错过了寻找冲突可能原因的宝贵机会。结果，这些原因可能无法得到解决，从而阻碍了冲突社会向和平社会的顺利过渡。

---

① UNICEF, "Adult Wars, Child Soldiers: Voices of Children Involved in Armed Conflict in the East Asia and Pacific Region", 2002, p. 19: "According to the children, 57 per cent of the children had volunteered and 24 per cent stated they were forced or coerced to join", http://www.unicef.org/eapro/AdultWarsChildSoldiers.pdf, 最后访问时间：2018 年 3 月 1 日；Mark A. Drumbl, *Reimagining Child Soldiers in International Law and Policy* (Oxford: Oxford University Press 2012), p. 67.

② 参见 P. W. Singer, *Children at War* (New York: University of California Press, 2006), p. 61。

③ 参见 Mark A. Drumbl, *Reimagining Child Soldiers in International Law and Policy* (Oxford: Oxford University Press 2012), p. 79。

④ Kohrt B., "Recommendations to Promote Psychosocial Well-Being of Children Associated with Armed Forces and Armed Groups (CAAFAG) in Nepal", 2007, http://www.nepaldocumentary.com/tpocaafagfinal.pdf, 最后访问时间：2015 年 3 月 1 日；Kanagaratnam P., Raundalen M., Asbjornsen A., "Ideological Commitment and Posttraumatic Stress in Former Tamil Child Soldiers", *Scandinavian Journal of Psychology* 46 (2005): 511.

　　因此，本书认为，儿童的同意或者自愿与否绝对不构成行为人行为不违法的抗辩理由，但需要重视儿童兵加入武装集团或武装部队的各种不同的具体方式，以便能够充分了解与应对他们参加武装冲突所带来的伤害。至于儿童的同意是否与行为人量刑与后续的赔偿程序相关，需要国际刑事司法机构在未来实践中，结合个案进行分析。

三　“利用儿童积极参加敌对行动”的解释

　　最能全面体现对卷入武装冲突中儿童的保护，同时在学界中争议最大的，就是法庭对第三个犯罪行为的解释和推理。在上文分析征召、募集与儿童的同意时也已经涉及对“利用儿童积极参加敌对行动”的讨论，本部分将有针对性地对这个概念进行论述。

　　“积极参加”来源于1949年日内瓦四公约共同第三条的“不实际参加战事之人员”（taking no active part in the hostilities）。[①] 1970年联合国大会通过的《武装冲突中保护平民之基本原则》决议中，提及：“武装冲突所从事之军事行动，无论何时均必须将*积极参与敌对行为*人员与平民加以区别”（between persons actively taking part in the hostilities and civilian populations），[②] 以及“在从事军事行动时，应尽一切努力使平民免受战争蹂躏，并采取一切必要之预防措施，使平民免受伤亡或损害”。[③]《儿童权利公约》第38条第2款规定“确保未满15岁的人不直接参加敌对行动”（do not take a direct part in hostilities）；《关于儿童卷入武装冲突问题的任择议定书》第1条和1977年的《第一附加议定书》第77条的用语也都是“直接参加敌对行动”，而《第二附加议定书》第4条第3款第3项提及“不应

---

① 英文作准文本使用的都是 active，只是中文译本里略有不同。斜体强调为作者所加。——作者注
② 斜体强调为作者所加。——作者注
③ 联合国大会：《武装冲突中保护平民之基本原则》，A/RES/2675（XXV），1970年12月9日。英文原文分别为 "In the conduct of military operations during armed conflicts, a distinction must be made at all times between persons actively taking part in the hostilities and civilian populations"，"In the conduct of military operations, every effort should be made to spare civilian populations from the ravages of war, and all necessary precautions should be taken to avoid injury, loss or damage to civilian populations."。——作者注

准许其参加敌对行动","如果尽管有第三项的规定,而未满十五岁的儿童直接参加敌对行动……"

这些术语之间是否有什么差别?积极参加是指在武装冲突或敌对行动中发挥什么作用或担当什么角色吗?对于这个问题,筹备委员会在《罗马规约》起草时是有讨论和处理的,当时通过在"祖芬草案"(Zutphen Draft Statute)中通过加入一个脚注作了解释,对直接参加和积极参加作了一些区分。脚注中是这样写的:

> 采用"利用"(using)和"参加"(participate)这两个术语,是为了既包括在战斗中的直接参加,也包括与战斗行动相联系的军事活动中的积极参加,例如,用作侦察、监视、破坏,以及利用儿童作为引诱、送信或者在军事驿站放哨。这并不包括那些明显与敌对行动无关的活动,例如,送食物到军事基地,或者作为已婚指挥官家中的仆人等角色与活动。但是,利用儿童在战斗中起直接支持作用的如送物品到前线,或者利用儿童参加前线的活动,应属于"积极参加"。[①]

"祖芬草案"现在已构成《罗马规约》准备文件的一部分,对《罗马规约》的解释有一定的作用。与那些上前线"直接参加"敌对行动的儿童相比,"积极参加"似乎包括了更多的任务和功能。因此,从条文本身就可以发现,《罗马规约》第8条第2款第2项第26目和第8条第2款第5项第7目的规定都比之前的条约在保护儿童方面走得更远,既扩大了征募的定义,也把更多样的角色包括了进来。

(一)卢班加案预审分庭和塞拉利昂特别法庭的解释

术语之间的含义是否有差异这个问题也同样摆在了卢班加案预审法庭,以及塞拉利昂特别法庭 AFRC 案和 RUF 案的审判分庭面前。

卢班加案预审分庭讨论了《罗马规约》中"积极参加敌对行动"的范围。根据红十字国际委员会 1986 年对《第一附加议定书》第 77 条第 2 款的评注,该条当时起草的意图显然是不能让 15 岁以下的儿童参加武装冲突,

---

[①] Report of the Preparatory Committee on the Establishment of an International Criminal Court, A/CONF. 183/2/Add. 1 (1998), p. 21, footnote 12.

也不能要求儿童提供如收集和传递军事情报、运输武器弹药或提供资助等服务。① 预审分庭引用了"祖芬草案"的这个脚注，认为"积极参加"不仅意味着直接参加作战，也包括将儿童用作侦察，间谍，破坏活动，以及利用儿童作为引诱，送信或在军事驿站放哨等与战斗行动相联系的军事活动。②

预审分庭认为，如果儿童从事的有关活动明显与敌对行为无关，则不属于"积极参加"，例如，利用儿童将粮食运送到空军基地（food deliveries to an airbase）或作为指挥官家庭仆人（domestic staff in married officers' quarters）。但是，如果儿童用于保护军事目标（guard military objectives），例如，冲突各方的军事宿舍，或者为了守卫军事指挥官的人身安全（safeguard the physical safety of military commanders），尤其是将儿童用作保镖（bodyguards），这些活动是与敌对行动有关的活动。原因有两点：首先这些活动中的军事指挥官有权作出与敌对行动有关的一切必要决定；其次这些活动对后勤资源供应和行动组织水平有直接的影响，也是冲突另一方所要打击的军事目标。③

塞拉利昂特别法庭在 AFRC 案的审判法庭在解释《塞拉利昂特别法庭规约》第 4 条第 3 款"积极参加敌对行动"时同样采取了"祖芬草案"脚注的方法，认为利用儿童积极参加敌对行动并不仅仅限于把儿童包括在战争中，还注意到："武装部队需要后勤支持以维持。任何劳动力或者支持都会有助于维持军队在冲突中的运作。所以，为战斗员搬运行李，寻找和/或取得食物、弹药或装备，利用儿童作为引诱、传信息，制造或寻找行动路线，检查军事驿站或者作为人盾都是积极参加敌对行动的一些例子。"④

---

① *Lubanga Case*, Decision on the Confirmation of Charges, para. 260 （…the intention of the drafters of the article was clearly to keep children under fifteen outside armed conflict, and consequently they should not be required to perform services such as the gathering and transmission of military information, transportation of arms and ammunition or the provision of supplies）.

② *Lubanga Case*, Decision on the Confirmation of Charges, para. 261.

③ *Lubanga Case*, Decision on the Confirmation of Charges, paras. 262 – 264.

④ *AFRC Case*, Trial Judgment, paras. 737 （An armed force requires logistical support to maintain its operations. Any labour or support that gives effect to, or helps maintain, operations in a conflict constitutes active participation. Hence carrying loads for the fighting faction, finding and/or acquiring food, ammunition or equipment, acting as decoys, carrying messages, making trails or finding routes, manning checkpoints or acting as human shields are some examples of active participation as much as actual fighting and combat）.

由此，AFRC 案审判法庭认为，"利用"儿童积极参加敌对行动，除了包括参加前线战斗，还包括在军事行动中充当一些支持的角色（support roles within military operations）。"利用"儿童"积极参加敌对行动"是指让他们的生命直接处于战争的危险中（putting their lives directly at risk in combat）。①

RUF 案的法庭先从国际人道法中已被广泛接受的"敌对行动"含义入手。敌对行动是指那些以给敌对方带来损害或者实质伤害为性质或目的的行为。法庭赞成敌对行为的概念不仅包括战斗行动（combat operations），也包括与战斗相联系的军事行动，例如，利用儿童在军事驿站放哨或作为侦察员（the use of children at military checkpoints or as spies）。那些可能被认为是敌对行动的行为类型，在法庭看来，可能会根据每一武装冲突的特点和武装集团的特点而有所不同。在塞拉利昂的冲突中，经常性的、残忍的、直接针对平民的行为就是 RUF 和 AFRC 武装集团行动的特征，不满 15 岁的儿童积极参加了这些行动的杀害、强暴和奴役。② 法庭认为，这些行为就是与战斗相联系的行动，参加行动的儿童携带了武装，服从于成人战斗员和指挥官的命令。由于他们积极参加了敌对行动，这些儿童就成了 ECOMOG 或 Kamajors 合法的攻击目标。③

但是，RUF 案的法庭认为，过于宽泛地解释"积极参加敌对行动"是不合适的，因为这样会带来一个后果，就是那些与武装冲突有联系的儿童会失去他们的平民地位。但是，法庭认定，对平民犯下罪行的性质和目的足以使之称为积极参加敌对行动。这样的解释必须是为了确保儿童不参与任何对冲突有直接支持作用的暴力行为，并使儿童不成为敌对武装集团攻击的合法军事目标。因此，法庭的结论是，在武装冲突的环境中，针对平民的暴力是敌对行动的一个不可或缺的特征，积极参加敌对行动的概念包括对平民犯下的罪行。法庭认定，RUF 和 AFRC 战斗员利用儿童犯下针对平民的罪行等于积极参加敌对行动。④ 但是，审判分庭认为，那些不满 15

---

① *AFRC Case*, Trial Judgment, paras. 736 - 737.
② *AFRC Case*, Trial Judgment, para. 1720.
③ *AFRC Case*, Trial Judgment, para. 1721.
④ *RUF Case*, Trial Judgment, para. 1723（The Chamber considers this interpretation necessary to ensure that children are protected from any engagement in violent functions of the armed group that directly support its conflict against the adversary and in which the child combatant would be a legitimate military target for the opposing armed group or groups）.

岁的、用于在指挥官家中从事家务劳动的（used to perform domestic chores for RUF and AFRC Commanders）的儿童，并不算是"积极参加"，因为这些活动与敌对行动无关，并不会直接地支持武装集团的军事运作。① 而那些用作完成寻找食物任务的不满 15 岁的儿童，由于这些任务的目的是为 RUF 和 AFRC 战斗员和被俘平民提供食物，尽管这在一般意义上是对武装集团的积极支持，但在法庭看来，并不是直接与敌对行动相联系，尤其证据并没有表明儿童在这些任务中公开携带武器。法庭因此认为这些活动本身并不构成积极参加敌对行动。②

（二）审判分庭的解释

在卢班加案审判阶段的最后陈词中，控方表示，法庭应广义地界定这个词，以便让儿童得到更广泛的保护，以防止利用儿童参加任何与敌对行动相关的活动；辩方则针锋相对地主张狭义解释，"积极参加"就是等同于"直接参加"。辩方批评预审分庭的解释包含了那些"明显与敌对行动无关"的活动，使得该定义如此广泛，削弱了形容词"积极"所应有的含义，并认为那些在武装集团中没有分配与敌对行动有关的任务的儿童，无论如何都不能被认为是利用其积极参加敌对行动。此外，辩方声称《罗马规约》的"祖芬草案"中也并没有相关的解释，像预审分庭这样扩大"积极参加"的含义没有充分的依据。③

法庭的专家证人拉迪卡·库马拉斯瓦米认为，应当拒绝任何以一种或某种方式把与武装部队或武装集团有联系的儿童从武装冲突中排除出去的概念与解释。因此，她建议法院应该采取"逐案"的方法，对儿童参加的分析要基于儿童是否在武装集团中起到了支持的作用。库马拉斯瓦米认为儿童在武装集团中担当了广泛的角色：厨师、司机、护士、间谍、行政人员、翻译员、无线电工作人员、医药帮助人员、公共信息工作者、年轻的军队领导、用作性目的男童和女童，等等。她同时建议法院不要再列出哪些具体活动符合"积极参加"的范围，而是应该在逐案基础（a case-by-

---

① *RUF Case*, Trial Judgment, para. 1730；参见 *Taylor Case*, Judgment, 18 May 2012, SCSL-03-01-1281, para. 1411。

② *RUF Case*, Trial Judgment, para. 1743.

③ *Lubanga Case*, Defence Closing Submissions, ICC-01/04-01/06-2773-RedtEN（11 August 2011）, paras. 35 – 45.

case basis）上，在具体情况中分析一个儿童的任务，以确定是否对武装冲突有一个"重要的支持作用"，① 这将会比"列表"的解决方案更好。

审判分庭在判决中首先考察了《罗马规约》的用词，认为"征募儿童"和"利用儿童积极参加敌对行动"之间是用"或"来连接的，因此两个行为单独均可成罪，被告方辩称的"利用需要以征募为前提"的解读并不成立。在解释利用和积极参加敌对行动时，审判分庭引用了《罗马规约》"祖芬草案"的脚注和预审分庭的解释，也同时回顾了 AFRC 案中的解释，指出在 AFRC 法庭看来，利用儿童积极参加敌对行动更多是指功能性的利用，不仅是指在前线参加战斗，更包括在军事行动中扮演支持者的角色。② 法庭强调，"积极参加敌对行动"和《第一附加议定书》的"直接参加"表述不一样，是更为宽泛的解释，显然是为了涵盖更多的利用不满 15 岁的儿童在敌对行动中扮演某种角色。应该注意的是，《第二附加议定书》的第 4 条第 3 款第 3 项并没有使用"直接"。③

法庭在判决第 628 段明确指出：

> 儿童兵面临的潜在危险程度通常与他或她所发挥作用的确切性质无关。那些积极参加敌对行动的个人的范围是很广的，可以是直接参加战斗的前线战斗员，也可以是对战斗发挥支持作用的儿童。所有这些属于直接参加活动或间接参加活动的参加，都有一个基本的共同特征：参加的儿童在这些活动中，至少成了一个潜在的攻击目标。因此，决定是否将"间接"角色视为积极参加敌对行动的决定性因素是，儿童向战斗人员提供的支持是否使他或她面临成为潜在目标的实际危险。法庭认为，这两个综合因素——儿童的支持和相应的风险水平——意味着虽然没有直接参加的情况，但儿童仍然积极参加了敌对

---

① *Lubanga Case*, "Annex A of Submission of the Observations of the Special Representativeof the Secretary General of the United Nations for Children and Armed Conflict pursuantto Rule 103 of the Rules of Procedure and Evidence", 18 March 2008, ICC-01/04 01/06-1229-AnxA, paras. 20, 23.

② *Lubanga Case*, Judgment, para. 625 [The SCSL therefore held that the concept of "using" children to participate actively in hostilities encompasses the use of children tin functions other than as front line troops (participation in combat), including support roles within military operations].

③ *Lubanga Case*, Judgment, para. 627.

行动。

　　鉴于武装集团利用的儿童可能发挥不同的作用，法庭对特定活动是否构成"积极参加"的决定只能在个案基础上作出。①

　　"支持"与相应的"风险"的综合判断是审判分庭在第一案判决中所给出的何为"利用儿童积极参加敌对行动"的一个更为简洁的判断标准。法庭判定一个特定的活动是否构成了"积极参加"，也就只能在逐案基础上判定。在一些个案中，纯粹的后勤工作也可能因为从事地点和时间的不同而使儿童处于高度的风险之下，这种工作本身可被认定"利用儿童积极参加敌对行动"。

（三）　法官贝尼托的个别和异议意见

　　哥斯达黎加的贝尼托法官，在本案的判决后附上了她的个别和异议意见（separate and dissenting opinion），从这意见可以看出，她坚持一个"强大"的保护儿童、保护犯罪受害人的立场。她不同意大多数法官的狭义和具体"个案"解释"利用儿童积极敌对行动"的做法，并认为法庭本应借此机会对"征召"、"募集"、"利用"、"积极参加敌对行动"和"国家武装部队"等法律概念展开更多的讨论和澄清，而不是让他们在案件中逐案评估。她指出，这样的评估可能导致"对儿童所遭受的风险和危害的评估并不充分"。贝尼托法官认为，《罗马规约》和众多国际条约及习惯国际法禁止征募不满15岁的儿童。所有这些法律，都力求保护15岁以下的儿童免受在任何武装冲突背景下出现的各种风险（例如，虐待、性暴力和强迫婚姻）。因此，如果不对"征召"、"募集"、"利用"、"积极参加敌对行动"作详细的解释，将会违背《罗马规约》目的和宗旨，违背公认的国际人权规则。审判分庭拒绝认定性暴力行为是"积极参加"的"利用"的一部分，她甚至认为"这是国际法的退步"。②

　　审判分庭的大多数意见认为，"利用"儿童积极参加敌对行动，并不是基于儿童执行的特定任务，而是基于他们所处的危险，即儿童成为潜在

---

① *Lubanga Case*, Judgment, para. 628.

② *Lubanga Case*, Judgment, Separate and Dissenting Opinion of Judge Odio Benito, paras. 6, 7, 13, 15.

攻击目标的事实。① 法官贝尼托在这一点上提出了反对意见。她认为，法庭这种做法的不当之处在于，忽略了儿童兵在武装集团内部所面临的"真正的危险"，如强奸、性奴役、酷刑和不人道的生活条件，等等。法庭也有义务将性暴力纳入"利用儿童积极参加敌对行动"的法律概念范围。② 国际刑事法院诉讼程序应考虑被害人的立场，通过评估可能属于检察官的指控范围以外、但在法院管辖范围之内的行为，而不能因为这些指控未包含在起诉书内，就认为这是无关紧要的，且不作处理。她的看法是"被害人受到的伤害不仅应该有赔偿程序，还应是法庭对犯罪所作评估的一个基本方面"。③

四　"利用儿童积极参加敌对行动"的分析与思考

征召、募集与利用儿童积极参加敌对行动是三个规定在《罗马规约》第 8 条第 2 款第 2 项第 26 目和第 8 条第 2 款第 5 项第 7 目的犯罪行为。如上文所述，各个法庭对"征召"和"募集"这两个概念的"共识"更多一些，也就是儿童的同意无论如何都不构成犯罪抗辩的理由。但什么是"利用"儿童"积极参加敌对行动"则引来了更多的讨论和争议。由于塞拉利昂特别法庭和第一案都在这个问题上有过相关的推理与判决，本部分将就前文提及的特别法庭与第一案的预审分庭和审判分庭在此问题上的解释，作一些分析与思考。

"祖芬草案"的脚注和卢班加案的预审法庭解释路径是相同的，都通过列举活动来定义"积极参加"，两者之间的差异并不大。两个法庭均认为，侦察、监视、破坏，以及利用儿童作为引诱、送信或者在军事驿站放哨构成积极参加，但从事家务劳动和向基地运送食物就不属于"积极参加"。④ 两个法庭其实都以相同或非常类似的方法来解释"利用"儿童

---

① 参见 Roman Graf，"The International Criminal Courtand Child Soldiers，an Appraisal of the Lubanga Judgment"，*Journal of International Criminal justice* 10（2012）：963。

② *Lubanga Case*，Judgment，Separate and Dissenting Opinion of Judge Odio Benito，paras. 17，19。

③ *Lubanga Case*，Judgment，Separate and Dissenting Opinion of Judge Odio Benito，paras. 8，19。

④ *Lubanga Case*，Decision on the confirmation of Charges，para. 261；*AFRC Case*，Trial Judgment，paras. 736 – 737；*CDF Case*，Trial Judgment，para. 193。

"积极参加行动"，大致可以概括为如下类别。

第一种是直接参加战斗，这明显属于"积极参加"的范畴。

第二种是参加"与战斗有联系的军事行动"（active participation in military activities linked to combat or active participation in combat-related activities），例如，"祖芬草案"中的侦察、监视、破坏，以及利用儿童作为引诱、送信或者在军事驿站放哨，以及预审分庭提及的看守军事目标、保镖也属于这一类的"积极参加"。

第三种是参加那种发挥"直接支持功能"（a direct support function）的行动，例如，向前线（the front line）运送补给或在前线进行相关运输和后勤工作，因其与敌对行动的高度联系，也是"积极参加"。

第四种是参加"明显与敌对行动没有联系的活动"（activities clearly unrelated to hostilities），如在营地进行家务活动、向基地运送食物等，这些不属于"积极参加"。①

AFRC 法庭的分类更简单一些，积极参加敌对行动包括在前线利用儿童，也包括儿童在军事行动中担任一些支持角色，例如，为战斗员搬运行李，寻找和/或取得食物、弹药或装备，利用儿童作为引诱、传信息，制造或寻找行动路线，检查军事驿站或者作为人盾。②

由此可见，"祖芬草案"、卢班加案预审分庭和 AFRC 法庭对此概念的阐释有如下异同之处。

第一，"祖芬草案"和卢班加案预审分庭都采用了"与敌对行动相联系"的标准。按照预审分庭的解释，第 8 条第 2 款第 5 项第 7 目下的"积极参加敌对行动"是一个中间概念，是在"直接参加战斗"与"明显与敌对行动没有联系的活动"两个类别之间的一个概念。一方面，它比直接参加战斗行动更广泛，包含了在其他情况下可能被定性为间接参加的一些活动。另一方面，它不包括给武装部队或集团提供"明显与敌对行动没有联系"的任何形式的支持活动。因此，如果有关活动是显然与敌对行动没有联系的，从事这些活动的儿童就不能被视为"利用"其积极参加敌对行动。

第二，"祖芬草案"、卢班加案预审分庭和 AFRC 法庭都采用了举例的

---

① *Lubanga Case*, Decision on the confirmation of Charges, paras. 261 – 263.

② *AFRC Case*, Trial Judgment, paras. 736 – 737.

方式。卢班加案预审分庭列举范围比"祖芬草案"要大，包括了那些载于"祖芬草案"脚注内的行为，以及一些没有载于"祖芬草案"脚注内的行为，即看守军事目标、保镖。AFRC法庭列举的范围更大，包括为战斗员搬运行李，寻找和/或取得食物、弹药或装备，制造或寻找行动路线，作为人盾。

第三，寻找和/或取得食物（finding and/or acquiring food）在AFRC法庭看来属于"积极参加"；"祖芬草案"和预审分庭却认为"送食物"（food deliveries）是"明显与敌对行动没有联系的活动"。

原则上，预审分庭和塞拉利昂特别法庭关注的是任务的性质和任务与敌对行动之间的联系。但是，值得注意的是，无论是"祖芬草案"，还是预审分庭和特别法庭的解释，均没有将一些极有可能由女童完成的任务包括在"利用"的概念中，如从事家务劳动的儿童和用于性目的的儿童。也就是说，这个标准并没有囊括一些由女童所扮演的角色。

和上述分庭均不同，审判分庭提炼出了一个看似更为简洁的判断标准，认为有两种因素需要考虑，即儿童对于战斗员的支持和他们所面临的风险水平。在审判分庭看来，"积极参加"活动的范围是广泛的，所有可以在武装集团中由一名儿童完成的任务，从在战场上战斗，再到各种支持角色，都有可能属于"积极参加"，但这些活动都有一个共同的特点，即让儿童成为潜在的攻击目标。一个儿童兵所面临的潜在危险的程度与他或她所发挥的作用的性质常常是无关的。[1] 因此，审判分庭主张，需要对儿童的特定任务或角色进行"逐案评估"，看儿童是否暴露于"实际的危险"中，成了一个潜在的目标。也就是说，审判分庭就是把利用儿童"积极参加敌对行动"等同于儿童是否"暴露于实际危险之中"。

本书认为，这些解释和处理，至少引出了如下需要进一步思考和分析的问题："积极参加敌对行动"与"直接参加敌对行动"的区别是什么；如何区分"战斗"、"与战斗有联系的军事行动"与"明显与敌对行动没有联系的活动"；"利用儿童积极参加敌对行动"的范围何在。

（一）"积极参加敌对行动"和"直接参加敌对行动"的联系与区别

预审法庭解释表明，"积极参加敌对行动"不是《第一附加议定书》

---

[1]　*Lubanga Case*, Elisabeth Schauer's Report, p. 9.

第 77 条第 2 款中的"直接参加",直接参加敌对行动的概念基本上等同于让儿童"上前线",更为宽泛的解释是为了涵盖更多的利用不满 15 岁的儿童在敌对行动中从事的活动和承担的角色。但这一解释似乎没有考虑到"积极参加"和"直接参加"不但与卷入武装冲突中的儿童相关,其概念本来就在国际人道法和国际刑法中有着更为一般的含义。

　　审判法庭也面临相同的问题。审判分庭认为,无论直接参加还是间接参加,能属于"积极参加"的共同特征是儿童成为"潜在目标"(a potential target)。审判分庭这种解释极有可能会带来这样一个负面后果:一旦这里的"潜在目标"被理解为"合法的攻击目标",根据国际人道法,这个儿童将失去其作为平民应得到的保护。也就是说,会使得在《罗马规约》第 8 条第 2 款第 2 项第 26 目和第 8 条第 2 款第 5 项第 7 目保护下的一些儿童失去平民的身份,成了国际人道法下合法攻击对象。相应地,这会限制1949 年日内瓦四公约共同第三条和《罗马规约》第 8 条第 2 款第 3 项保护的"没有在敌对行动中实际参加"的儿童的数量。①

　　《罗马规约》第 8 条第 2 款第 5 项的"帽子"条款,要求法院要"在国际法既定范围内"解释和适用《罗马规约》。也就是说,利用儿童"积极参加敌对行动"应该与既定国际法的规定和实践有一致的解释,法庭在作出自己的解释之前至少应该考虑到这些规定或框架。②

　　在国际人道法体系中,"直接参加敌对行动"这个概念是与区分战斗员与平民这一基本原则密切相关的。平民受到国际人道法的保护,除非他们直接参加敌对行动,任何攻击平民的行为都是非法的,这些均体现在《第一附加议定书》第 51 条第 3 款、③《第二附加议定书》第 13 条第 3 款、④《第二附加议定书》第 4 条第 1 款等条款对一切未直接参加或已停止

<hr>

① 参见 Roman Graf, "The International Criminal Courtand Child Soldiers, an Appraisal of the Lubanga Judgment", *Journal of International Criminal Justice* 10 (2012): 963。

② 参见 Matthew Happold, "Child Recruitment as a Crime under the Rome Statute of the International Criminal Court", in Doria et al (eds.) *The Legal Regime of the International Criminal Court* (Leiden: Brill, 2009), p. 16, https://papers.ssrn.com/sol3/papers.cfm? abstract _ id = 979916, 最后访问时间: 2015 年 3 月 1 日。

③ 《第一附加议定书》第 51 条第 3 款规定,"平民除直接参加敌对行动并在直接参加敌对行动时外,应享受本编所给予的保护"。

④ 《第二附加议定书》第 13 条第 3 款规定,"平民个人除直接参加敌对行为并在参加期间外,应享受本部所给予的保护"。

参加敌对行动的人，应给予基本保证的规定。1949 年日内瓦四公约共同第三条规定，所有"不实际参加敌对行动的人"（persons taking no active part inthe hostilities）必须在所有情况下受到国际人道法的保护。

另外，红十字国际委员会2009年5月在这个问题上发布了《国际人道法中直接参加敌对行动定义的解释性指南》（以下简称《解释性指南》）。这份文件借鉴了各种来源，如有关条约的准备文件、国际司法判例、军事手册和法律学说，等等。它由数十名来自军队、国际法学界、政府和非政府组织的专家，通过多次会议，历经 6 年的讨论和研究而成。当然，《解释性指南》表明其不是也不可能是具有法律约束力的文本，仅代表红十字国际委员会的观点与立场。

《解释性指南》强调直接参加敌对行动这一概念实质上包含"敌对行动"和"直接参加"两个要素。"敌对行动"指的是冲突各方伤害敌人（集体）诉诸的手段和方法，"参加"敌对行动指的是（个人）参与到这些敌对行动中。个人参加敌对行动根据参与的性质和程度不同，可以分为"直接"和"间接"参加。直接参加敌对行动这一概念是从日内瓦四公约共同第三条中所使用的"不实际参加敌对行动"的表述发展而来的。尽管《日内瓦公约》和《附加议定书》的英文文本分别使用了"实际"（active）和"直接"（direct）这两个词，但同样作准的法文文本始终使用的是"直接参加"（participent directemen）这一表述，这说明就个人参与对敌对行动的性质和程度而言，"直接"和"实际"是一回事。①

根据《解释性指南》，构成直接参加敌对行动的行为是由三个要素累加构成的，首先是必须达到一定的损害下限；其次是在行为与可能的损害之间有一定的直接因果关系；最后是要有交战联系。对于第二个要素，红十字国际委员会还进一步解释，所涉的损害必须是"在一个因果步骤中造成的"。这样的直接因果关系不仅存在于行为本身能达到损害所需的程度，还用于构成一个直接造成这种损害的具体协同战术行动的有机组成部分。这意味着，"直接参加敌对行动"的概念不仅包括在敌对行动中作战，还包括具体的单独实施不能满足损害下限程度要求的个别行为，但是，这种

---

① 《国际人道法中直接参加敌对行动定义的解释性指南》，第 41 页，http：//www.icrc.org/chi/resources/documents/publication/p0990.htm，最后访问时间：2018 年 3 月 1 日。

个别行为一旦与其他行为相结合，将会达到这一损害程度。① 因此，红十字国际委员会对"直接参加敌对行动"的定义比预审分庭的定义更广一点。一些在《解释性指南》项下属于"直接参加敌对行动"的行为，是不会同样被预审分庭认可的；而像预审分庭和 AFRC 法庭所认可的"积极参加"某些行为，包括破坏、运送弹药、人盾等，其实就属于红十字国际委员会定义的"直接参加敌对行为"的范围。

在国际刑法体系内，就《罗马规约》本身而言，第 8 条第 2 款第 3 项也规定了保护"不实际参加敌对行动的人"（persons taking no active part in the hostilities）；② 且《罗马规约》战争罪所列的罪行包括在国际和非国际性武装冲突中，故意指令攻击平民人口本身或未直接参加敌对行动的个别平民。前南法庭和卢旺达法庭在保护平民方面也都曾确认，为了适用《第二附加议定书》第 4 条和日内瓦四公约共同第三条第 1 款，积极参加等同于直接参加。③ 也就是说，《解释性指南》是专家会议期间的主流意见，得到了卢旺达法庭在阿卡耶苏案判决的确认，"实际"和"直接"参加敌对行动具有相同含义。④

如果考虑到这两个不同的法律"体系"，预审分庭对积极参加敌对行动（active participation in hostilities）的解释就显得过于宽泛了，同时又对直接参加敌对行动（direct participation in hostilities）的概念理解过于狭隘了。

如此解释的一个不利结果可能是，允许了检察官根据《罗马规约》起诉那些并没有为国际人道法所禁止行为的实施者。如果预审分庭没有进一步解释，那是否意味着在同一个法律文书中，即《罗马规约》中，规定于

---

① 《国际人道法中直接参加敌对行动定义的解释性指南》，第 44 页，http://www.icrc.org/chi/resources/documents/publication/p0990.htm，最后访问时间：2018 年 3 月 1 日。

② 第 8 条第 2 款第 3 项规定，"在非国际性武装冲突中，严重违反 1949 年 8 月 12 日四项日内瓦公约共同第三条的行为，即对不实际参加敌对行动的人，包括已经放下武器的武装部队人员，及因病、伤、拘留或任何其他原因而失去战斗力的人员，实施下列任何一种行为"。——作者注

③ *Prosecutor v. Strugar*, Judgment, IT-01-42-A, Appeals Chamber, 17 July 2008, p. 173; *Prosecutor v. Akayesu*, Judgment, ICTR-96-4-T, Trial Chamber I, 2 September 1998, para. 629; *Prosecutor v. Rutaganda*, Judgment and Sentence, ICTR-96-3-T, Trial Chamber I, 6 December 1999, para. 99.

④ ICTR, *Prosecutor v. Akayesu*, Case No. ICTR-96-4-T, Judgment of 2 September 1998, para. 629.

不同条款的同一个法律概念可能会有不同的含义？如果是的话，这将意味着，国际刑事法院以后解释第 8 条第 2 款第 2 项第 1 目和第 2 款第 5 项第 1 目的"直接参加敌对行动"时①也要对"直接参加敌对行动"下一个定义。如果不是的话，即在《罗马规约》框架中对"直接参加敌对行动"这一概念的解释是一致的，那将意味着在国际刑法和国际人道法中对这一概念有不同的理解？这个后果可能会导致攻击某些从事了"未直接参加敌对行动"的个别平民的战斗员，根据《罗马规约》第 8 条第 2 款第 2 项第 1 目和第 8 条第 2 款第 5 项第 1 目，会在国际刑事法院被起诉和审判；但这样的行为根据国际人道法不一定受到禁止，因为这样的"平民"在国际人道法中被视为"直接参加敌对行动"的人员。

（二）"战斗"、"与战斗有联系的军事行动"与"明显与敌对行动没有联系的活动"的区别

"祖芬草案"和预审分庭的做法，其实是给自己出了一个难题：如何区分"与战斗有联系的军事行动"与"明显与敌对行动没有联系的活动"。

红十字国际委员会的《解释性指南》也注意到了这个问题。《解释性指南》提出，初看之下，国际刑事法院筹备委员会在作出如下解释时，似乎暗示"实际"和"直接"这两个术语在征募儿童的语境中存在区别："采纳'使用'和'参加'这两个词，是为了既涵盖直接参加战斗的情形，也涵盖实际参加与战斗有联系的军事活动的情形。"然而，严格说来，委员会要区分的是"战斗"和"与战斗有联系的军事活动"，而不是"实际"参加和"直接"参加，②更不是判断何为"明显与敌对行动没有联系的活动"。

如果认为《罗马规约》在征募儿童语境中的"积极参加敌对行动"这一表述确实与国际人道法体系的含义与范围存在差异，诚如《解释性指南》所指出的，无法在"祖芬草案"和预审分庭的决定中区分出"战斗"、"与战斗有联系的军事行动"与"明显与敌对行动没有联系的活动"之间的差别。

---

① "（1）故意指令攻击平民人口本身或未直接参加敌对行动的个别平民；……"——作者注

② 《国际人道法中直接参加敌对行动定义的解释性指南》，第 41 页，脚注 83。

（三）"利用儿童积极参加敌对行动"范围的思考

"利用儿童积极参加敌对行动"的思考可谓卢班加判决中最有争议性的一个问题。① 审判分庭的解释也受到了一些学者批评。② 如上所述，批评声音主要指向法庭似乎没有区分和融合国际人道法和国际刑法这两种不同的法律体系，这是预审分庭和审判法庭均面临的批评。正如 RUF 案法庭所说，过于宽泛地解释"积极参加敌对行动"是不合适的，③ 如果《罗马规约》中的积极参加敌对行动被解释为国际人道法中的合法攻击目标时，就会带来这样一个后果，就是那些与武装冲突有联系的儿童会失去他们的平民地位。为了避免这种混淆与后果，本文认为可按如下方面来理解"利用儿童积极参加敌对行动"。

第一，利用儿童积极参加敌对行动范围的界定，实质上首先是一个条约解释的问题。批评的声音指向两个法庭对积极参加的解释也是有道理的，如上所述，无论是预审分庭，还是 AFRC 审判庭，都援引了《罗马规约》筹备委员会的"祖芬草案"。甚至在葛雷夫（Graf）看来，审判分庭现在的解释实际上是符合《罗马规约》起草者意图的，是可以接受的。④

但是，根据 1969 年《维也纳条约法公约》第 31 条和第 32 条的规定，⑤

---

① 参见 Roman Graf, "The International Criminal Courtand Child Soldiers, an Appraisal of the Lubanga Judgment", *Journal of International Criminal Justice* 10（2012）：960。

② 参见 C. Aptel, "Lubanga Decision Roundtable: The Participation of Children in Hostilities", Opinio Juris Blog Archive, 18 March 2012, http://opiniojuris.org/2012/03/18/lubanga-decision-roundtable-the-participation-of-children-in-hostilities/，最后访问时间：2015 年 3 月 1 日。

③ *RUF Case*, Judgment, SCSL-04-15-T, 2 March 2009, para 1723.

④ 参见 Roman Graf, "The International Criminal Courtand Child Soldiers, an Appraisal of the Lubanga Judgment", *Journal of International Criminal Justice* 10（2012）：960。

⑤ 《维也纳条约法公约》第 31 条"解释之通则"规定，"一、条约应依其用语按其上下文并参照条约之目的及宗旨所具有之通常意义，善意解释之。二、就解释条约而言，上下文除指连同弁言及附件在内之约文外，并应包括：（甲）全体当事国间因缔结条约所订与条约有关之任何协定；（乙）一个以上当事国因缔结条约所订并经其他当事国接受为条约有关文书之任何文书。三、应与上下文一并考虑者尚有：（甲）当事国嗣后所订关于条约之解释或其规定之适用之任何协定；（乙）嗣后在条约适用方面确定各当事国对条约解释之协定之任何惯例；（丙）适用于当事国间关系之任何有关国际法规则。四、倘经确定当事国有此原意，条约用语应使其具有特殊意义。"第 32 条"解释之补充资料"规定："为证实由适用第三十一条所得之意义起见，或遇依第三十一条作解释而：（甲）意义仍属不明或难解；或（乙）所获结果显属荒谬或不合理时，为确定其意义起见，得使用解释之补充资料，包括条约之准备工作及缔约之情况在内。"

"条约之准备工作"仅是解释的补充材料。解释的一般通则是《维也纳条约法公约》第 31 条所指的"依其用语按其上下文并参照条约之目的及宗旨所具有之通常意义"。一些学者认为,法庭的解释没有顾及"用语"、《罗马规约》自身"上下文"和国际人道法体系内"通常意义"。"祖芬草案"无疑是《维也纳条约法公约》第 32 条所称的"解释之补充资料",为证实适用第 31 条所得之意义,或遇依第 31 条意义仍属不明或难解等情况才适用的补充资料。第 31 条是解释条约的一般性规则。战争罪是严重违反国际人道法的行为,《罗马规约》的解释必然受到这一法律体系的影响,《罗马规约》的解释和适用不应该违背国际人道法基本文书和基本原则。这些用语所具有的通常含义已在国际人道法的条约和惯例中有较明确的阐述,法庭应该考虑与兼顾到,不能因为解释符合了国际刑法的目的和宗旨,符合了"准备工作及缔约之情况",就可以作不一致或含糊的解释。一方面,在武装冲突中要保护平民,另一方面,要保护儿童免遭敌对行动中的征募和利用,二者之间可能存在相关性,在范围上不应该引起混淆与误解。

第二,对"利用儿童积极参加敌对行动"的任何扩大解释都必须足够谨慎。卢班加案预审分庭和 AFRC 法庭对"利用儿童积极参加敌对行动"的列举范围比"祖芬草案"大,包括了那些载于"祖芬草案"脚注内的行为,以及一些没有载于"祖芬草案"脚注内的行为,即看守军事目标,保镖,为战斗员搬运行李,寻找和/或取得食物、弹药或装备,制造或寻找行动路线,作为人盾。这些行为均不体现在《罗马规约》和《犯罪要件》文本中,[①] 也可能与国际人道法体系内"直接参加敌对行动"的范围相矛盾,这是一种扩大解释。这种任意的扩大解释会带来很多疑问,例如,为什么寻找食物属于"积极参加敌对行动","送食物"(food deliveries)就是"明显与敌对行动没有联系的活动"?

另外,贝尼托法官的个别和异议意见涉及一个具体的问题,即在本案中已经有证据表明的、可能存在的作为性奴隶或作为"受虐待的'妻子'

---

① 参见 Matthew Happold, "Child Recruitment as a Crime under the Rome Statute of the International Criminal Court", in Doria et al. (eds.), *The Legal Regime of the International Criminal Court* (Leiden: Brill, 2009), p. 21, https://papers.ssrn.com/sol3/papers.cfm? abstract _ id = 979916, 最后访问时间:2015 年 3 月 1 日。

的女童"，是否可以被视为"利用"儿童"积极参加"的问题。她指出，尽管法庭的大多数意见认识到本案中存在的对儿童的性暴力行为，但似乎将这一事实的实际指控与罪行的法律概念混为一谈。法庭在判决最后并没有将儿童遭受的性暴力和其他虐待纳入"利用"和"积极参加敌对行动"的法律概念范围中，法庭选择对这些暴行视而不见。她提出，这种对于"利用"和"积极参加"的逐案判定，可能会导致对不同儿童所遭受危害的不同评估，特别是那些遭受性暴力的女童。因此，法庭有义务将性暴力行为纳入"利用儿童积极参加敌对行动"的范围。[①]

贝尼托法官的担忧不无道理，"目标"的概念不能仅关注于外部"敌人"所瞄准的"目标"，经常的情况是，儿童的"敌人"更可能出现在武装集团内部，那些强奸、虐待儿童和对儿童实施不人道待遇的人也是儿童的"敌人"；"危险"的概念，既是对敌人而言，也对于内部的指挥官而言。这些担忧都符合常理，符合人性。

但是，如果在法律上也作这样的解释，情况会非常复杂。这也是一种扩大解释，是一种类推，在刑法上的类推与扩大解释都必须是严格的，习惯国际法以及《罗马规约》第 22 条的"法无明文不为罪"的规定是明确的，"犯罪定义应予以严格解释，不得类推延伸。含义不明时，对定义作出的解释应有利于被调查、被起诉或被定罪的人"。任何明显超出词语通常含义，违反具体犯罪中的犯罪构成要件的类推，都是禁止的。国际刑事法院作为一个刑事法庭，它须尊重刑法的一些基本原则。

第三，审判分庭的此种解释方法，综合考虑"支持"和"风险"因素进行逐案评估，有一定的优点。这种方法解决了预审分庭和《罗马规约》起草者所提及的不容易区分的问题，即如何区别"战斗"、"与战斗有联系的活动"和"与敌对行动显然没联系的活动"。审判分庭在判决中提供了判断儿童暴露于实际危险的方法（exposal test）。在这一点上，本书同意葛雷夫（Graf）的看法，在个案中考虑危险的不同程度，是可行的。而且这样的做法强烈地反映了法院保护儿童免遭武装冲突的危险和伤害的愿望。而对"支持"的考虑更强调了行为者对儿童的"利用"。在对利比里亚前总统查尔斯·泰勒的审判中，塞拉利昂特别法庭也认为

①　*Lubanga Case*, Judgment, Separate and Dissenting Opinion of Judge Odio Benito, paras. 16，17.

看守矿山的儿童属于被"利用"儿童的范围。这并不是因为对自然资源("血钻")的开采带来的收入最后是用于支持战争,而是因为这些矿山长期处于被敌人攻击的危险中,使那些看守的儿童在敌对行动中面临了直接的威胁。[①]

"逐案评估"方法的优点在于摒弃"祖芬草案"、预审分庭和 AFRC 法庭采用的"列表"方法,可以避免在"儿童兵"的范围内纳入太多角色的同时,不限制儿童在该条款下承担的任务类型。一方面,在"利用"范围内纳入太多的角色,后果只会削弱对那些直接参加战斗的儿童兵的保护,给这些上前线的儿童带来更多的风险。这些上前线的、直接参加战斗的儿童兵,他们经历过射击、枪杀,目睹过战争中最糟糕的情景。另一方面,不采用举例列表的方式来定义什么是"积极参加",是由于这样的"列表"极有可能与实际有一定的差异,这些差异在现实中会对界定"利用"的关键情况制造混乱和歧义。

因此,"逐案评估"方法是有价值的,可以根据不同案件中的"事实和情况",综合考虑不同案件中如何更好地保护儿童。审判分庭的这种在逐案基础上,对儿童暴露于实际危险的评估方法,也不失为一个较好的解决方案,给予国际刑事法院必要的灵活性。

第四,利用儿童积极参加敌对行动范围的界定,反映了国际人道法和国际刑法这两个法律体系不同的目标和宗旨。国际人道法致力于广泛保护平民,从而缩小直接参加敌对行动概念的范围。相比之下,国际刑法的目的是禁止武装冲突中的行为人在敌对行动中征募和利用儿童,保护与武装冲突有联系的儿童,这就要求积极参加敌对行动的概念范围尽可能宽泛,从而为儿童提供广泛的保护。也就是说,国际人道法是保护不直接参加敌对行动的平民;国际刑法是对在武装冲突中利用儿童的行为人进行刑事制裁,尽可能地保护儿童。这两个法律体系的目标和法律术语应该是清楚的。但是,法庭的解释没有很好地阐明与区分,为误解、混淆概念"大开方便之门",因而引来一些异议和批评也就不足为奇了。

卢班加案传递出的信号是,国际社会禁止行为人在敌对行动中直接与间接地利用儿童。如上所述,直接参加和积极参加的概念在历史上确实就

---

① *Taylor Case*, Judgment, SCSL-03-01-T, 18 May 2012, p. 517, para. 1459.

是相关的。① 《第一附加议定书》和《儿童权利公约》均使用了"直接参加敌对行动",《第二附加议定书》第4条第3款使用"参加敌对行动"的表述。但如果就此认为,这些术语应该有相同的含义,而没有看到涉及不同形式的保护,这可能是不够全面的。尽管所涉条文都是处理同一主题,但日内瓦四公约、两个附加议定书和《儿童权利公约》的文本似乎对解释《罗马规约》的这个问题是没有帮助的。实质上,虽然"实际参加"是国际人道法的一个术语,但这个术语在《罗马规约》所规定的禁止利用儿童参加敌对行动的范围内,并不一定具有同样的含义。因此,在对平民提供广泛的保护和在敌对行动中对儿童提供广泛的保护之间不存在不可调和的矛盾。

我们要认识到,无论是审判分庭的大多数意见,还是贝尼托法官个别意见,其实都是为了给儿童提供更多的保护,都不仅仅是关注儿童在武装冲突背景下所承担的任务,都希望通过解释《罗马规约》中的"利用儿童积极参加敌对行动"来保护武装冲突中的儿童。这是它们之间的共同点。而将那些在冲突中被武装集团用作仆人,或用作性奴隶的儿童纳入"积极参加敌对行动"的解释,可以说是受到包括联合国在内的儿童权利倡导者的影响与启发。如前所述,联合国对这些儿童的提法是"与武装部队或武装集团有联系的儿童",这样的提法可能是为了弥补"解除武装、复员和重返社会方案"的不足。"解除武装、复员和重返社会方案"认为在复员或释放时不能交出武器的女童将无法获得专门为前战斗员提供的一些机会,例如,参加重返社会或训练方案。这种做法导致越来越多地使用"与武装部队或武装集团有联系的儿童"的术语,将在武装集团中担任仆人的儿童也包括其中,即使他们从不直接参加敌对行动。故在本案审判期间,法庭经常使用的一个相关术语是"与武装冲突有联系的儿童"(children associated with armed conflict),② 其实也是为了更多地保护儿童。

因此,审判分庭和贝尼托法官最大化地保护这些被武装部队和武装集

---

① 参见 C. Aptel, "Lubanga Decision Roundtable: The Participation of Children in Hostilities", Opinio Juris Blog Archive, 18 March 2012; N. Urban, "Direct and Active Participation in Hostilities: The Unintended Consequences of the ICC's decision in Lubanga", EJIL: Talk! Blog of the European Journal of International Law, 11 April 2012, http://www.ejiltalk, 最后访问时间: 2015 年 3 月 1 日。

② *Lubanga Case*, Judgment, para. 606.

团征募和利用的儿童的努力与意愿是良好的，通过国际刑法来保护儿童也是有力的。把更多的儿童所担当的角色纳入"利用"其"积极参加敌对行动"的范围，会使相应的行为人得到应有的罪名和处罚。

但是，这种努力与保护不能导致法律的相互冲突，也不能导致一些潜在的不良后果。这正是国际刑事法院在此问题的解释尚不完善的地方。一个目标是扩大与武装集团有联系的儿童的人权保护，以便更好地保护他们免受武装部队和武装集团的征募和利用，另一个目标是限制性地解释那些直接参加敌对行动的儿童的类别，以便只有那些最直接参加战斗的人，根据国际人道法才会失去平民地位的儿童保护，这两个目标是需要协调的，是不可能同时都最大化地实现的。而审判分庭和贝尼托法官目前的做法，是为了实现第一个目标，使得第二个目标失衡。

不将用作仆人或用作性奴隶的儿童纳入"积极参加敌对行动"的解释中还涉及程序问题，即检察官办公室在最初阶段对指控范围的选择，也即审判分庭在何种程度上必须坚持预审分庭确认起诉裁决的范围。《罗马规约》第 74 条第 2 款的规定：

> 审判分庭的裁判应以审判分庭对证据和整个诉讼程序的评估为基础。裁判不应超出指控或其任何修正所述的事实和情节的范围。本法院作出裁判的唯一根据，是在审判中向其提出并经过辩论的证据。

性犯罪的相关行为在卢班加案中要得到审判分庭的处理，根据《罗马规约》，必须受到检察官的控诉范围和预审分庭确认起诉的一些限制，这些限制在审判阶段并不能轻易突破。即使审判分庭在庭审中发现和讨论了一些较为强有力的性犯罪方面的证据，而且这些罪行在当时的犯罪发生地非常普遍，但由于性暴力行为从一开始就不在检察官的起诉文件中，这些相关的证据都未经预审分庭的听证，因此审判法庭并没有将有关性犯罪纳入"利用"范围。如果审判分庭在程序中纳入了这方面的考虑，那其作出判决的依据就会超出《罗马规约》规定的"指控或其任何修正所述的事实和情节"，以及"向其提出并经过辩论"的范围。

事实上，审判分庭已经在这方面作了努力，这种努力是不能被忽视的。① 审判分庭在 2008 年关于被害人参加申请的决定中就研究过这个问题，当时就认为，没有必要去确定不满 15 岁的女童征募后所受到的性虐待是否属于积极参加敌对行动，② 因为征募儿童行为本身已经是对儿童的犯罪，正如前文对"征召"、"募集"、"征募"的解释所述，审判分庭如此处理的一个好处在于，在确定征募行为已经发生后，就不需要考虑"积极参加"的目的要素了。即使儿童最终没有用于积极参加敌对行动，但征募入伍行为本身就是犯罪。现实中，许多由女童承担的家务劳动，并不被认为是提供了足够支持或暴露在了实际的危险当中的。如果《罗马规约》第 8 条第 2 款第 2 项第 26 目和第 5 项第 7 目所规定的这三个行为不是相互独立的行为，那只有当这些女童提供的支持使得她成为一个潜在的军事目标时，才得以对行为人起诉和审判，这是不符合武装冲突的"事实和情况"的。同时，对于性犯罪是否包括在"利用"和"积极参加"中，并不像"征召"和"募集"这样有一定共识，存在较大争议。审慎地处理，而不

---

① 虽然在卢班加案中，被害人的法律代理人提出性暴力犯罪的请求未能得到法庭的许可，但是本案中一些推理对未来的案件还是会有启示作用。被害人的法律代理人根据《规则》第 55 条向法庭提交联合申请，要求修改检方的指控文件，除征募儿童罪外，增加考虑被害人所遭受到的不人道待遇，以及年轻的女童曾经遭受过的广泛和有系统的性暴力或各种性奴役行为。审判分庭认为，被害人的法律代理人提交的意见和在庭审中呈现的证据都说服了他们，确实存在这样的可能性，有可能需要修改事实的定性。因此，当事人和其他诉讼参加人都收到了法庭的通知，为了包括性暴力和不人道待遇的犯罪，对被告的指控可能会存在变化。但是，上诉分庭推翻了审判分庭的这个决定，认为此种对《规则》55 条的解释会引起与《罗马规约》的冲突，因为这些新的事情和情况并没有出现在确认起诉裁决书中。参见 *Lubanga case*, Decision giving notice to the partiesand participants that the legal characterization of the facts may be subject to change inaccordance with Regulation 55（2）of the Regulations of the Court，14 July 2009，ICC-01/04-01/06-2049，para. 33；*Lubanga case*，Judgment on the appeals of Mr Lubanga Dyilo and the Prosecutor against the "Decision of Trial chamber I of 14 July 2009 entitled 'Decision givingnotice to the parties and participants that the legal characterization of the facts may besubject to change in accordance with Regulation 55（2）of the Regulations of the Court'，8 December 2009，ICC-01/04-01/06-2205，para. 94。在同一个案件的后来的一个情况会商中，一名被害人法律代理人再次提出这个问题。审判分庭作出决定认为法律代理人的事实指控支持的是不同的犯罪，包括的新罪名并不支持被告被指控的法定"犯罪要件"，而支持的事实又没有在确认起诉阶段听证过，因此无法在此阶段处理。参见 *Lubanga case*, Decision on the Legal Representatives' Joint submissions concerning the Appeals Chamber's Decisionon 8 December 2009 on Regulation 55 of the Regulations of the Court，8 January 2010，ICC-01/04-01/06-2223，paras. 33 – 36。——作者注

② *Lubanga Case*, Decision on the Applications by Victims to Participatein the Proceedings，ICC-01/04-0 l/06-1556-Corr-Anx1（15 December 2008），Annex 1，para. 103.

是引起更大的争议，是第一案法庭较为适当的做法。因此，审判法庭现在这样的处理是正确的，法庭已经发现其没有能力在审判阶段主动弥补当时的这一偏差。

此外，这是帮助这些受害儿童脱离困境的最佳解决方案吗？那些长期与武装部队或武装集团有联系的女童，她们是性暴力、强奸、性奴役和强迫怀孕的受害者，这是对她们悲惨和长期痛苦最好的缓解方式吗？性暴力行为在《罗马规约》下可以构成单独的犯罪行为，那么把这种行为归到由武装集团的征募和利用所带来的战争罪中，将其从已有罪名独立出来考虑，是否有此必要？

分析至此，我们应该能够更好地理解贝尼托法官的个别和异议意见。贝尼托法官的个别和异议意见应辩证地看待。她的意见受到了一些批评，有学者指出贝尼托法官是给受害者虚假期望，令被害人认为国际刑事法院有恢复性或治疗性作用，国际刑事法院并没有这样的目的与宗旨，贝尼托法官的看法，即法院应当提供犯罪的审判之外的处理是错误的。这也从根本上忽视了国际刑事法院的职能，也忽视了被告的权利。① 但应该看到，贝尼托法官的意见中所提及的准确解释法律概念是对的，但"准确"或"合理"的解释并不必然地等于扩大解释。法庭的处理方法是模糊的，在"积极参加"方面有扩大解释之嫌。

今天的国际刑事法院当然有自由裁量权通过解释和适用"利用儿童积极参加敌对行动"，将更多儿童所承担的"与武装冲突有联系"的角色囊括进来，事实上这些角色在今天的武装冲突中依然普遍存在。审判分庭所提出的是否"积极参加"的两个考虑因素有一定的合理性，但也存在过于广泛解释和混淆理解的可能。那到底应该怎样解释"利用"的范围才能既符合《罗马规约》的目的与宗旨，又可以最大限度地平衡保护被告人和被害人的权利，从而实现国际刑事司法正义和人权保护，这是一个值得思考的问题。

综合审判法庭的判决和贝尼托法官的意见，本书认为，国际刑事法院

---

① 参见 Jacobs, "Comments on Lubanga Judgment (Part 3): the armed conflict, the elements of thecrime and a dissent against the dissent", Spreading the Jam, http://dovjacobs.com/2012/03/15/comments-on-lubanga-judgment-part-3-the-armed-conflict-the-elements-of-the-crime-and-a-dissent-against-the-dissent/，最后访问时间：2015 年 3 月 1 日。

在"利用"儿童"积极参加敌对行动"这个问题的解释上，应首先依其用语，按其上下文并参照条约之目的及宗旨所具有之通常意义，尤其是注意到《罗马规约》本身上下文和国际人道法体系内所具有之通常意义。同时在已有的国际法框架内，借鉴"祖芬草案"和《巴黎原则》中"与武装部队或武装集团有联系"的提法，回应不同保护形式下的"直接参加"和"积极参加"的异同，如果解释与已有的规则或判例不一致，必须充分地说明理由。个案解释的优点是值得肯定的，但带来的不确定性可以在国际刑事法院未来的案件中逐渐明晰，那些奢求在一个案件中完全解决所有问题的想法并不现实。就目前而言，个案的考量允许法官有更大的灵活度，同时可以在不同性质的冲突和儿童承担的不同角色之间有一些自由裁量权。

值得注意的是，审判分庭的这种解释与个案判定基础，在判决中引用了不少跨学科领域的学者、专家的意见。例如，保护儿童方面的医学临床专家迈克尔·韦塞尔（Michael Wessells）的著作《儿童兵：从暴力到保护》，①；伊琳·科恩（Ilene Cohn）和古德温·吉尔探讨儿童兵问题的一本开创性研究——《儿童兵：在武装冲突中的角色》、②《马谢尔报告》，以及政治学家彼得·沃伦·辛格（P. W. Singer）的《战争中的儿童》，等等。③这也从另一侧面说明，征募儿童兵是一个跨学科的话题，不同学科有不同的研究视角，这对于从法律上讨论和解决征募儿童兵是有积极意义的。

---

① Michael Wessells, *Child Soldiers: from Violence to Protection* (Cambridge : Harvard University Press, 2006), p. 57.
② Ilene Cohn and Guy S. Goodwin-Gil, *Child Soldiers: the Role of Children in Armed Conflict*, pp. 31 – 32.
③ 参见 P. W. Singer, *Children at War* (New York : University of California Press, 2006)。

第五章　征募儿童的战争罪的
主要法律问题（二）

上一章讨论了禁止征募儿童的战争罪的物质要件的解释与思考，本章将讨论这个罪行的心理要件，以及卢班加案审判分庭在量刑决定中对该罪犯罪严重程度的认定与分析。如本书第三章所述，《罗马规约》第 30 条是关于犯罪心理要件的一般规定；而《犯罪要件》中关于征募儿童的战争罪心理要件规定使得问题更为复杂。《罗马规约》第 30 条规定：

　　第三十条　心理要件

　　（一）除另有规定外，只有当某人在故意和明知的情况下实施犯罪的物质要件，该人才对本法院管辖权内的犯罪负刑事责任，并受到处罚。

　　（二）为了本条的目的，有下列情形之一的，即可以认定某人具有故意：

　　1. 就行为而言，该人有意从事该行为；

　　2. 就结果而言，该人有意造成该结果，或者意识到事态的一般发展会产生该结果。

　　（三）为了本条的目的，"明知"是指意识到存在某种情况，或者事态的一般发展会产生某种结果。"知道"和"明知地"应当作相应的解释。

《犯罪要件》对心理要件的规定如下：

第八条第二款第 5 项第 7 目　战争罪——利用或征募儿童

要件

……

2. 这些人不满 15 岁。

3. 行为人知道或应当知道这些人不满 15 岁。

……

一　"知道或应当知道"的解释

《犯罪要件》与《罗马规约》第 30 条最大的不一样，就是在此罪中提出了"知道或应当知道"的用语。塞拉利昂特别法庭的 AFRC 案和 CDF 案的判决，对于理解国际刑法中征募儿童犯罪起到非常重要的作用，在卢班加案之前，塞拉利昂特别法庭在国际司法实践中第一次对征募儿童犯罪具体心理要件进行了考察与讨论。塞拉利昂特别法庭在 AFRC 案和 CDF 案都处理过"知道或应当知道"的问题。在 AFRC 案中，审判分庭选择了结合过失责任（negligent liability）、"心智正常人"（reasonable person）来解释"知道或应当知道"。也就是说，AFRC 案的审判分庭考察被告是否有"合理理由"相信或怀疑儿童是否不满 15 岁。但 CDF 案中对"知道或应当知道"的解释，因涉及文化相对性问题，显得更为复杂以及有趣。

（一）CDF 案

CDF 案中的三名被告分别是塞缪尔·欣加·诺曼（Samuel Hinga Norman）、福法纳（Moinina Fofana）和阿留·孔德瓦（Allieu Kondewa），他们都是国民防卫军的主要指挥官。CDF 案在确定行为人的心理要件的表述上，与国际刑事法院的《犯罪要件》稍有些差别。根据 CDF 案的判决书，审判分庭确定的征募儿童的犯罪要件如下：

1. 被告人募集一人或多人加入武装部队或武装集团；

2. 这些人不满 15 岁；

3. 被告知道或有理由知道这些人不满 15 岁；以及

4. 被告计划募集上述人员加入武装部队。①

在考察和确定上述犯罪要件的过程中，尤其是上述的"知道或有理由知道"，塞拉利昂特别法庭 CDF 案的审判分庭还遇到了儿童年龄与传统文化之间关系的问题，听取和考察了一些关于宗教礼仪和庆典的证据，这成了 CDF 案审判中最突出、最独特的地方。

在塞拉利昂内战中，塞拉利昂东部的当地人口组织了自己的自卫力量卡马加（Kamajors），守护自己的家园。检方指控认为，国民防卫军是"包括各种基于部落传统的猎人的有组织的武装力量"，他们当中最突出的就是卡马加。检方称，被告计划使用"任何必要手段"来打败 AFRC，以取得塞拉利昂的政权。在起诉中，被告共有 8 项指控：非法杀人，特别是谋杀（第 1 项和第 2 项）；不人道行为和残忍待遇（第 3 项和第 4 项）；抢劫（第 5 项）；恐吓平民（第 6 项）；集体惩罚（第 7 项）；最后一项就是在征召儿童进入武装部队并在敌对行动中利用他们（第 8 项）。第 1 项和第 3 项是危害人类罪；第 2 项、第 4 项、第 5 项、第 6 项、第 7 项为战争罪，即违反日内瓦公约共同第三条和《第二附加议定书》；第 8 项是一项新型的指控，被视为"其他严重违反国际人道法的行为"。②

2007 年 8 月 2 日，法庭裁定福法纳和孔德瓦第 1 项和第 3 项的危害人类罪不成立，CDF 是为了争取恢复民主，平民并不是其攻击的主要目标。第 6 项由于存在合理怀疑，罪名也不成立。而两被告的第 2 项、第 4 项、第 5 项和第 7 项行为被成功指控为战争罪，第 8 项的罪名是严重违反人道法的犯罪。③

2008 年 5 月 28 日，塞拉利昂特别法院上诉分庭在弗里敦作出上诉判决。检察官对审判分庭的判决提出了 9 项上诉理由，孔德瓦提出了 6 项上诉理由，福法纳没有提起上诉，但对检察官的上诉进行了抗辩。由于审判

---

① *CDF Case*, Trial Judgment, para. 21: "… (ⅰ) The accused enlisted one or more persons into an armed force or into and armed group; (ⅱ) Such person or persons were under the age of 15 years; (ⅲ) The accused know or had reason to know that such person or persons were under the age of 15 years; and (ⅳ) The accused intended to enlist the said persons into the armed force or group."

② *CDF Case*, Indictment, SCSL-03-14-1. 4 February 2004.

③ 2007 年 2 月 22 日，被告诺曼死亡，法庭终止了对诺曼的所有程序。参见 *CDF Case*, Trial Judgment, paras. 63 – 64。

分庭认定两名被告的第 1 项指控和第 3 项指控不成立，检察官对此提起了上诉；上诉分庭支持检察官的上诉，国民防卫军故意攻击非军事目标的平民。上诉分庭还判决维持审判分庭作出的第 2 项和第 4 项罪名的判决，并且提高了对被告的量刑，福法纳从 6 年有期徒刑增加到 15 年，孔德瓦从 8 年增加到 20 年。关于第 5 项指控，上诉分庭维持审判分庭对孔德瓦的定罪，但认为他犯这个罪是在 Bonthe 区，而不是在 Moyamba 区，因此审判分庭在这一点的事实认定上存在错误。对于第 6 项指控，上诉分庭维持审判分庭的判决，认为两名被告都没有犯下战争罪。关于第 7 项指控，上诉分庭推翻了审判分庭对两名被告的定罪，认为审判分庭对该罪的界定是错误的。此外，与本书主题最相关的是，上诉分庭还推翻了审判分庭对孔德瓦的第 8 项指控的定罪。①

国民防卫军中的儿童兵被称为"小猎人"。他们年纪很小的时候就进入卡马加，和成年的士兵一起作战。与 AFRC 案中辩方提出 15 岁这一年龄设定的质疑不同，CDF 案在征募儿童犯罪的处理中，遇到的具体问题是塞拉利昂某些地区实施的"入门"（initiation）仪式的性质。

从历史上看，对于塞拉利昂某些地区来说，"入门"卡马加是一种类似宗教性质的仪式，即地方酋长挑选和推荐一些年轻人，通过入门仪式和使用一种特殊的药物，使这些年轻人获得"免于子弹射击"的"免疫"能力，使这些优秀的年轻人更好地保护人民和领土。"入门"的具体仪式就是一些年龄 11 岁或 12 岁的年轻人，在墓地居住一星期后，有一个象征式的沐浴，并在身体上刻有刀片图案。此后，入门者会得到人类骨灰和草药混合而成的一种粉末（称作 tevi），用作擦拭自己的身体。入门后的年轻人就此获得了"免于子弹射击"（immune to bullets）的"免疫"能力，同时需要交 10000 利昂左右的费用。如果新入门者要成为战斗员，他们还必须接受培训，随后会接受检阅，得到一个由诺曼和孔德瓦共同签署的证书，以示培训的结束。入门后，还要遵守严格的规则，包括绝对禁止杀害平民、妇女和投降敌人。在塞拉利昂政变发生后，"入门"年轻人的数量明显增加。②

---

①　*CDF Case*, Appeal Judgment, SCSL-04-14-829, 28 May 2008.
②　*CDF Case*, Trial Judgment, paras. 314 – 317.

　　传统上来说，入门仪式类似于当地的成人礼，① 并不一定表明就是进入一个武装团体。因此，法庭面临的问题就是是否把入门看作征募儿童入伍这一犯罪行为的开始？在塞拉利昂，入门这种传统仪式是否意味着一个人儿童时代的结束？法庭认为，入门卡马加并不一定构成入伍，需要在每一个具体入门的情况下，确定这种仪式是否相当于"募集"。② 于是，法庭决定对案件进行具体的分析，考察了三个证人在此问题上的证言，尤其重要的是第 TF2-021 号证人的证言。

　　第 TF2-021 号证人称，1995 年他遭遇 RUF 绑架时才 9 岁，两年后，他被一位名叫 German 的卡马加抓获，并帮助 German 搬运掠夺回来的财物。之后，他被 German 带到了 CDF 的 Zero 基地，参加了第一次的入门仪式。在这次由孔德瓦主持的入门仪式中，他与 20 个男童一起在身上擦上一种粉末，被告告诉他们如何获得更强的战斗力。在第一次入门仪式后，German 给了第 TF2-021 号证人一支枪，并教会他如何使用，随后他在一次行动中开枪射击了一名手无寸铁的女人，并参加了抢劫。1999 年，第 TF2-021 号证人第二次参加入门仪式，加入一个由孔德瓦领导的卡马加团体 Avondo，并在仪式后得到了一个由孔德瓦本人签章的，并写明他是一名"卡马加"的证书。这时，他在事实上才 13 岁。③

　　孔德瓦的辩护团队投入了大量的精力来证明入门和入伍不是"同义词"，并证明许多人入门只是为了保护自己不受枪击，他们从来没有打算参加战斗。④ 辩护团队甚至提出了人类学家丹尼·霍夫曼（Danny Hoffman）的专家证词等，从社会文化角度提出辩护理由，但都没有得到法庭的讨论和认可。

　　审判分庭认为，入门仪式与参加战争可能是两个不同的行为。但儿童

---

① Bennett TW，"Using children in armed conflict: a legitimate African tradition? Criminalising the recruitment of child soldiers"，Monograph series，*Institute for Security Studies* 32（1998）：5.

② *CDF Case*，Trial Judgment，para. 969.

③ *CDF Case*，Trial Judgment，paras. 674 – 682.

④ 以某些土著部落为例，一般程序是少年先与族中其他小孩及妇女分开，被隔离到另一个居住环境，在隔离中尝尽体能上及精神上的消耗，这象征着进入死亡境界，不再有童年的习惯，并接受法律及教导。通常需经过切割身体的某些部分（如拔去一颗牙齿等），这样儿童与成人都有痕迹一致或大致类似的身体损伤，以此表示彼此的认同关系不可磨灭。参见 Arnold van Gennep，Monika B. Vizedon，Gabrielle L. Caffee，*The Rite of Passage*（University of Chicago Press；Reprint edition 1961），pp. 74 – 78。

证人 TF2-021 提供的证人证言表明，入门仪式中有某些关键元素，例如，投入战斗前提供药水让他们擦拭自己的身体，告知他们药水会令他们强壮，给予军事训练，随后被送往战场，等等，这些元素就已经超过任何合理怀疑地表明，入门构成了类似募集所需的行为要件。入门就是儿童成为战斗员的第一个步骤。法庭由此确定了孔德瓦的第 8 项指控成立。审判分庭裁定，尽管"入门"行为没有刑事性质，但证据表明，这种行为与行为人的罪责是相关的。

到底什么样的"年龄"状况在部落中才能被认为是已满 15 岁？一个 11 岁的男童可以被合理地误认为是 16 岁的男童吗？法庭认为，确定第 TF2-021 号证人的年龄很重要。法庭认为，第 TF2-021 号证人第一次参加入门仪式时才年仅 11 岁，这与一个 15 岁的儿童的区别还是非常明显的，特别是对于经常对儿童进行入门仪式的被告人孔德瓦而言。因此，被告孔德瓦是"知道或有理由知道"（knew or had reason to know）这个男童不满 15 岁，以及这个男童由于太年轻，他是不能入伍的。法庭认为，仅此就足以排除合理怀疑地认为孔德瓦征募儿童的犯罪事实成立。更何况，第 TF2-021 号证人在他 13 岁的时候，第二次接受了孔德瓦对他入门 Avondo 的仪式，并在仪式后获得了一份由孔德瓦签字的批准书。批准书的落款日期是 1999 年 6 月 18 日，并清楚地写明 TF2-021 的年龄：12 岁。①

审判分庭的这个分析表明，某些人会在判断儿童年龄方面更有经验，例如，教师、儿童工作者、警察，或者是一些当了父母的成年人，等等。在 CDF 案中，孔德瓦作为经常为儿童主持入门仪式的成年人，就是这样一个对判断儿童年龄有经验的人。这些人有合理的理由"知道或有理由知道"儿童是否已满 15 岁。法庭同时认为，入门仪式会使一个不满 15 岁的儿童加入武装集团。就第 TF2-021 号证人的情况而言，孔德瓦在一张明确表明儿童年龄的入门批准书上签了字，就说明他是明确清楚地知道，这个男童才 12 岁。而第 TF2-021 号证人入门的方式又如此地与战斗行动紧密相连。这些都是孔德瓦征募儿童入伍的证据。因此，审判分庭认为，这已经足以对孔德瓦的征募儿童行为定罪，并据此确定他的个人刑事责任。但是，法庭认为另一名被告福法纳的征募儿童罪的个人刑事责任不成立。对

---

① *CDF Case*, Trial Judgment, paras. 970. 虽然证据显示，第 TF2-021 号证人此时已经 13 岁了。

于福法纳的情况而言，除了第 TF2-140 号证人证言以外，证据并不能表明福法纳"知道"（aware of）他的下属塔米迪（Joe Tamidey）使用男童当保镖。①

审判分庭未就入门作为成人礼仪式的文化传统作出任何评论，也未对其作为入伍前提条件的合法性问题作出任何裁决，入门卡马加并不一定构成入伍，需要结合每一个具体的入门情况来确定其是否相当于入伍。② 在这种情况下，应允许法庭对案件进行具体的分析，以避免法庭对地方文化作任何一般性评论。最后，审判分庭采纳了三个儿童证人的证词，尤其是第 TF2-021 号证人的证言，以确定孔德瓦征募儿童兵的犯罪。

汤普逊（Bankole Thompson）法官是 CDF 案中三人组成的审判分庭中唯一一个塞拉利昂籍的法官，他提供了一个冗长的异议意见，坚持认为被告应该无罪释放，坚持对"正义战争"理论的信仰。③ 对于入门仪式，汤普逊法官专门提出异议称："事实上，对入门仪式过程的任何调查结果都可以作为法庭宣布儿童入伍合法的根据，在塞拉利昂的社会背景中，入门仪式，无论是作为塞拉利昂的文化，还是作为加入战斗的一个前提条件，都是合法合理的。"

相反，伊托埃（Itoe）法官的个人意见提到了更多细节方面的问题。他在入门与入伍之间作出了一个区分，并指出由于当地冲突加剧，使得原本的入门仪式带入了入伍的行为要素，例如，入门使得年轻人拥有"免疫"能力。④ 他还特别指出，入门仪式中称年轻人拥有"免疫"能力的结果是"给年轻人提供了强大的精神动力和坚定的决心"。在他看来，入门是一个传统的合法仪式，正因为如此，入门不应该被认为是非法征募过程中的一个因素。相反，它应被视为一个"证明征募儿童犯罪的预备阶段"。⑤ 在伊托埃法官看来，在武装冲突时期，平民儿童入门的目的是为他们提供免

---

① *CDF Case*, Judgment, para. 965.

② *CDF Case*, Trial Judgment, para. 969.

③ *CDF Case*, Trial Judgment, Separate Concurring andPartially Dissenting Opinion of Hon. Justice Bankole Thompson Filed Pursuant to Article 18 ofthe Statute, SCSL-04-14-T, 2 August 2007, paras. 66 – 71.

④ *CDF Case*, Trial Judgment, Separate Opinion of Justice Itoe, SCSL-04-14-T-785G, 2 August 2007, paras. 25 – 31.

⑤ *CDF Case*, Trial Judgment, Opinion of Justice Bankole Thompson, para. 1.

受暴力的保护，因此参加入门仪式儿童的数量有所增加。但正如大多数意见所强调的重要一点是，入门仪式的过程与他们参加武装冲突有不可否认的联系。① 而且入门仪式结束时还给儿童派发保护药剂，甚至提供武器，还有人教他们如何使用武器伤害平民，这些事实使得任何声称入门不等于入伍的说法无法成立。这也使得入门成为入伍而准备的一个奇怪的"预备阶段"。伊托埃法官最后提到了一个 1999 年联合国儿童基金会的文件证据，该证据表明当时有 300 名被国民防卫军登记为士兵的儿童复员，联合国儿童基金会收到的登记表格全部都是年龄不超过 14 岁的儿童。因此，两被告与诺曼在征募儿童入伍的问题上都应负有个人刑事责任。②

　　但是，孔德瓦征募儿童的犯罪遭到了上诉法庭的推翻。上诉分庭首先扩大了审判法庭对"募集"一词的解释。审判分庭认为，募集就是"当他们自愿加入武装部队或武装集团时，接受和接纳他们"，上诉分庭认为这解释太狭窄了，在上诉法庭看来，广义上的募集包括任何一种接受儿童入伍的行为。③"任何行为"（any conduct）都可能构成募集。也就是说，上诉分庭并没有排除在仪式上对儿童"入门"卡马加可能等同于入伍。但上诉分庭认为，孔德瓦与第 TF2-021 号证人实际募集进入 CDF 之间的联系缺乏所需的证据。孔德瓦对这个儿童实施入门仪式时，并没有明显的募集。相反，募集发生在一个较早的时刻，那就是当 1995 年第 TF2-021 号证人第一次被抓住，以及随后于 1997 年被 CDF 抓住的时候。第 TF2-021 号证人在被 CDF 抓住后，就被迫为 CDF 搬运抢劫而来的财物。在上诉分庭看来，结合红十字国际委员会对《第二附加议定书》第 4 条第 3 款第 3 项的评注，第 TF2-021 号证人的搬运行为就构成了入伍。第 TF2-021 号证人实际上是在孔德瓦对他实施"入门"仪式之前被其他人征募的。④

　　对于"募集"的心理要件，上文已经有所阐述了，CDF 上诉分庭还额外要求"被告知道，这名儿童未满 15 岁，可以接受战斗训练"（knowledge on the part of the accused that the child is under the age of 15 years and that he

---

① *CDF Case*, Trial Judgment, para. 969.

② *CDF Case*, Trial Judgment, Separate Opinion of Justice Itoe, SCSL-04-14-T-785G, 2 August 2007, paras. 25 – 31, paras. 29 – 30.

③ *CDF Case*, Appeal Judgment, para. 144. 上诉分庭认为广义上的"征募"包括接受儿童作为民兵一部分的任何行为。——作者注

④ *CDF Case*, Appeal Judgment, paras. 142, 145.

or she may be trained for combat）。① 因此，上诉法庭认为，在第 TF2-021 号证人的具体情况下，没有发现孔德瓦对其的"入门"等同于募集。

（二）卢班加案

卢班加案的预审分庭是首先从《罗马规约》第 30 条着手分析的。预审分庭认为，《罗马规约》第 30 条中提到的"故意和明知"同样也要求"意志因素"（volitional element）的存在。这个意志因素可以分为如下几类。

首先是"一级故意"（dolus directus of the first degree），包括：知道自己的作为或者不作为会引起犯罪的客观要件，承担这种作为或不作为，具体故意是实现犯罪客观要件。②

其次是"二级故意"（dolus directus of the second degree），即行为人在没有具体故意地引起犯罪客观要件的情况下，意识到这些要件将是其作为或不作为的必然结果。

最后是"间接故意"（dolus eventualis），包括意识到可能因其作为或不作为而导致犯罪客观要件实现的风险；通过放任（reconcile）或同意，接受这样的结果。③ 间接故意还可以分为如下两种不同的情况。

第一种情况是，如果实现犯罪客观要件的风险是巨大的（也就是说，是有可能"在正常情况下发生"的），那么当行为人意识到他或她的作为或不作为可能导致犯罪客观要件的实现，以及尽管有这样的认识，但行为人决定实施他或她的作为或不作为，④ 那么就可以推断出行为人接受了客观犯罪要件实现的风险。

第二种情况是，如果实现犯罪客观要件的风险较低，那行为人必须清楚或者明确地（clearly or expressly）接受这种客观要件的实现可能是其作为或不作为的结果。⑤

如果行为人的主观心理状态不能接受犯罪的客观要件可能是其作为或不作为造成的，那么这种心理状态就不能成为真正故意实现客观要素的条

---

① *CDF Case*, Appeal Judgment, para. 141.

② *Lubanga Case*, Decision on the Confirmation of Charges, para. 351；Badar M，"The Mental Element in the Rome Statute of the International Criminal Court：a Commentary from a Comparative Criminal Law Perspective"，*Criminal Law Forum* 19（2008）：474

③ *Lubanga Case*, Decision on the Confirmation of Charges, para. 352.

④ *Lubanga Case*, Decision on the Confirmation of Charges, para. 353.

⑤ *Lubanga Case*, Decision on the Confirmation of Charges, para. 354.

件，因而也不会满足《罗马规约》第 30 条 "故意和明知" 的要求。①

预审法庭认为，征募不满 15 岁的儿童，并利用他们积极参加敌对行动，这在《罗马规约》第 8 条的规定里找不到任何主观因素。然而，法庭指出，《犯罪要件》就这些具体罪行的第三个要素，即要求就受害者的年龄而言，要求行为人 "知道或应当知道" 这些人不满 15 岁。"应当知道" 要求与 "必须知道" 或其他知道的要求需要加以区分，如果确定行为人不知道被害人在被征召、募集或被用于积极参加敌对行动时年龄不满 15 岁；以及缺乏这样的认识是因为在相关情况下他（她）没有采取尽职的行为（如果他或她缺乏认识是由于他或她不履行其尽责义务的话，只能说嫌疑人 "应当知道"），那这就属于过失（negligence）。②

因此，预审分庭认为，《犯罪要件》中行为人对儿童年龄的 "应当知道"，是《罗马规约》第 30 条 "故意和明知" 的例外，要适用第 30 条第 1 款 "除非另有规定" 的规定。由此，一般意义上的 "故意和明知" 只适用于《犯罪要件》中的其他要素。③

由于在确认起诉决定中，预审分庭裁定，每个共同犯罪者必须 "相互了解并相互接受实施共同计划的可能性，从而实现犯罪的客观要件"。④ 这就为检察官在证明 "应该知道的知道" 需要包含疏忽提出了挑战。检察官在庭审的最后陈述中也承认了这种困难和不一致，认为 "应当知道" 这种 "特殊的主观因素" 可能不适用于与共犯有关的案件。⑤ 辩方也同意共同犯罪责任模式的 "认识" 要求将使得 "应当知道" 变得多余。⑥ 双方在这一点上达成了共识。此外，检察官呼吁法庭判决本案被告的事实并非基于他 "应当知道" 那些被征募或被利用的人不满 15 岁，而是基于他 "知道" 这些儿童是不满 15 岁。

检察官所指控的征召、募集或利用不满 15 岁的儿童是共同计划的结果。《罗马规约》的起草历史表明，间接故意的概念，是和疏忽一起被排

---

① *Lubanga Case*, Decision on the Confirmation of Charges, para. 355.

② *Lubanga Case*, Decision on the Confirmation of Charges, paras. 357 – 358.

③ *Lubanga Case*, Decision on the Confirmation of Charges, para. 359.

④ *Lubanga Case*, Decision on the Confirmation of Charges, para. 365.

⑤ *Lubanga Case*, Prosecution Closing Submissions, para. 72.

⑥ *Lubanga Case*, Prosecution's response to the Closing Submissions of the Defence, ICC-01/04-01/06-2778-Red, 16 August 2011, para. 39.

除在《罗马规约》之外的，这也就有了第 30 条第 1 款的帽子条款"除另有规定外"。根据《罗马规约》的一般性用语，特别是使用了"会产生"，而没有使用"可能产生"，于是就排除了间接故意的概念。审判法庭接受了第二预审法庭在这个问题上的处理方法。在法庭看来，意识到犯罪结果可能会在事态的一般发展中产生，意味着行为人对于事态如何发生有认识，以及结果会在未来出现有期待。这种假定包括了对于"可能性"（possibility）和"概率"（probability）的考虑，这与"风险"和"危险"的概念是相关的。风险意味着"暴露于损失、伤害的可能性"。共同犯罪人只有在行为结果发生时才"知道"。共同犯罪人同意共同犯罪计划，在实施过程中，他们必然知道存在结果会发生的风险。至于风险的程度，根据《罗马规约》第 30 条，必须不低于共同犯罪人意识到"事态的一般发展会产生该结果"的程度。一个低于此的风险没法满足该条件。

　　因此，法庭认为，检察官必须确立行为人如下具体的心理要件：被告和其他至少一个犯罪人计划征召、募集和利用儿童，或者他们意识到实施他们的犯罪计划，结果会出现在正常的事态发展中；被告意识到他在共同犯罪计划的实施中发挥着重要的作用。正如已经强调的那样，《罗马规约》第 30 条第 1 款的"故意和明知"所包含的一般意志因素适用于法院管辖下的"除另有规定"的所有罪行。但是，征募儿童的战争罪的《犯罪要件》中所规定的"应当知道"给各方带来了实际的问题。于是，审判分庭认为没有必要详细地审查这个问题，抽象地去讨论这个实质问题也是不合适的。①

　　在确定卢班加是否对指控的罪行负有刑事责任时，法庭首先考虑了被告人与其指称的共同犯罪人之间是否存在共同犯罪计划，其次考虑了被告是否发挥了重要的作用。分庭审查了 UPC 创立的背景，UPC 的目标，接管布尼亚市事件；FPLC 的建立和结构；以及托马斯·卢班加（Thomas Lubanga）和所谓的共同犯罪人在指控的时间范围之前和期间的作用。此后，分庭再审查了检方是否证明了被告人的心理要件是否成立。②

　　法庭认定，卢班加和他的共同犯罪人（包括弗洛里贝·基森博、博斯

---

① *Lubanga Case*, Judgment, paras. 1011 – 1015.

② *Lubanga Case*, Judgment, para. 1023.

科·恩塔甘达和其他 FPLC 的高级指挥官）同意并实施了一项计划，建立一支军队以维持对伊图里地区的政治和军事控制。因此，卢班加是以明知和故意的心态行为的，导致了不满 15 岁的儿童进入 UPC/ FPLC，卢班加对共同计划的实施起到至关重要的作用。① 法庭认为，卢班加在 UPC/ FPLC 中发挥重要协调作用，并参与军事策划和后勤支持。另外，他深入参与征募决策，通过给当地居民和新兵作演讲，积极支持征募计划，也亲自利用不满 15 岁的儿童作为保镖。② 他访问 Rwampara 训练营的视频被认为是他"知道"程度的"令人信服的证据"，这被认为是"直接相关的心理要件"。③

（三）"知道或应当知道"与儿童保护

AFRC 案中将"应当知道"解释为存在疏忽责任。也就是说，征募者应采取措施，承担起责任，以确保不满 15 岁的儿童不要加入武装部队。这样的解释将行为者的征募政策也纳入考虑当中。但在 CDF 案中，审判分庭提出的某些人会在判断儿童年龄方面更有经验的分析，可以认为也是对"有理由知道"采用了一个"心智正常人"（reasonable person）的解释与推理。但可惜的是，审判分庭在对福法纳第 8 项罪名心理要件的讨论中，认为单凭福法纳知道（knowledge）本身不足以确定他的个人刑事责任，而且分庭无法判断福法纳在一些场合的表现，是否对其下属的任何征募或利用儿童的犯罪行为起到了纵容或鼓励的作用。④

朱莉·麦克布赖德（Julie McBride）认为，AFRC 审判庭在心理要件中考虑过失的做法是值得称道的，这样适合保护儿童，也能涉及在武装冲突中各个武装部队或武装集团的一些不考虑年龄的疏忽征募政策，同时赋予负责新兵征募人员需要核实年龄的责任。相反，如果要求行为人明确"知道"某个儿童是 14 岁，而不是 15 岁，这显然是给检察官创造了非常高的证明责任。⑤ CDF 审判分庭的做法却是拒绝将"二级故意"纳入"应当知道"或"有理由知道"的解释中，即如果行为人没有意识到实施特定犯罪

---

① *Lubanga Case*, Judgment, para. 1356.
② *Lubanga Case*, Judgment, para. 1266.
③ *Lubanga Case*, Judgment, para. 1278.
④ CDF Case, Trial judgement, para. 966.
⑤ Julie McBride, *The War Crime of Child Soldier Recruitment*（The Hague, The Netherlands: T. M. C. ASSER PRESS, 2014），p. 119.

的物质要件，虽然明知一个禁止的结果可能会发生，并不能构成罪责。①

卢班加案的预审分庭将"二级故意"和"间接故意"都纳入了《罗马规约》第 30 条的解释中。但格哈德·沃勒（Gerhard Werle）曾指出，这个解释实际上违反了第 30 条第 2 款的"会产生"（will occur）的文本，"会产生"不是"可能产生"（may occur）。因此，对于行为人来说，仅仅期待行为会产生结果的可能性是不充足的。② 如果犯罪者或共同犯罪者不知道征募一个不满 15 岁儿童的"实质性"风险，但他们"应该知道"该儿童是不满 15 岁的，这种情况会发生吗？预审分庭认为，至少根据共同犯罪理论，答案是否定的。共同犯罪理论要求共犯相互知道（mutually aware of）、彼此接受（mutually accept）实施共同犯罪计划将导致犯罪客观要件的实现。③ 也就是说，被指控的共犯其实很难说是出于疏忽，因为按照预审分庭的说法，他们已经接受了犯罪结果出现的可能性。

"应当知道"的心理要件问题在审判分庭的审判中有过一些简短的讨论，但审判分庭最终认为，由于检察官要求判处卢班加不是基于他"应该知道"这些孩子不满 15 岁，而是当他"知道"有 15 岁以下的孩子才定罪，因此也就没有必要以任何其他方式来处理这个案件，以及以抽象的方式对此问题作出裁决。④

卡塞斯教授认为法庭应采取步骤把"疏忽"（recklessness）包括进来，他指出：

> 对于战争罪，现行国际法必须允许将疏忽（recklessness）包括进来。例如，这种情况就是可以定罪的：行为人在炮击城镇时，承担了平民会遭杀害的高度风险，结果平民实际上被杀害了，但行为人并不有意将他们杀死。⑤

---

① Julie McBride, *The War Crime of Child Soldier Recruitment* (The Hague, The Netherlands: T. M. C. ASSER PRESS, 2014), p. 142.

② Gerhard Werle, *Principles of International Criminal Law*, (The Hague: T. M. C Asser Press, 2nd edn, 2005), p. 104.

③ *Lubanga Case*, Decision on the Confirmation of Charges, para. 365.

④ *Lubanga Case*, Judgment, para. 1015.

⑤ Cassese A., "The Statute of the International Criminal Court: Some Preliminary Reflections", *Europeam Journal of International Law* 10 (1999): 153 – 154.

正如巴达尔指出的那样，法庭将间接故意解释进第 30 条，就能适用到卡塞斯教授所描述的情况：如果控方成功地证明，平民的死亡是炮击城镇的可能后果，且行为人接受了这种可能的结果。① 因此，征募人员在确定新兵年龄时的疏忽，仍然会使得心理要件符合了"间接故意"的范围，这是一个疏忽的征募政策，明显地存在将不满 15 岁的儿童征募进军队的风险。在本案中，虽然 UPC/ FPLC 的征募政策并没有仅针对儿童，将其列入的确是一个可能的后果。正如预审分庭所描述的那样："虽然计划或共同计划并没有特别针对不满 15 岁的儿童，它确实针对的是年轻的新兵——在正常情况下，这种针对年轻新兵的征募政策的实施会带来客观风险，即将不满 15 岁的儿童也征募入伍。"② 这是合情合理的推理。UPC/FPLC 的征兵政策很少考虑去区分年轻人和不满 15 岁的儿童，从而承担征募儿童的风险。这个决定表明，任何无视年龄确定问题的征募政策都可能会产生责任，这本质上是鲁莽和疏忽的。

二　"这些人不满 15 岁"的认定

国际刑事法院《犯罪要件》规定：

> 第 8 条第 2 款第 5 项第 7 目　战争罪——利用或征募儿童
> 要件
>
> ……
>
> 2. 这些人不满 15 岁。
> 3. 行为人知道或应当知道这些人不满 15 岁。
>
> ……

"知道或应当知道"的要件已经在本章第一部分作了讨论。本部分主

---

① Badar M (2008), "The Mental Element in the Rome Statute of the International Criminal Court: a Commentary from a Comparative Criminal Law Perspective", *Criminal Law Forum* 19 (2008): 494.

② *Lubanga Case*, Decision on the Confirmation of Charges, para. 377.

要集中讨论法院怎样去确定另一个犯罪要件，即被征募者不满15岁。要确定被征募儿童的年龄并不容易。在很多国家，特别是那些国际刑事法院正在调查情势的国家，儿童的出生登记和出生证明是很少见的，甚至在一些地方根本没有任何出生登记。在核实儿童年龄的问题上，我们同样可以首先回顾一下塞拉利昂特别法庭的做法，这不但对于未来国际刑事法院的实践有启发意义，对于本书提出的文化因素的考虑也能发挥更多的佐证之用。

（一） AFRC 案和 CDF 案

首先是 AFRC 案。2003 年 3 月和 9 月，塞拉利昂特别法庭起诉武装力量革命委员会的三位指挥官，2005 年 3 月该案开始审理。检方指控，三名被告参与了 1997 年 5 月 25 日袭击位于自由城的监狱的事件，并释放了因为政变未遂关押在监狱中的约翰尼·保罗·科罗马（Johnny Paul Koroma），此后科罗马成为"武装力量革命委员会"的领导者。科罗马后来邀请"革命联合阵线"，一同不惜一切代价，推翻塞拉利昂政府，巩固其势力在塞拉利昂的存在。检察官指控武装力量革命委员会的三名被告共 14 项罪名，包括恐吓平民、集体惩罚、非法杀人、性暴力、身体暴力、利用儿童兵、绑架和强迫劳动、抢劫和放火等。AFRC 案于 2006 年 12 月结束审理程序，审判分庭于 2007 年 6 月作出判决，2007 年 7 月作出量刑决定。2008 年 2 月上诉分庭维持定罪和量刑判决，分别判处布里马（Brima）、卡努（Kanu）和卡马拉（Kamara）各 50 年、50 年和 45 年的有期徒刑刑罚。[1]

在该案中，由于"诺曼案"的初步决定，辩方没有对指控征募儿童犯罪的习惯法地位提出异议，但辩方认为，《塞拉利昂特别法庭规约》把 15 岁设定为禁止入伍的年龄是任意的，没有考虑到塞拉利昂的传统文化。为此，辩方传唤了一名塞拉利昂政治学家奥斯曼·金巴（Osman Gbla）先生当专家证人，证明在塞拉利昂中，童年的定义是灵活的。奥斯曼在其报告中认为，"在非洲传统文化中，童年是与执行任务的能力相关，而不是与年龄相关的"，为了进一步论证此观点，证人也同时引证了其他学者观点，指出在西非或整个非洲环境中，非洲人对年龄是没有一个概念化的认识的，童年没有一个确定终止的日期，而更看重家庭中代与代之间的帮扶和

---

[1] *AFRC Case*, Sentencing Judgement, p. 36, "Disposion".

支持。① 金巴还认为，儿童参加武装冲突这样的做法在塞拉利昂的历史上早已存在；塞拉利昂的军队人员也没有被教育或告知国际社会现在已经禁止征募儿童了。② 在庭审中，卡努的律师进一步补充，塞拉利昂政府征募儿童兵的历史"可以追溯到已故总统西亚卡·史蒂文斯（Siaka Stevens）在 1978 年到 1985 年的统治，然后这在 1996 年开始的卡巴赫总统执政时期再得到了延续"。③ 同时，律师还声称，国际社会设定 15 岁这一年龄是相当武断的，因为"在传统的非洲文化里，童年的结束与一个特定年龄没有什么关系，更多的是关乎他或她拥有能够像成人一样行动的身体能力"。④

但是，审判分庭拒绝任何辩方提供的关于"童年"在文化中定义的区别，并直接引用塞拉利昂 1926 年《防止虐待儿童法》第 1.2 条的规定，"本条例中，除另有规定外，'儿童'是指 16 岁以下的人"。⑤

AFRC 案审判法庭能够对辩方提出的质疑避而不谈，转而依据塞拉利昂的国内法作出决定，应该说是比较幸运的，法庭就此不需要对复杂的文化问题作出分析和处理。作为一个国际刑事司法机构，从目前相关的判例出发，法庭似乎并不愿意对文化问题作出任何判断与评论。但是，这种能有国内法可依的"幸运"，并没有延续到后来的 CDF 案中。

本书上一章在讨论"知道或应当知道"解释的时候，已经对 CDF 案涉及儿童年龄确定和文化相对性的问题作了详细的介绍和讨论。在 CDF 案中，审判分庭提出的某些人会在判断儿童年龄方面更有经验的观点，可以看出是对"有理由知道"采用了一个"心智正常人"（reasonable person）的解释与推理。

（二）第一案审判分庭确定儿童年龄的方法

按照国际刑事法院《犯罪要件》的规定，征募儿童的战争罪的其中一个犯罪构成要件是被征募人的年龄，即需要犯罪发生时被征募人的年龄不

---

① *AFRC Case*, Osman Gbla, Research Report, The Use of Child Soldiers in theSierra Leone Conflict, SCSL-04-16-T（11 October 2006），para. 9, http: //www. rscsl. org/Documents/Decisions/AFRC/567/SCSL-04-16-T-567. pdf, 最后访问时间：2015 年 3 月 1 日。

② *AFRC Case*, Osman Gbla, Research Report, The Use of Child Soldiers in theSierra Leone Conflict, paras. 33 – 37, 55.

③ *AFRC Case*, Sentencing Hearing Transcript, SCSL-04-16-T, 16 July 2007, paras. 60 – 61. .

④ *AFRC Case*, Kanu Defence Final Brief, SCSL-16-607, 8 January 2007, para. 75.

⑤ *AFRC Case*, Trial Judgment, para. 731.

满 15 岁，而且行为人知道或者应当知道他们不满 15 岁。在年龄规定方面，《罗马规约》和《犯罪要件》的规定是一致的。

如前述，很多国家由于缺乏有效的国内管理，确定被征募儿童的年龄并不是一件容易的事情。例如，在第一案中，检察官办公室的调查人员称当时民主刚果的民事行政管辖事项非常有限，因此很难确定儿童的年龄。检方为了证明儿童的年龄，花了很多精力，也作了很多努力，例如，仔细考查他们的陈述、寻找有关他们民事地位的其他证明以及通过骨骼和牙齿的 X 线检查专家报告等方法以确定儿童的年龄。

但最后这种证明方法受到了辩方的反对。辩方提出，X 线模式不能精确地判断一个人的年龄，法庭应该谨慎对待骨骼和牙齿 X 线检查这样的证据。X 线模型是基于欧美人群的数据得出的，并不符合撒哈拉以南的非洲国家，而且这个方法 50 年都没有更新了。这种 X 线模式检查只能提供一个近似的年龄判断，它并不是一门精确的科学。法医专家凯瑟琳·亚当斯鲍姆（Catherine Adamsbaum）也表示，这种测量并非精确，是有误差范围的，并可能基于种族带来一些差异。法庭也认为，对待这种证据需要谨慎小心，尽管这不是一个精确的方法，但仍然可以给法庭一些关于骨成熟年龄的指示（indication）。[①]

因此，法庭也试图在查明儿童兵年龄时考察更多其他的因素。例如，法庭认为术语"kadogos"在 UPC/FPLC 内使用，指的是一些年纪非常小的儿童兵，但并不一定就是不满 15 岁的儿童。[②]

庭审中的证人陈述认为，根据这些儿童的一般行为表现或身体发展状况，这些儿童是明显是不满 15 岁的。有些儿童甚至矮于他们扛在身上的武器，只能勉强地扛起指挥官给他们的 AK-47 步枪。争取刚果自由爱国力量的一名前成员作证说，一些年轻的儿童兵在饥饿时就会哭着寻找他们的母亲，会在白天玩起儿童游戏，而他们玩游戏的时候，他们的武器就放在身边。另外一些儿童则是在军事培训以后自己制造玩具或者玩弹珠玩具。另一名证人称，他当时是 UPC 的政治顾问（political advisor），他告诉法院说，他曾经是一名教师，经常跟 15 岁左右的儿童长时间接触。因此，法庭

---

① *Lubanga Case*, Judgment, paras. 169 – 177.
② *Lubanga Case*, Judgment, paras. 870 – 877, 636.

认为他对儿童年龄的评估是可靠的。这位前顾问认为，争取刚果自由爱国力量中的儿童兵很多都是明显小于 10 岁。①

法庭知道，这些证人陈述的评估本质上都是非常主观的，证明力是有限的，而且辩方一直试图挑战每一个证人的可靠性。辩方可能已经获得了一些证据，特别是一些在法庭上作证的前儿童兵的证言和立场都不可靠，他们不仅谎报自己的年龄，还对他们曾经在 UPC/FPLC 中所发挥的作用撒了谎。②

第一案的审判法庭最终决定通过录像中的儿童的外貌来判定儿童兵的年龄。例如，一段在卢班加指控期间所拍摄的视频显示：

> ……2003 年 1 月 23 日，被告卢班加在他军队成员的陪同下返回住所。两个身穿迷彩服的、年纪明显小于 15 岁的年轻人，与其他另外一些身穿军训服装的武装人员坐在一起。从这两个人的身高、外表，再经过与坐在他们身边的其他人的对比，可以得出他们确实不满 15 岁的结论。③

此外，卢班加去过多个 UPC/FPLC 的阵营，尤其是在一个叫 Rwampara 的训练营里，他还发表了一个鼓舞士气的讲话。经证人证实，当时在训练营里的新兵明显有不满 15 岁的儿童在内。④

　　在第 P-0030 号证人提供的证据中，有一段录像记录了卢班加于 2003 年 2 月 12 日对 Rwampara 训练营的探访，辩方没有质疑这次探访的真实性。这段录像显示，当时有明显年龄在 15 岁以下的新兵在场。特别是第 00:06:57 段所显示的一位穿着军装并携带武器的儿童，法庭认为，这孩子未满 15 岁。该片段还显示其他 15 岁以下的儿童，携带武器或穿着军装。第 P-0030 号证人解释说，这些孩子是新兵，但当时

---

① *Lubanga Case*, Transcript of 3 February 2009, ICC-01/04-01/T-114-Red2-ENG, p. 37; Transcript of 25 March 2009, ICC-01/04-01/T-154-Red2-ENG, p. 41; Transcript of 10 June 2009, ICC-01/04-01/06-T-189-Red2-ENG, p. 17; Transcript of 27 May 2009, ICC-01/04-01/06-T-179-Red-ENG, p. 87.

② *Lubanga Case*, Judgment, paras. 641 – 644.

③ *Lubanga Case*, Judgment, para. 862.

④ *Lubanga Case*, Judgment, para. 790.

没有足够的棍子（作为枪支的替代品）给他们携带。法庭接受了这一证据，尤其是考虑到刚果爱国者联盟总统在这样一个军营内对儿童发表的（鼓舞士气）讲话。①

于是，法庭得出结论：

……卢班加……利用不满 15 岁的儿童兵作为他的保镖，并在征召和募集儿童兵的地方发表演讲和参加集会。卢班加知道，这些不满 15 岁的儿童也在其他指挥官的指挥下。此外，被告人访问了 UPC/FPLC 训练营，特别是在 Rwampara 训练营，他对包括明显年龄不满 15 岁的儿童新兵发表了鼓舞士气的讲话。正如已经阐明的那样，法庭得出如下结论，这个拍摄于 2003 年 2 月 12 日的录像，载有关于卢班加知道 UPC/FPLC 中一直存在不满 15 岁儿童的强有力的证据。卢班加对待这些儿童兵的态度，足以说明这一点。②

在本案中，学者认为，采纳这样的视频证据或录像是源于那句名言："我知道是因为我看到了！"③ 像这样的证据采信方法显然没有写在《罗马规约》等法院的文件当中，且并不适用于每一个案件，但是这依然能说明这段视频在本案中确定儿童年龄的重要性。这种类似"冒烟的枪"（smoking gun）的证据形式，或多或少都把犯罪行为发生时的情况带到了法庭现场。这也可能是检察官办公室在本案中所能提供的最好的关于认定儿童年龄的证据了。在这些视频证据的证明力获得肯定以后，《犯罪要件》中儿童年龄的问题彻底被解决，审判分庭确信，众多不满 15 岁的儿童被争取刚果自由爱国力量征募和利用了。④ 可以发现的是，像专家提供的 X 线科学方法并没有为年龄问题提供决定性的证据，虽然这种方法在国内刑事诉讼程序中已经得到广泛的使用。这是否表明国际刑事审判并不会简单地适用

①　*Lubanga Case*, Judgment, para. 792.

②　*Lubanga Case*, Judgment, para. 1348.

③　U. S. Supreme Court, *Nico Jacobellis v. Ohio*, 22 June 1964（1964）, 378 U. S. 184, p. 197.

④　*Lubanga case*, Judgment, paras. 255 – 257, 268, 644, 711 – 718, 741 – 748, 760 – 769, 792 – 793, 916.

国内刑事审判一些已成熟的方法呢？这还待对未来法院实践的持续观察。

当然，这并不是说审判分庭所使用的视频证据就相当可靠。视频证据的一个缺点就是过于依赖审判者对儿童的外表或儿童行为方式的主观判断，主观判断是很容易产生错误的。法庭也承认，从视频中确定一个人的年龄常常也不容易，所以只有在视频"清楚地"（clearly）显示一个孩子不满 15 岁的情况下，才能采信视频证据。由此，当一个国家由于缺乏有效的国内管辖，难以获得儿童可靠的出生证明的时候，如果视频证据能和其他证人证言互相印证，能和审判中其他证据整体一起考虑，那么这种证据形式在个案中还是会有一定证明价值的。

（三）泰勒案

塞拉利昂特别法庭"泰勒案"的审判分庭认为一些报告和专家证据都可以用于决定儿童的年龄。这取决于专家杰西卡·亚历山大（Jessica Alexander）提交的基于对 2000 多个儿童研究的数据，这 2000 多个儿童在 1996 年到 2002 年都不满 15 岁，他们在武装冲突期间曾遭遇绑架。但是，"泰勒案"审判分庭认为，尽管文件证据对确定儿童的年龄一般更为可靠，但由于在当时塞拉利昂并没有像出生证明这样的文件证据，故法庭不得不依赖于证人对他们所见的 15 岁以下儿童的观察与描述。但是，审判分庭也承认这些基于外貌、身高、身体发育和证人个人感觉的对于年龄的猜测，并不是客观的。法庭只能足够谨慎地采信这种证人证言。法庭最后只能依赖证人这样的描述："他非常小"，"在被捉到时脸上还没有胡须"等。尽管这位名叫苏马纳的证人没法准确说出自己被绑架入伍时的确切年龄，只能说出他的父亲曾告诉他，他只有 14 岁。尽管苏马纳向法庭提交的出生证明和身份证所显示的信息并不相同，但都能表明他在遭受绑架时只有 13 岁左右。因此，法庭认为苏马纳不满 15 岁时被强迫入伍已经毫无疑问。①

三　关于儿童年龄的讨论

上一部分介绍和讨论了在当今的国际刑事司法实践中，确定儿童年龄

---

① *Taylor Case*, Trial Judgment, paras. 1359 – 1361, 1383 – 1393.

这一客观的犯罪行为要件，并不是一件容易的事情。客观的书面证据在冲突中的国家与地区不容易获得，往往都是一些带有一定主观色彩的证据在确定儿童年龄时发挥了决定性的作用，例如，证人证言、视频证据，等等。尽管如此，能达到定罪的证据，都必须要"清楚"地反映被征募儿童的年龄是明显低于15岁。其实这也反映了国际刑法中把儿童入伍的年龄提高至18岁会遇到相当大阻力的其中一方面因素，10岁与15岁儿童能主观地"清楚"判断，但15岁和16岁的差别可能就没有这么"清楚"了，也就是说，将征募儿童的年龄提高到18岁，在国际刑法的实践中，会带来现实的判断困难，这种困难与不确定性甚至是会与刑法的基本原则相悖。

在已有的塞拉利昂特别法庭和国际刑事法院第一案的判例实践中，都持有这样一种观点：不满15岁的儿童是无法真实有效地表达入伍意愿的，他们的同意与否在法律上是不相关的。但是，这并不是问题的全部。到底多少岁的儿童能真实有效地表达自己的意愿？国际人权法一直在强调儿童的声音不能被忽略，国际刑法的实践却明显地一概在入伍问题上拒绝倾听儿童的声音。

多少岁是儿童与成年的年龄分界，多少岁才能合法地参加到武装部队或武装集团中，多少岁才能获得自主表达的法律承认？国际社会在这个问题上，一直都有不同的意见，各个国家也有不同的习惯做法。因此，要给"儿童"下个年龄的界定，并不容易。就此，有如下几个基本问题需要提出讨论。首先，我们在讨论儿童年龄时，实际考虑的是"童年"阶段，那什么年龄标志着"童年"阶段的结束？其次，既然各个国家对此的规定与做法不尽相同，当这种文化差异遇到国际刑法，遇到一个国际犯罪的犯罪构成要件时，文化差异扮演一个什么样的角色？最后，儿童年龄的确定，与儿童自主意愿的表达和儿童兵刑事责任的关系是什么？

(一)　儿童年龄与文化差异

有学者认为人权本来就是由文化决定的，并没有普适性。① 童年，对于不同的文化群体来说是截然不同的。这种区分既非自然，也没有普遍的人类群体特点，却又是社会的具体结构和文化的组成部分。童年的概念，

---

① 参见 Donnelly Jack，"Cultural Relativism and Universal Human Rights"，*Human Rights Quarterly* 6 (1984)。

经历了 400 年至 500 年的演变过程。

在中世纪社会，当孩子不再需要"母亲，保姆或摇篮里的不断关怀"时，童年就结束了。在童年期间，儿童是不重要的，儿童本身意识不到童年和成年之间的区别。在 16 世纪和 18 世纪之间，有一些关于童年的不同认识，有的认为儿童是一种娱乐工具，也有的认为要溺爱儿童，等等。随着工业化时代的到来，童年生活被视为人的生命周期的一个结构化的阶段。从 18 世纪开始，儿童受到重视，不仅被视为"小大人"，还被视为需要保护和照顾的弱势群体，逐渐形成了我们今天对于儿童群体的看法——弱势群体。仅仅是在过去的一百年，童年才成为公认的、是一个人一生中一段需要特别呵护和保护发展的时期，童年阶段的经历对于成年时期会有强烈的影响。

但是，这个标准一般被认为是第一次工业革命以后，西方社会和西方文明所带来的。世界上存在不一样的文化和社群，识别大部分可接受的儿童成年年龄仍然是棘手的问题。达到成年年龄的概念可以认为是一个"社会、宗教、文化或法律的发现"。① 从宗教的角度来看，当儿童有了基督教的信仰，年满 13 岁，就可以认为是进入了成年阶段；而按照犹太教，可以去酒吧意味着儿童是成年人了；在某些古兰经的教义中，当长出胡子的时候，就认为是达到了相应年龄。② 而在法律上，当一个人能够取得驾驶证或者能够结婚时，可能就认为是一个具备完全民事行为能力的成年人，这个年龄在各个国家之间有所不同，一般是在 16 岁和 21 岁之间。③ 另外，人类学家已经有研究表明，在撒哈拉以南的非洲国家，人们的预期寿命较短，平均只有 53 岁，应按照身体发育的各个阶段压缩来界定"童年"，儿童成为成年人的年龄也就比一般意义上的更小一些。另外，欧洲防务局估计，到 2025 年，非洲人的平均年龄将是 22 岁。④ 因此，在非洲不可能准

---

① 参见 Ilene Cohn and Guy S. Goodwin-Gil, *Child Soldiers: the Role of Children in Armed Conflict* (Oxford: Oxford University Press, 1994), p. 7。

② 参见 P. W. Singer, *Children at War* (New York: University of California Press, 2006), p. 26。

③ "The Legal Driving Age", Learning to Drive, http://www.learningtodrive.co.uk/driving-age.htm (last visited March 1, 2018); United Nations Statistics Division, "Minimum legal age for marriage-without consent", 21 March 2008, http://data.un.org/Data.aspx? d = GenderStat&f = inID: 19, 最后访问时间: 2015 年 3 月 1 日。

④ "An Initial Long-Term Vision for European Defence Capability and Capacity Needs", EUROPA, http://europa.eu/legislation_summaries/foreign_and_security_policy/cfsp_and_esdp_implementation/l33238_en.htm, 最后访问时间: 2015 年 3 月 1 日。

确界定儿童和成人之间的必要分界点。在保护文化传统还是树立全球儿童标准问题的讨论上，也很难确定哪个更具优先性。上述 CDF 案就是这样一个鲜明的例子。

虽然所有社会都有童年这个概念，但实际的内容有着跨文化或跨地区的差异。童年指儿童的生活，但这往往并不是由儿童自己来决定的，是取决于成年人的意识和态度。大部分社会对童年是以年龄界定的，这当中也有些具体的差异。例如，在一些国家，法律规定了童年结束的年龄，即取得完全行为能力的时候。这个年龄因不同的社会而异，可以是 13 岁，也可以是 21 岁，大部分是 18 岁。即使在同一个社会，也并不是一成不变的，也会有时代的差异。如根据 19 世纪英国的法律，7 岁以下的儿童不受刑事管辖，1933 年的法律将这一年龄提高到 8 岁，30 年后，又提高到 10 岁。现今，《儿童权利公约》对儿童的定义得到了国际社会的普遍采纳，将从出生至 18 岁这一时期规定为童年期。这样一个童年的定义，并没有任何文化上的意义，也不反映一些国家的实践。各个国家对于哪个年龄意味着童年阶段的结束仍然持不一致的观点，这种不一致体现在《儿童权利公约》第 38 条，是"文化相对主义在公约的体现"。①

以比较法的方法来研究童年问题，这方面有人类学研究可以提供参考。童年的社会性建构是人类学一直在思考的问题之一，这个角度尤其坚持童年是有文化差异和文化相关性的。人类学家们不断地通过对各种不同社会童年的研究来表明，生物方面的一些因素会影响儿童的生活，除此之外，文化也是非常强烈的影响因素。因此，每个不同的童年或年龄界定背后，更多的是反映社会文化的精神内涵。

分析童年的概念，就是分析这些文化或地区中成人对童年的态度和观念。在塞拉利昂，童年是一个危险的阶段。那里的人们认为，儿童的出生就是带着超自然的力量从精神世界来到现实世界。但儿童和动物一样，无法控制自己的身体和行为，他们也不能像成年人一样保守秘密。他们更接近精神的世界，就意味着"与忠诚与现实世界相冲突"。因此，儿童必须通过克服困难来学习如何成长为成年人。卡洛林（Caroline Bledsoe）曾写

---

① David Archard, *Children*: *Rights and Childhood* (London and New York: Routledge, 3rd edition, 2014), p. 19.

道，塞拉利昂的曼德（Mende）地区，当地的儿童如果做错了事，不允许进食就是他们要面临的惩罚。体罚也被广泛使用。而当儿童 6 至 8 岁开始产生个人意识时，他们就要离开父母，送到外地的远房亲戚或者其他地方接受"培训"（fostering）。送出去的儿童在寄养家庭中往往需要辛勤劳作，做小买卖，从事大量的家务劳动甚至帮忙挖钻石。在此期间，他们也只能获得很少量的食物。这在很多社会中无疑会被认为这些儿童受到了忽视或虐待，但在当地这都是很正常的事，这是由当地的意识和文化所影响决定的，他们相信"成功是要靠奋斗的"（no success without struggle）。在这种世界观中的儿童从小就被教育想要取得成功，必须表现出"在严厉的惩罚面前也坚定忠诚于他们的'培训师'"的毅力。① 忍受苦难的能力，被认为对于塑造个人素质至关重要，能让儿童适应并面对今后生活中遇到的所有问题。也就是说，塞拉利昂当地文化认为儿童是危险的，是未脱离动物性的，也不享有成人的权利。从童年期过渡到成年期必须经历困难和痛苦，这在和平时期表现为与"培训"家庭的主仆关系；而在战争的背景下，武装部队或武装集团就会代替平常的寄养和"培训"家庭，而进入武装部队或武装集团的一种称为"入门"的仪式，也就因此成为当地文化中从童年过渡到成年的文化仪式。从这个角度来看，儿童兵现象在塞拉利昂的出现，与战前的社会结构保持了很强的连续性。在内战中的塞拉利昂，如果13 岁或 14 岁男童说出"请让我去战斗"这样的话语，一般是没有人会阻止他们的，也不会有任何人认为谁会因此承担责任。在当地的传统文化中，当一个男童可以从事以下三件事的时候，他就被认为是一个成年人：可以爬上棕榈树采摘果实，已经进入社团以及可以有性行为。②

　　文化不断发展和演变。国际法之所以能被世界各个国家普遍接受，是因为它具有足够的灵活性，以反映不断变化的文化规范和态度。然而，人权语言系统的确定最早主要来源于西方的自由主义传统，在某些情况下承担的社会意义并不大。在大多数西方国家，人权被视为权利，就是洛克所描述的，人之所以为人，他们拥有的不可剥夺的高于国家的个人权利。一

---

① 参见 Bledsoe, Caroline H, "'No Success without Struggle': Social Mobility and Hardship for Foster Children in Sierra Leone", *Man New series* 25（1990）：73，74，80。

② 参见 Tim kelsall, *Culture under Cross-Examination*：*International Justice and the Special Court for Sierral leaone*（New York：Cambridge University Press，2013），pp. 108 - 152。

些国家对人权的看法，更强调的是人的职责，人对社会的责任以及与其他人的相互义务，即国家可能会限制某些群体的权利而满足其他群体的一些更大的利益。①

这种意识形态鲜明的对比破坏了人权普遍性。文化相对性倡导者认为，文化习俗不应该由这个社会价值系统以外存在的国际或西方标准评判，但这种立场也是受到批评的。虽然国际社会努力把全球的多元文化包含在人权的核心标准中，即把对每一个人都是有利益的那些权利包括进普适的人权标准中，但需要坚持的是，文化不能用作对一些全人类基本价值的否定。某些文化并不值得崇尚和保存，例如，奴役、切割女性生殖器官，② 还有就是儿童兵现象。

（二）儿童的年龄与儿童兵的刑事责任

关于儿童年龄与入伍的讨论，离不开如下问题：国家武装部队和那些非国家武装集团，征募成员的合法年龄以及让成员积极参加敌对行动分别是多少岁？既然各个国家对儿童年龄的界定不一致，那在国际刑事司法机构的实践中，什么年龄的儿童，特别是什么年龄的前儿童兵，才需要为自己犯下的国际罪行负责任？

1. 禁止征募儿童的年龄设定

习惯国际法、国际人权法和国际人道法条约，以及现有的判例表明，至少在武装部队或武装集团中征募或利用任何不满 15 岁的人是违法的。也就是说，就目前而言，15 岁是一个得到国际社会和国际法承认的年龄门槛。

关于国际人道法中 15 岁这个年龄的设定，曾经在起草两个附加议定书时引起过长时间的讨论，一些代表团认为 15 岁的年龄门槛太低了，应该提高到 18 岁。红十字国际委员会在对《第一附加议定书》第 77 条第 2 款的评注中对年龄问题解释道，15 岁的年龄门槛规定是妥协的结果；事实上，当时有代表团提议将禁止征募的年龄限制从 15 岁提高到 18 岁，但多数人都反对。红十字国际委员会也考虑了这个提议，因此纳入了征募应优先考

---

① 参见 Donnelly Jack，"Cultural Relativism and Universal Human Rights"，*Human Rights Quarterly* 6（1984）：410。

② 具体可参见消除妇女歧视委员会，《第 14 号一般性意见：女性割礼》（1990 年）。

虑 15 岁至 18 岁的年龄较大者的规定。[①] 红十字国际委员会对《第二附加议定书》的评注表明，对于"儿童"定义的缺失是故意的，因为每个国家每个地区的判断方法都不相同，最有可能是指 15 岁至 18 岁的人。现在文本中 15 岁的年龄设定是一个基于现实考量的选择，并不表明 15 岁就与儿童定义相关。[②]

由于各国在此问题上存在巨大的分歧，不可能达成共识，最终红十字国际委员会基于现实考虑，遵循了日内瓦第四公约的规定，将征募儿童的年龄门槛规定在了 15 岁，并且确保儿童应该享有特别的保护与援助，但是 15 岁与儿童的定义并不相关，即使是超过 15 岁的儿童，在武装冲突中依然需要得到特别援助和保护。[③]

但是，当今国际社会已经明显有推动入伍或参加敌对行动的年龄增加到 18 岁的趋势。这也早就反映在联合国儿童与武装冲突问题第一位特别代表奥拉拉·奥图诺（Olara Otunnu）2000 年提出的倡议当中。[④] 这样的倡议也一直在联合国儿童与武装冲突问题特别代表办公室中巩固和扩大。2006 年，联合国颁布的《解除武装、复员和重返社会综合标准》（Integrated Disarmament, Demobilization and Reintegration Standards，简称 IDDRS）响应了这一立场，即"不满 18 岁的人不应征募或用于武装部队或集团"（No person under 18 shall be recruited into or used in armed forces or groups）。[⑤]

从 15 岁提到到 18 岁，仅仅 3 岁的跨度可能乍看起来并不起眼，但是必须同时考虑到许多冲突国家或地区的人口构成特点是以年轻人居多，提高 3 岁的跨度，累加起来能覆盖的受保护儿童的数量还是相当大的。

当然，像上述提及的联合国等国际组织的倡议、学者的观点等都不是国际法，但这些推动、倡议或实践，会起到一个慢慢塑造传统意义上具有约束力的国际法的作用。国际法在某种程度上也会由于实践者和倡议者的

---

① ICRC，*Commentary of 1987*，para. 3188.

② ICRC，*Commentary of 1987*，paras. 4549，4550.

③ ICRC，*Commentary of 1987*，paras. 4550，4556.

④ Mark A. Drumbl，*Reimagining Child Soldiers in International Law and Policy*（Oxford：Oxford University Press 2012），p. 134.

⑤ "Integrated Disarmament, Demobilization and Reintegration Standards"，p. 24，para. 5. 30，http：// cpwg. net/wp-content/uploads/sites/2/2013/08/UN-2006-IDDRS. pdf，最后访问时间：2015 年 3 月 1 日。

活动、努力和游说，朝着往 18 岁的年龄门槛发展。将儿童入伍的年龄提高到 18 岁，有可能成为国际法的一部分，例如，目前已经广泛得到接受的儿童兵的定义，与武装部队或武装集团有联系的儿童包括所有不满 18 岁的儿童，这样一些事实将有助于进一步将 18 岁的年龄门槛法律化。在武装冲突中，无论以何种方式征募，国际刑法都规定在被害儿童未满 15 岁的情况下，成年的征兵者或征募者个人需要承担刑事责任。国际刑法还规定利用不满 15 岁的儿童积极参加敌对行动的成年人也需承担个人刑事责任。但迄今为止，只有少数几起案件涉及儿童兵的问题。

将征募年龄门槛提高至 18 岁的倡议，在国际人权法和国际人道法中更容易得到国际社会的接受，但在国际刑法里可能会遇到更多的阻力。这是可以理解的。禁止某种行为是一回事；将被禁止的行为定为战争罪，然后惩罚相关行为人是另一回事。但是，国际人权法和国际人道法与国际刑法体系的这种差异，意味着在保护武装冲突中儿童的制度中存在一个"缺口"，即那些 15 岁以上，但又不满 18 岁的儿童在武装冲突中到底是什么样的地位？庄博（Mark A. Drumbl）在《在国际法和政策中重塑儿童兵》（*Reimagining Child Soldiers in InternationalLaw and Policy*）一书中提出建议，他称国际社会要减少一些对儿童作为受害者的典型、生动的描绘与关注，这样或者能更好地保护不满 18 岁的儿童，能更容易将人道法和人权法的倡议推及国际刑法领域。① 这种建议，有一定的现实性与合理性，尤其当我们仔细考察卢班加案法庭是如何确定儿童年龄这一基本事实的时候。

禁止征募儿童的年龄是个全球关注的问题。通过考察本案审判分庭以及塞拉利昂特别法庭确定儿童年龄的方法，可以给我们更多的思考，为什么在国际刑法中确定儿童的年龄会如此困难，为什么倡议将儿童进入武装部队或集团的年龄提高至 18 岁会如此不容易？承认儿童能自由表达他们意愿的法律年龄，对于保护他们和冲突后社会重建的意义是重大且深远的。

2. 儿童的刑事责任年龄

既然各个国家对儿童年龄的界定不一致，那在国际刑法司法机构中，什么年龄的儿童，特别是什么年龄的前儿童兵，才需要为自己犯下的国际

---

① Mark A. Drumbl, *Reimagining Child Soldiers in International Law and Policy*（Oxford：Oxford University Press 2012）.

罪行负责任？这就是国际刑法中的最低刑事责任年龄问题。

在世界各地，刑事责任的平均年龄从 7 岁到 18 岁不等，有的国家规定 12 岁至 14 岁的儿童案件由少年法庭审理。在爱尔兰，大于 12 岁的儿童可因自己的行为被追究刑事责任，① 而在英格兰和威尔士是从 10 岁开始。② 欧洲人权法院在"T 诉联合王国案"中称，"不认为在欧洲理事会各成员国之间对刑事责任最低年龄有共同的标准"。③

日内瓦四公约并没有规定刑事责任年龄，《第一附加议定书》的起草过程中，巴西代表建议，在第 77 条第 5 款规定刑事责任年龄为 16 周岁。这开启了国际社会对于刑事责任年龄的争论。但最终委员会决定，这个问题留给各国政府自行规定。《儿童权利公约》延续了这种做法，只是促使各国明确刑事责任的最低年龄，并提供该问题的任何指导意见。

1985 年《联合国少年司法最低限度标准规则》（以下简称《北京规则》）规定刑事责任年龄的起点不应太低。《北京规则》承认，由于历史和文化的原因，每个国家国内法的刑事责任年龄差别很大。④《巴黎承诺》推荐了一个 18 岁的最低年龄，作为对国际犯罪的刑事责任年龄起点。为了确保未满 18 岁的儿童不遭受武装部队或武装集团的非法征募或利用，这些儿童应被认为主要是国际罪行的受害者，而并非是应得到指控的肇事者。

但是，也有观点认为，对于犯下国际犯罪行为的儿童兵，追究他们的刑事责任，对他们回归社会，可能会是更有利的一种方法。前儿童兵在回归社会的过程中，他们往往感受到怀疑、憎恨。⑤ 这种情况突出表现在本书第二章所谈到的儿童在武装冲突中所扮演的不同角色的问题，他们既是受害者，也是参加者，更是和平、和解与正义机制的主要参加者。要解决

---

① 参见 "Children Act 2001", Section 52, http：//www. irishstatutebook. ie/2001/en/act/pub/ 0024/；"Criminal Justice Act 2006", http：//www. irishstatutebook. ie/2006/en/act/pub/0026/, section 129, 最后访问时间：2015 年 3 月 1 日。

② "Children and Young Persons Act 1963", Section 16（1）；"Crime and Disorder Act 1998", Section 34.

③ *Case of T. v. the United Kingdom*（Application no. 24724/94）, Judgment, para. 74.

④ 《联合国少年司法最低限度标准规则》（北京规则）, A/RES/40/33（1985）, 第 4. 1 段。

⑤ 参见 Matthew Happold, "Child Recruitment as a Crime under the Rome Statute of the International Criminal Court", in Doria et al.（eds.）, *The Legal Regime of the International Criminal Court*（Leiden：Brill, 2009）, p. 25, https：//papers. ssrn. com/sol3/papers. cfm? abstract _ id = 979916, 最后访问时间：2015 年 3 月 1 日。

这些问题，让儿童重新融入社区，应该在追究他们责任的同时，让他们参加发现真相与和解进程，以及冲突后和平建设的项目。[①] 此外，一些文化习俗也能发挥非常重要的作用，如愈合净化或清洁仪式也能促进接受前战斗人员回归社区，并且可以在重建信任和凝聚力方面发挥重要作用。这些做法的价值不应该被低估。[②]

在本书作者看到的文献中，不少学者提醒我们一个重要而令人不安的问题：儿童兵问题其实是一个悖论。儿童兵问题会混淆我们对童年，犯罪者和无辜者等术语的理解。这种悖论使冲突后司法问题变得更为复杂：当被征募与利用的儿童兵参与冲突时，他们因为被征募本身成为受害者，但当他们犯下可怕的暴力行为时，他们却成为暴行的实施者、行为者。当他们需要重新融入一个和平且有序的社会，当他们需要为重建作出贡献，并作为社会未来成员需要获得发展时，不能仅看到儿童兵受害者的身份，还应看到他们曾经也是一些犯罪行为的实施者身份，他们也需要为自己的行为负上一定的责任。这需要在保护儿童权利、儿童"同意"和尊重国际标准之间平衡。

但是，本书认为，这样的悖论其实并没有那么大。正如本书中所讨论的主题"征募儿童的战争罪"以及"保护武装冲突中的儿童"那样，本书认为，目前保护儿童免涉武装冲突最为根本和有效的方式，是通过对征募儿童的行为人定罪处罚，而不是在武装冲突发生以后，或者冲突后的社会重建中，再去强调儿童兵或者前儿童兵的施害者身份或刑事责任。只有在根源和源头上不让儿童进入武装部队、涉及武装冲突，才是保护儿童最有效的方式。

四　征募儿童的犯罪严重程度

征募儿童的战争罪的犯罪严重程度是在卢班加案的量刑决定书中讨论

---

① UNICEF, "Truth and Reconciliation Commission Report For the Children of Sierra Leone—Child Friendly Version (2004)", http://www. unicef. org/infobycountry/files/TRCCF9SeptFINAL. pdf, 最后访问时间：2015 年 3 月 1 日。

② 可参见儿童权利委员会《第 10 号一般性意见：少年司法中的儿童权利》，CRC/C/GC/10 (2007)，第 32 段。该意见中鼓励各缔约国将其较低的最低刑事责任年龄提高到 12 岁为绝对最低刑事责任年龄。——作者注

的，被告卢班加被判处 14 年的刑期。虽然本案是国际刑事法院的第一案，但如上所述，这并不是国际社会处理征募或利用儿童积极参加敌对行动的第一个案件。早在塞拉利昂特别法庭中，就在四个案件中针对利用不满 15 岁儿童的行为对行为人有过定罪与量刑。① 但是，这四起案件当中的 AFRC 案和泰勒案的审判分庭，没有在量刑决定中单独处理某一项犯罪，也就没法观察这两起案件中利用儿童兵的犯罪对于整个量刑的影响。因此，本部分主要就 RUF 案和 CDF 案的具体认定作阐述。

（一）各个法庭对征募儿童犯罪严重程度的认定

RUF 案中的审判分庭在解决犯罪严重性时，认为其正在考虑的与利用儿童兵有关的罪行是大规模和残暴的犯罪行为。② 案中事实表明，许多儿童从家中遭到绑架入伍，在武装集团中经受了残忍和严酷的军事训练，一些无法承受训练的儿童经常被打死。③ 一些只有 10 岁的儿童被要求携带武器，攻击他人，并担任指挥官的保镖。法庭发现，RUF 的战斗员经常让儿童酗酒，定期让儿童吸食可卡因、大麻，让儿童"无所畏惧地"参与针对无辜平民的可怕罪行，包括截肢和斩首。④ 许多儿童在训练和战斗中被枪杀。⑤ 法庭认为，有关犯罪行为的固有严重性"特别高"（exceptionally high）。⑥ 法庭对塞萨伊利用儿童积极参加敌对行动的行为判处 50 年徒刑，⑦ 对卡隆参加利用儿童兵的行为判处 35 年徒刑。⑧ 重要的是，塞萨伊和卡隆两人都以 16 项罪名定罪，法庭判决所有罪名刑期同时执行，因此，两名被告各自总刑期分别是 52 年和 40 年。

在 CDF 的案件中，孔德瓦同样以多项罪名定罪，在审判分庭的判决中包括为了积极参加敌对行动而征募儿童兵的犯罪，并因此罪判处 7 年徒刑。但这一定罪后来被上诉分庭推翻。法庭在量刑决定中，承认孔德瓦对塞拉

---

① *CDF Case*, Trial Judgment; *Taylor Case*, Case No. SCSL-03-01-T, Trial Chamber, Judgment; *RUF Case*, Trial Chamber, Judgment, 25 February 2009; *AFRC Case*, Trial Chamber, Judgment, 20 June 2007.

② *RUF Case*, Sentencing Judgment, 8 April 2009, para. 180.

③ *RUF Case*, Sentencing Judgment, paras 180 – 185.

④ *RUF Case*, Sentencing Judgment, para. 181.

⑤ *RUF Case*, Sentencing Judgment, para. 184.

⑥ *RUF Case*, Sentencing Judgment, para. 187.

⑦ *RUF Case*, Sentencing Judgment, p. 94.

⑧ *RUF Case*, Sentencing Judgment, p. 96.

利昂和平的贡献可作为减轻因素考虑。①

在泰勒案中，虽然法庭并没有在量刑决定中单独处理征募儿童的战争罪这一问题，但塞拉利昂特别法庭有提及儿童兵犯罪，并在其判决书中讨论了征募儿童入伍对儿童造成的严重性后果。例如，塞拉利昂特别法庭的第二审判分庭强调了前儿童兵受到的公众耻辱以及无法弥补的一些身体和心理上的损害，法庭还认为，"针对弱势群体的犯罪行为特别应该受到谴责"。"儿童兵，无论是男童还是女童，都被迫在他们年纪轻轻的时候就犯下谋杀、强奸等暴行，这些创伤将会对他们的生活造成永久的伤害。"②

（二）本案对犯罪的严重程度分析的认定

和定罪判决书一样，审判分庭在作量刑决定时，也首先考虑了法庭所应该适用的法律，分别是《罗马规约》第 21 条第 1 条、第 23 条、第 76 条、第 77 条、第 78 条、第 81 条第 2 款第 1 项，以及《程序与证据规则》第 143 条、第 145 条和第 146 条。而其中尤为相关的是《罗马规约》第 78 条、第 81 条和《程序与证据规则》第 145 条，这三个条款分别规定如下：

《罗马规约》第 78 条　量刑

（一）量刑时，本法院应依照《程序与证据规则》，考虑犯罪的严重程度和被定罪人的个人情况等因素。

……

第 81 条　对无罪或有罪判决或判刑的上诉

……

（二）1. 检察官或被定罪人可以依照《程序与证据规则》，以罪刑不相称为由对判刑提出上诉。

……

《程序与证据规则》145　量刑

1. 根据第七十八条第一款量刑时，本法院应：

（a）确保根据第七十七条判处的徒刑，并处或单处的罚金，合并

---

① *Lubanga Case*, Decision on Sentence, para. 15；*CDF Case*, Trial Chamber, Sentencing Judgment, 9 October 2007, para. 94.

② 泰勒量刑的加重情节主要在于他的指挥官地位。参见 *Taylor Case*, Sentencing Judgment 2012, SCSL-03-01-1281, paras. 71, 75。——作者注

考虑，必须反映被定罪人的应负罪责；

（b）权衡所有相关因素，包括任何减轻和加重因素，并考虑被定罪人个人情况和犯罪情节；

（c）除第七十八条第一款所提的因素及其他因素外，还考虑造成的损害的程度，尤其是对被害人及其家庭造成的伤害、非法行为的性质和实施犯罪的手段；被定罪人的参与程度；故意的程度；与犯罪方式、时间和地点有关的情节；被定罪人的年龄、教育、社会和经济状况。

2. 除上述因素外，本法院应酌情考虑：

（a）减轻情节如：

㈠尚不足以构成排除刑事责任理由的情节，例如严重的智力缺陷或胁迫；

㈡被定罪人在犯罪后的行为表现，包括任何为赔偿被害人而做出的努力和与本法院的合作；

（b）加重情节：

㈠ 因本法院管辖权内的犯罪或类似性质的犯罪而被定罪的有关前科；

㈡ 滥用职权或官方身份；

㈢ 在被害人特别孤弱无助的情况下实施犯罪；

㈣ 犯罪手段特别残忍，或多人被害；

㈤ 犯罪动机涉及第二十一条第三款所提的任何理由的歧视；

㈥ 性质与上述情节相同的其他未列情节。

3. 存在一种或多种加重情节，证明犯罪极为严重，可以根据被定罪人个人情况，判处无期徒刑。

除此之外，法庭还回顾了《罗马规约》的序言，其中规定"对于整个国际社会关注的最严重犯罪，绝不能听之任之不予处罚"，"决心使上述犯罪的罪犯不再逍遥法外，从而有助于预防这种犯罪"，国际刑事法院是"为了今世后代设立"。① 另外，根据《罗马规约》第 77 条第 1 款和《程序与证据规则》第 145 条第 3 款，法院可以对被告人判处不超过 30 年的有

---

① *Lubanga Case*, Decision on Sentence, para. 16.

期徒刑，除非"犯罪极为严重和被定罪人的个人情况而证明有此必要"。①
根据《罗马规约》第 81 条第 2 款第 1 项，法庭还必须确保罪刑相称。

　　无论是《罗马规约》还是《程序与证据规则》，都没有对量刑的证明
标准提供任何规定，审判分庭为解决本案确立了证明标准。审判分庭认
为，任何加重情节都将可能对卢班加的全部徒刑时间产生重大影响，因此
有必要以"超越合理怀疑"（beyond a reasonable doubt）的标准考虑加重情
节；而对于减轻情节，审判分庭认为在量刑阶段可适用"盖然性权衡"（a
balance of probabilities）标准。② 审判分庭在量刑决定中列出了量刑时需要考
量的几个因素，包括犯罪的严重程度、犯罪的大规模性和广泛性、被定罪人
的参与程度和意图、被定罪人的个人情况、加重情节，③ 以及减轻情节。④

　　就犯罪的严重程度而言，审判分庭指出，征召和募集不满 15 岁的儿
童，并利用他们积极参加敌对行为的战争罪行，无疑是影响整个国际社会
的非常严重的犯罪。此外，正如判决书所述，征召是包含强迫要素的，而
利用儿童积极参加敌对行动则是将儿童作为潜在攻击目标，将儿童置于实
际危险当中。儿童的脆弱性意味着他们需要得到和普通人群不一样的特殊
保护，⑤ 这也得到了众多国际条约的承认。⑥

　　禁止利用儿童兵的主要历史目标是保护这些不满 15 岁的儿童免受与武
装冲突有关的危险，特别是要保护他们的身心健康。这不仅需要保护他们
免遭暴力和致命或非致命伤害，而且还包括保护他们免遭可能伴随征募而
来的严重创伤，包括儿童被迫与家人分开、中断或破坏他们的学校教育，
并将他们暴露在暴力和恐惧的环境中。⑦

---

① *Lubanga Case*, Decision on Sentence, para. 21.

② *Lubanga Case*, Decision on Sentence, para. 32.

③ 审判分庭考虑的加重情节包括对儿童兵的惩罚、性暴力、征募年纪特别小的儿童，以及
对女童的歧视。——作者注

④ 审判分庭考虑的减轻情节包括必要性、卢班加争取伊图里地区和平的想法和让儿童复员
的命令，以及卢班加与法院合作的态度。——作者注

⑤ ICRC, *Commentary of 1987*, p. 1377, MN 4544; p. 1379, MN 4555.

⑥ 参见 *Lubanga case*, Decision on Sentence, para. 37, 也可参见 Michael Cottier, "Article 8. War
Crimes", in Otto Triffterer（ed.），*Commentary on the Rome Statute of the International Criminal
Court: Observers' Notes*, p. 467, MN 227; Knut Dörmann, *Elements of War Crimes under the Rome
Statute of the International Criminal Court, Sources and Commentary*, pp. 376, 470。

⑦ 参见 *Lubanga case*, Expert Report of Ms Schauer（CHM-00001），The Psychological Impact of Child
Soldiering, ICC-01/04-01/06-1729-Anxl（EVD-CHM-00001）;《马谢尔报告》，第 30 段。

　　量刑决定书中也引用了专家证人肖尔（Schauer）女士的书面意见。肖尔女士指出，在处境危险的人群中，战争儿童（children of war）和儿童兵（child soldiers）是一个特别脆弱的群体，经常遭受、经历或见证暴力行为带来的长期毁灭性后果。战争中儿童的幸存者必须面对重复的创伤性生活事件，即那些他们曾经参与战争、遭受炮击和其他威胁生命的事件，那些虐待行为如酷刑，强奸，亲眼看到亲人遭受酷刑或受伤，家人被绑架、被拘留；他们长期照顾不足，缺乏安全的饮用水和食物，居住条件极差，爆炸装置和危险的建筑物近在咫尺，长期生活在行进中或长时间生活在拥挤的车辆上，等等。这些经验可能妨碍儿童的健康发展，甚至在暴力停止后仍能充分发挥作用。[①]

　　在敌对行动中被利用的儿童除了面临受伤或死亡等不可避免的危险外，还承受不可挽回的创伤。肖尔女士提及了 2004 年至 2008 年与包括乌干达和刚果民主共和国在内的各个国家的前儿童兵的访谈与研究，认为很多儿童兵在武装冲突中的时候，接触了创伤事件，接受访谈的大量儿童患上了称为"创伤后应激障碍"（post-traumatic stress disorder）的精神疾病。肖尔女士描述了核心症状，并指出创伤后应激障碍可能持续存在，并且可能成为个人生活的全部。她认为，前战斗人员和直接受战争与暴力影响的儿童兵对与战争有关的创伤的反应非常复杂，并且经常导致严重的多种心理障碍。[②] 在研究对象中，前儿童兵有相当比例的人滥用药物或酒精；他们遭受抑郁和精神分裂；有些表现出自杀行为。研究表明，前儿童兵在控制暴力冲动方面存在困难，没有处理生活的技能，这些儿童甚至在复员回家乡之后，仍然在家庭和社区中持续暴力。研究表明，绑架和随之而来的创伤对他们的教育和认知能力有负面影响。报告指出，心理问题和创伤折磨能影响个人和家庭，乃至下一代。[③]

　　联合国负责儿童与武装冲突问题的秘书长特别代表拉迪卡·库马拉斯瓦米女士也认为，许多儿童因为自身的情况而"自愿"加入武装团体。例

---

① *Lubanga Case*, Decision on Sentence, para. 39, 也可参见 Expert Report of Ms Schauer（CHM-00001），The Psychological Impact of Child Soldiering, ICC-01/04-01/06-1729-Anxl（EVD-CHM-00001），p. 3。

② *Lubanga Case*, Decision on Sentence, para. 40.

③ *Lubanga Case*, Decision on Sentence, paras. 41 – 42.

如，她遇到了许多因为极端贫困或遭到家庭成员虐待而进入武装集团的儿童，这些儿童以求通过入伍养活自己，"纯粹是为了生存"。但如判决书所述，征得儿童所谓同意不构成对卢班加定罪的有效抗辩。①

由此，法庭考虑了本案中这些罪行的严重程度（the gravity of these-crimes），例如，《程序与证据规则》第 145 条第 1 款第 3 项提及的"造成的损害的程度"（to the extent of thedamage caused），尤其是"对被害人及其家庭造成的伤害、非法行为的性质和实施犯罪的手段；被定罪人的参与程度；故意的程度；与犯罪方式、时间和地点有关的情节；被定罪人的年龄、教育、社会和经济状况"。就本案是否存在量刑的加重情节而言，法庭强烈谴责检察官对性暴力问题的态度。检察官在审判开始和结束时提交的意见认为，性暴力是一个应该由法院处理的量刑加重因素。但他在诉讼程序的任何阶段，包括原来的指控中，都没有将性暴力或性奴役包括其中，相反更在审判期间积极反对采取这一步骤。如果被告因此获罪，那么对被告是不公平的。尽管检察官在整个诉讼过程中持有这样的立场，但他最终还是建议为了量刑而考虑性暴力问题。② 检方没有指控卢班加先生的强奸和其他形式的性暴力行为，但这并不是决定该行为是否为量刑相关因素的问题。法庭有权根据《程序与证据规则》第 145 条第 1 款第 3 项考虑性暴力，尤其是对被害人及其家庭造成的伤害、非法行为的性质和实施犯罪的手段。此外，根据《程序与证据规则》第 145 条第 2 款第 2 项第 4 目，法庭也可以以"犯罪手段特别残忍"加以考虑。③ 即便如此，法庭仍有必要超越合理怀疑地满足：不满 15 岁的儿童兵遭受性暴力是可以归因于卢班加先生的行为这一前提。④ 但是，遗憾的是，根据审判期间就此提出的全部证据，法庭无法得出这样的结论，即针对征募儿童的性暴力行为十分普遍，以至于可以将其定性为卢班加实施其共同犯罪计划的结果。此外，没有任何迹象表明，卢班加下令或鼓励性暴力，或者他知道存在这种暴力，或者可以将暴力归责于他。尽管检察官有权在量刑听讯期间就这个问题提出证据，但他没有这么做，也没有提到审判期间提供的任何有关证据。因此，从法庭多数

---

① *Lubanga Case*, Decision on Sentence, para. 43.

② *Lubanga Case*, Decision on Sentence, para. 60.

③ *Lubanga Case*, Decision on Sentence, para. 67.

④ *Lubanga Case*, Decision on Sentence, para. 69.

意见来看，卢班加与性暴力之间在指控方面的联系并没有超出合理的怀疑。因此，性暴力因素不能适当地构成罪责刑衡量的一部分。① 在量刑时，法院特别提到了《罗马规约》第 81 条第 2 款第 1 项的规定，并认为根据《程序与证据规则》第 145 条第 3 款，法庭没有发现任何加重情节，故排除了对卢班加的无期徒刑。法庭还强调了在诉讼阶段卢班加对法院的配合与合作，尽管诉讼程序有些冗长，但他尊重整个诉讼过程，并加以合作。②

卢班加与其他人共同犯下征募不满 15 岁儿童的罪行，并在国内武装冲突中利用这些儿童积极参加敌对行动；同时，在指控期间卢班加广泛征募和大量利用儿童兵、卢班加在 UPC/FPLC 内部的权威地位，以及他在正常情况下对导致这些儿童入伍或利用的共同犯罪计划中的重要作用；同时，不存在任何加重情节，相反由于卢班加在整个诉讼过程中与法院的持续合作而符合了减轻情节；因此，卢班加与其他人共同犯下征召不满 15 岁的儿童进入 UPC/FPLC 的战争罪，判处 13 年有期徒刑；与其他人共同犯下募集不满 15 岁的儿童进入 UPC/FPLC 的罪行，判处 12 年有期徒刑；以及与其他人共同犯下利用不满 15 岁的儿童积极参加敌对行动的罪行，判处 14 年有期徒刑。根据《罗马规约》第 78 条第 3 款，以共同判刑为基础的有期徒刑总共为 14 年。③

14 年的总刑期是合并计算后的结果，具体来说，13 年是征召犯罪；12 年是募集犯罪；14 年是利用儿童积极参加敌对行动犯罪。显然，法庭的这个决定认为这三者在犯罪的严重性方面的区别是很微小的。审判分庭在量刑决定中只是确定在争取刚果自由爱国力量中确实存在大规模的、显著的儿童兵现象，但法庭并没有给出不满 15 岁的儿童在争取刚果自由爱国力量中的确切数目，只是确认儿童的参与是"广泛存在的"。

（三）犯罪的严重程度与儿童保护

尽管《罗马规约》第 78 条和《程序与证据规则》第 145 条对量刑所考虑的因素有相关规定，但正如卡里姆·可汗（Karim A. A. Khan）对第 78 条的评论中所认为的那样，量刑与科学一样是一门艺术（Sentencing is

---

① *Lubanga Case*, Decision on Sentence, para. 75.
② *Lubanga Case*, Decision on Sentence, paras. 50，56 – 60，81 – 97，106.
③ *Lubanga Case*, Decision on Sentence, paras. 92 – 99.

as much an art as a science)。① 国际刑事法院有权决定在量刑中考虑哪些因素，以及赋予哪些因素一定的权重和价值。

卡里姆·可汗提及，第78条的各个方面在筹备委员会和罗马外交大会上曾引起过重大的争论。辩论的部分原因是各代表团都试图反映其国内刑事司法系统采取的方法。② 《罗马规约》与特设法庭规约的规定不同，不要求考虑犯罪地区内部的量刑做法。第78条第1款只要求法院在确定判处的刑罚时考虑到"犯罪的严重程度"和"被定罪者的个人情况"这两个因素。《罗马规约》第78条第1款特别提及要依照《程序与证据规则》，由此，《程序与证据规则》第145条中详述的因素在寻求解释和适用第78条时就显得尤为重要。在《罗马规约》缔约时，不可能预见到所有相关的加重和减轻因素。③ 因此，在法庭考虑相关加重和减轻因素时，以往特别或特设法庭的判例就显得十分有参考意义。因此，第一案的法庭在第一份量刑决定书中首先回顾了其他法庭的相关判例和推理。审判分庭在决定书中注意到，卢班加的刑期比塞拉利昂特别法庭的其他被告要低。如上所述，在RUF案中，对与儿童兵相关的罪行是单独判刑的。在RUF案中，伊萨·塞萨伊（Lssa Sesay）是52年有期徒刑，莫里斯·卡隆（Morris Kallon）是40年有期徒刑。

同时，需要明确的是，在解释和适用《罗马规约》第78条时，必须密切关注《程序与证据规则》第145条的第1款和第2款。第145条第1款比《罗马规约》第78条第1款给法院的判刑决定提供了更为详细的指示。第145条第1款第2项要求法院"权衡所有相关因素，包括任何减轻和加重因素"，第1款第3项列出了法院应考虑的一系列因素，这一系列的因素"清单"并非详尽无遗，是一个"开放"的列表，以帮助法庭查明在特定情况下可能相关的其他因素。例如，卢班加审判分庭就考虑了所犯罪行的广泛性以及被定罪者的参与程度和意图。但是，法庭并没有解释这些因素与"犯罪的严重程度"和"被定罪者的个人情况"之间是如何相互关联的。安博斯认为，只有与犯罪同时期的个人情况才有可能被认为与严

---

① Karim A. A. Khan, "Article 78" in Kai Ambos and Otto Triffterer (eds.), *The Rome Statute of the International Criminal Court: A Commentary* (Beck/Hart, 2016), p. 1891, MN 1.

② Karim A. A. Khan, "Article 78" in Kai Ambos and Otto Triffterer (eds.), *The Rome Statute of the International Criminal Court: A Commentary* (Beck/Hart, 2016), p. 1892, at MN 2.

③ Karim A. A. Khan, "Article 78" in Kai Ambos and Otto Triffterer (eds.), *The Rome Statute of the International Criminal Court: A Commentary* (Beck/Hart, 2016), para. 1892, MN 3.

重程度相关；犯罪前或犯罪后的个人情况将被视为加重或减轻的因素，不会影响犯罪的严重性。① 加丹加案（Katanga）法庭在量刑决定书中表示，量刑中要考虑的因素必须体现罪刑罚相适应的原则。因此，刑罚必须始终适应犯罪和被定罪者的个人情况。② 关于被定罪者的参与程度和意图，法庭进一步表示，必须根据审判分庭在裁定被定罪者有罪时的事实和法律调查结果，对其进行评估。③

　　犯罪的严重程度是决定任何刑罚的关键因素。虽然法院的管辖权确保只处理最严重的罪行，但所有罪行都不具有同等的严重性。法院将不得不考虑犯罪的性质和规模，以确定其严重性。前南法庭和卢旺达法庭的量刑判例均强调了罪行的严重性在确定被定罪人适当刑期方面的重要性。在"切莱比契案"（Celibici Case，该案的被告是 Zejnil Delalic、Zdravko Mucic、Hazim Delic 和 Esad Landzo）判决中，审判分庭在第 1225 段中指出"最重要的考虑，可能被视为适当的判决的试金石，是罪行的严重性"。④ 上诉分庭在阿列克索夫斯基案的判决书第 182 段赞同了这一说法。⑤ 前南法庭的法官还认为，在评估罪行的严重性时，必须考虑被告人被定罪的罪行，其根本的犯罪行为及其在犯罪中的具体作用。⑥

　　前南法庭和卢旺达法庭的判例还为法院提供了有关犯罪严重程度的指导。例如，"检察官诉康班达案"（The Prosecutor v. Jean Kambanda）的判决和量刑书中，卢旺达法庭认为："……尽管违反日内瓦四公约共同第三条，以及《第二附加议定书》，但根据严重程度，它们依然被认为是比种族灭绝罪或危害人类罪更轻的罪行。"在同一段落中，法庭认为，如果要根据种族灭绝罪和危害人类罪的严重程度，对这两个罪进行排序，似乎是件更困难的事。⑦ 但是，前南法庭在"检察官诉埃尔戴莫维奇案"（The

---

① 参见 Ambos, K., *Treatise on International Criminal Law*, Volume Ⅱ: *The Crimes and Sentencing* (Oxford University Press 2014), pp. 295 – 296。

② *Katanga Case*, Decision on Sentence, para. 39.

③ *Katanga Case*, Decision on Sentence, para. 61.

④ ICTY, *Prosecutor v. Zejnil Delalic Zdravko Mucic*, *Hazim Delic Esad Landzo*, IT-96-21, Judgment, 16 November 1998.

⑤ ICTY, *Prosecutor v. Zlatko Aleksovski*, IT-95-14/1, Judgment, 24 March 2000.

⑥ *Prosecutor v. Tadić*, Judgment in Sentencing Appeals, 26 January 2000, para. 55; *Prosecutor v. Delalić et al.*, IT-96-21-A, Judgment, 20 February 2001, para. 847.

⑦ *Prosecutor v. Kambanda*, ICTR-97-23-S, Judgment and Sentence, 4 September 1998, para. 14.

Prosecutor v. Drazen Erdemovic）的量刑决定书中，法官麦克唐纳和沃拉通过发表联合个别意见，表达了不一样的看法。他们认为，危害人类罪是比战争罪更严重的罪行。灭绝种族罪和危害人类罪的"极端严重性"要求对犯下这种罪行的人进行"适当的惩罚"。战争罪、危害人类罪和种族灭绝罪的区别在于后两者有系统地针对平民，它们是针对平民的"更广泛的暴力方案"。①

但在上述判例中能取得共识的是，公正的量刑判决或决定是反映被定罪者所犯罪行的严重程度的。② 犯罪的严重程度应该是量刑的主要决定因素，同时，"严重程度"（gravity）不应被抽象地或单独地考虑，应该考虑事实、情节与各种犯罪要件，应根据案件的具体情况和被定罪者的参与程度，从数量和质量两个方面进行评估。③

RUF 案和卢班加案这两份量刑决定书，对征募儿童的战争罪的严重程度都有相关的讨论，可以得知，在决定征募儿童犯罪行为的严重程度时，RUF 法庭强调被告对儿童兵的大规模利用，儿童在部队中的患病率，遭受绑架和残酷的训练，一些新兵在年纪轻轻的时候就染上了毒瘾等现象。卢班加案审判分庭在评估征募和利用不满 15 岁儿童的罪行的严重程度时，考虑到儿童的易受伤害性、受伤和死亡的风险，以及创伤后的压力和风险。④ 这些对儿童造成的损害的程度，尤其是对被害人及其家庭造成的伤害，是两个法庭都承认的征募儿童战争罪犯罪严重程度中最重要的考虑因素。

"量刑与科学一样是一门艺术。"《程序与证据规则》第 145 条有一个特别能体现量刑的"艺术性"的用语："权衡。"⑤ 也就是说，属于衡量犯罪严重性的因素与被认为是减轻或加重的因素之间的区别在很大程度上仍然是不确定的。⑥ 这种不确定性很大程度上是由"犯罪的严重程度"概念的复杂性所致。

---

① *Prosecutor v. Erdemovic*，IT-96-22-A，Judgment，Joint and Separate Opinion of Judge McDonald and JudgeVohrah，7 October 1997，paras. 20 – 22.

② *Katanga Case*，Decision on Sentence，paras. 45 – 50.

③ *Katanga Case*，Decision on Sentence，para. 43.

④ *Lubanga Case*，Decision on Sentence，paras. 36 – 44.

⑤ Karim A. A. Khan，"Article 78" in Kai Ambos and Otto Triffterer（eds.），*The Rome Statute of the International Criminal Court*：*A Commentary*（Beck/Hart，2016），p. 1893，MN 6，7.

⑥ 参见 Ambos，K.，*Treatise on International Criminal Law*，Volume Ⅱ：*The Crimes and Sentencing*（Oxford University Press 2014），p. 288。

第六章　征募儿童的战争罪与儿童权利保护

　　本书以第一案作为线索，穿插塞拉利昂特别法庭在相关案件中的判例，详细讨论了征募儿童战争罪的主要法律问题，分析了国际刑事法院是如何处理征募儿童的战争罪的。与塞拉利昂特别法庭一道，国际刑事法院通过第一案成功创建了关于征募不满 15 岁儿童，以及利用不满 15 岁儿童参加敌对行动的战争罪的重要判例。由卢班加案所建立起来的先例会对未来国际刑事法院所有案件产生影响。总体而言，国际刑法，通过各种刑事司法机构的判例与实践，一直在努力明晰征募儿童的战争罪的诸多法律问题，但在对《罗马规约》和《犯罪要件》的解释上，法院预审分庭和审判分庭的处理略有不同。

　　第一案的审判过程，还为我们提供了窗口，观察检察官、被告和被害人三方如何在法庭上处理和应对一系列的问题。正如本书在开篇"选题"部分所言，儿童是国际刑事法院"第一案"程序问题的"中心"，辩方的主要证人包括 10 名声称自己是前儿童兵的儿童，还有 129 名被害人在司法程序中被授予了被害人参与的地位，而这 129 人中的大部分都是前儿童兵及其亲属。但是，法院对儿童处理存在一些可圈可点之处。另外，国际刑事法院的法律框架是综合性的，包括《儿童权利公约》和国际公认的人权标准。《罗马规约》第 68 条第 3 款为被害人的参与提供了法律上的可能性，《程序与证据规则》第 86 条规定了国际刑事法院应该考虑儿童被害人和儿童证人的需要的一般原则，这些条款都具有开拓性。但在解释和适用《罗马规约》相关条款的第一案中，可以观察到的是，控方在审判过程遇到了很多困难，依赖中间人的调查方法甚至使整个审判面临终止的局面，这将对后来的检察官本苏达所使用的调查方法产生深远的影响。未来，中间人的选择与监督机制的产生和完善会成为检察官办公室工作的一大重心，法院的监督也将会常态化。现实中，由于中间人已经在情势发生国（地）与被害人及其所处的社区建立起联系，因此中间人对于调查可以起到非常有益的作用。另外，第一案暴露出来的儿童证人可靠性问题使得未来的法院必须采取谨慎的措施，不仅需要确保证人证言的真实性，还需要保护那些被引诱到法庭作伪证的儿童的安全和健康。第一案的儿童被害人和儿童证人最后被法庭认为是不受欢迎的，是不可靠的。如何发现、保护与援助儿童证人和被害人，如何发挥被害人与证人股等部门在这方面的关键作用，如何营造儿童友好型的作证环境，等等，都是未来法院需要学习的。由于本书的篇幅与主题界定，本书并没有详细介绍和讨论法院在第一案中的程序关注点，但这一定是值得持续关注和研究的主题。

本章将总结上述章节的主要内容，归纳第一案中认定的征募儿童的战争罪的犯罪事实，分析比较第一案预审分庭和审判分庭决定书和裁决书中的异同之处，在此基础上提出保护武装冲突中儿童的建议，这些建议将结合法院未来需要处理的与儿童相关的情势和案件，讨论如何使儿童的参与更有效，如何保护儿童的最大利益、健康、隐私和安全，以及如何维护国际刑事法院的权威，结束有罪不罚现象，促进国际法治的实现。

一　第一案征募儿童的战争罪的犯罪事实

如前所述，审判法庭通过区分、定性和列举等方式，解释了《罗马规约》第8条第2款第2项第26目和第8条第2款第5项第7目中的"征召"、"募集"以及"利用儿童积极参加敌对行动"。随后，法庭开始认定本案中相关的犯罪事实。

首先是关于征募儿童进入 UPC/FPLC 的犯罪事实。法庭根据第 P-00055，P-0014 和 P-0017 号证人证言，再加上一些文件证据，确认了 UPC/FPLC 的领导人在 2002 年 9 月 1 日和 2003 年 8 月 13 日之间，在 UPC/FPLC 各个武装派别中大规模征募年轻人，其中就包括不满 15 岁的儿童，这些儿童的入伍既有强迫也有"自愿"（on an enforced as well as a "voluntary" basis）。在此期间 UPC/FPLC 的领导人，包括本案被告卢班加，在动员和征募政策中发挥着积极的作用（particularly active in），说服一些赫玛族家庭将自家的儿童送进 UPC/ FPLC。法庭还采纳了多位可靠的儿童证人证言，证实儿童进入 UPC/FPLC 后在布尼亚总部或其他训练营，如位于卢旺姆帕拉（Rwampara）、曼德罗（Mandro）和蒙瓦卢（Mongbwalu）的训练营，进行了艰苦的训练。从证人所提供的在曼德罗等训练营的视频中推断，这些儿童的年龄没有达到 15 岁，甚至有些不足 10 岁。根据证人证言，法庭还发现，UPC/FPLC 征募儿童士兵时并不关注他们的年龄，而是看其体格及其是否有使用武器的能力，只有因年龄过小而拿不住枪的儿童才不会被接受。同样有证人指出，这些儿童在训练营里被逼迫进行残酷的军事训练，一些非政府组织也证实在 2003 年之后复员回家的儿童均能够非常熟练地拆装和使用武器。最后，卢班加等武装集团的指挥官被证明曾直接向当地赫玛族村民发布指令，要求他们"贡献"儿童保卫本族的安全，并向隐藏儿童的家庭施压。这一系列证据都"超越合理怀疑地"（the evidence has established beyond reasonable doubt）表明，2002 年 9 月 1 日和 2003 年 8 月 13 日之间，UPC/FPLC 存在征募不满 15 岁的儿童入伍的行为。[①]

其次是利用儿童积极参加敌对行动的犯罪事实。在确认指控阶段，为了确定是否有卢班加"利用儿童积极参加敌对行动"的充分证据，法庭考察了军事训练的存在、内容（包括武器的利用训练）、次数（训练持续了大约两个月），以及培训的强度（严格的纪律）等方面的充分证据，并指出，军事训练结束后，儿童就被认为是"适合战斗"的战士，被送到前线。[②] 同时，有更多的证据证明儿童在 UPC/FPLC 中当保镖的事实，这属于"利用儿童积极参加敌对行动"。

法庭根据证人证言，确认了在布尼亚等几个战场存在儿童兵参加战斗的现象。在多个 UPC/FPLC 的营地，UPC/FPLC 控制的边界地区，重要的军事港口马哈吉都发现了儿童被用于充当武装护卫的角色。拍摄的若干视频也显示，UPC/FPLC 的高层将领，包括本案被告卢班加，经常使用 15 岁以下的儿童充当贴身保镖。这一系列证据都"超越合理怀疑"（the evidence has established beyond reasonable doubt）地证明了在 2002 年 9 月 1 日和 2003 年 8 月 13 日之间，UPC/FPLC 存在"利用儿童积极参加敌对行动"

---

① *Lubanga Case*, Judgment, paras. 911 – 914.

② *Lubanga Case*, Decision on the Confirmation of Charges, paras. 263 – 265.

的行为。①

综上所述，法庭认定，在 2002 年 9 月至 2003 年 8 月，伊图里地区发生了非国际性武装冲突，卢班加在该冲突中征募不满 15 岁的儿童加入武装部队或集团，或利用他们积极参加敌对行动，战争罪的犯罪事实得到确认。②

二　征募儿童的战争罪在第一案确认
起诉决定与定罪判决中的异同

第一，预审分庭的确认起诉决定确定了对卢班加指控的一些重要因素。例如，预审分庭扩大了"国家政府军队"概念，在国际和非国际性武装冲突中涵盖非国家武装团体。③

第二，在武装冲突的性质认定方面，审判法庭也通过卢班加案确认了自前南法庭塔迪奇案以来国际法律实践的认定标准，排除了"控制一定领土"等过高的认定标准，选择了前南法庭所确立的"总体控制"标准，这一标准相对容易识别，降低将武装团体、民兵、游击队混战地区的冲突界定为武装冲突的证明难度，有利于国际人道法在非国际性武装冲突中的适用，让此类武装冲突中的犯罪行为能得到有效的追究。

第三，确认征募儿童的战争罪的犯罪行为。法庭裁定，征募儿童的战争罪有两种行为方式，一种是无论儿童"同意"与否的征召或募集，另一种是在敌对行动中积极利用儿童。无论哪一种方式，法庭都明确拒绝了任何关于儿童"同意"作为抗辩的理由。这个问题其实反映了儿童自主性与人权法上保护儿童的冲突，而国际判例坚定地站在了保护儿童的一面。此外，预审分庭也拒绝关于法律错误辩护的请求。

第四，预审分庭和审判分庭用不同的方式界定了什么是"利用儿童积极参加敌对行动"。预审分庭裁定，"利用"包括用作侦察、监视、破坏，和利用儿童作为引诱、送信或者在军事驿站放哨。此外，塞拉利昂特别法庭和国际刑事法院预审分庭，都通过举例的方式说明积极参加敌对行动的

---

① *Lubanga Case*, Judgment, paras. 915.

② *Lubanga Case*, Judgment, paras. 916.

③ *Lubanga Case*, Decision on the Confirmation of Charges, paras. 277 – 281.

范围。预审分庭扩大了"积极参加"的范围，这可能促使更大范围地保护武装冲突中的儿童，但在现实中，也存在把儿童置身于更危险境地的可能性。这是因为，把更多的儿童包括进"积极参加"的范围，相当于给了更多儿童战斗员的身份和地位，他们不再被视为平民，从而减少了他们根据《日内瓦第四公约》获得的平民保护。

审判分庭的判决略有不同。审判分庭认为，应在逐案分析的基础上考虑什么是"积极参加"。在个案上作考虑，就意味着允许法庭考虑在具体武装冲突或敌对行动中的所有相关因素，包括冲突的不同性质、相关敏感的背景因素，等等。这种方式在审判分庭中第一次得到采纳，其确定的"积极参加"的评估标准是儿童是否暴露到实际的危险之中，成为潜在的攻击目标。这种方法可以更灵活地考察儿童的参加程度，并且根据儿童在不同的冲突下的角色来判断。这是更为显著和有效的保护儿童的立场。

第五，就该罪的心理要件而言，预审分庭裁定，《犯罪要件》规定的"应当知道"是《罗马规约》第 30 条明知和故意的一个例外，它适用于确定被害人的年龄，而一般的故意和明知的心理要件要求将适用于确定其他物质要件，包括武装冲突的存在和被告的指控行为与武装冲突之间的联系等。① 但是，这一分析并没有得到审判分庭采纳。审判分庭的判决指出，检方指控文件要求的是实际的"知道"，而不是"推定知道"或"应当知道"。② 因此，审判分庭选择不对这一重要问题进行抽象地裁决。本书认为，如果审判分庭能对这一"疏忽"的心理要件问题有进一步分析，确定"疏忽"或"应当知道"的心理要件也能适用于征募儿童的战争罪，将更有利于儿童权利保护。

第六，预审分庭对第 30 条的心理要件进行了细致的分析，有一定借鉴意义。预审分庭认为，"故意和明知"的累积效果就是要求行为人存在意志因素。《罗马规约》第 30 条包括一级故意、二级故意和间接故意。关于征募儿童，涵盖了以下三种情况。武装部队或武装集团的指挥官：明知其征兵政策的意图，就是征募儿童入伍；其征兵政策的目的并不只是征募儿童，但儿童可能因此被征募入伍；以及意识到实现儿童入

---

① *Lubanga Case*, Decision on the Confirmation of Charges, para. 359.
② *Lubanga Case*, Judgment, para. 1015.

伍的风险很高，但对于最后是否有儿童入伍的结果持放任态度。因此，总的来说，预审分庭所确立的心理要件是较为复杂的，以确保儿童不以任何理由或借口被征募到军队当中。预审分庭所构建的该罪心理要件较为成功，确立了较为严格的责任，避免了可能使儿童成为士兵的任何风险，从而落实《罗马规约》打击有罪不罚现象和《儿童权利公约》保护儿童的根本宗旨与目的。

第七，关于征募儿童作为战争罪的责任模式，本书没有作专门的展开，此处仅作一些概括论述。有意思的是，国际刑事法院的预审分庭和审判分庭在这个问题上都偏离了以往特设法庭的"共同犯罪理论"。在确立共同犯罪责任方面采纳了一个客观的方法。审判法庭采用的方法是"犯罪控制论"，以决定被告在共同犯罪计划中是否发挥"重要的"作用，也就是说，如果没有他，犯罪就不会进行。但福尔福特法官并不同意这个推理，认为预审法庭对责任模式的分析是错误的。他认为，"犯罪控制论"的判断，需要法庭在判决时发挥想象，想象一个成立的犯罪中被告所发挥的作用，这种判断从根本上有问题，在定罪归责中不能有假设与想象。

总体而言，国际刑事法院已经成功地解决了《罗马规约》对征募儿童的战争罪的挑战。它确认了"儿意的同意"（"自愿"）不是抗辩理由，这表明一个强大的保护儿童的立场。犯罪行为的另一关键要素"积极参加"应该如何界定，现在也已经有了重要的先例，审判分庭确立起"潜在的危险"的考察方法。这个方法可以确保那些暴露在实际危险中的儿童被视为"儿童兵"，再去考虑他们在武装冲突中所发挥的具体作用。这种逐案分析的方法采取了更灵活的态度，根据不同的事实和情况，解释和适用《罗马规约》第8条第2款第2项第26目和第5项第7目的适用及范围。预审分庭把"知道或者应当知道"作为第30条心理要件例外的犯意标准也值得赞扬，正如指出的那样，可惜的是，审判分庭并没有在判决中支持这一推理。

三 保护武装冲突中儿童的建议

国际社会积极应对儿童兵现象时，应更多地关注预防。如果仅仅关注儿童兵的解除武装、复员、安置和重返社会计划，而不关注如何根除儿童兵现象，那么国际刑事法院和国际社会一直只是在做善后工作，并非从根源上解决这一问题。预防与禁止在任何情况下使用儿童兵应是儿童权利保护整体议程的优先事项。

（一）将利用儿童兵作为大规模暴行的一项预警指标

目前，在禁止使用儿童兵方面，国际社会的努力存在明显缺陷，首先是儿童保护的意识不足，现有国际协定对于儿童兵的征募和利用不够重视。自1989年《儿童权利公约》通过后，很多交战方签订了100多项和平协定，其中涉及儿童兵的规定只有10条，由此可见一斑。

儿童兵的使用应作为一项预警指标（early warning indicators）。[①] 国际社会对武装冲突的发生与行动需要一系列完整的预警指标。2005年，联合国秘书长在大会上提出"保护的责任"（R2P）概念，旨在加强冲突的预防。通过运用预警指标，"保护的责任"旨在促进国际社会提前采取行动，防止大规模暴行的发生。联合国希望建设"确保采取及时和果断行动的预警能力"。[②] 征募和利用儿童兵在"保护的责任"的范围内，但这目前还不是一项预警指标。联合国秘书长安东尼奥·古特雷斯（Antonio Guterres）向联合国安理会发表了他的任期的第一个讲话，在讲话中，他强调联合国和国际社会有必要对和平与安全采取更为预防性的做法，他说："我们花费更多的时间和资源来应对危机，而不是预防危机。人们付出的代价太高。会员国付出的代价太高。我们需要一个全新的方法。"[③]

如果我们能在最早的阶段发现潜在的大规模暴行，我们就能在关键时采用更有效的应对措施。在贫困和脆弱国家，儿童更容易被引诱参与犯罪

[①] Shelly Whitman, et al., *Child Soldiers：A Handbook for Security Sector Actors* （Halifax：the Roméo Dallaire Child Soldiers Initiative, 2nd edition, 2014），http：//www. childsoldiers. org/ wp-content/uploads/2016/07/Dallaire_ Initiative _ Handbook _ Preview. pdf，最后访问时间：2015年3月1日。

[②] Jean-Marie Guéhenno, et al., "UN Early Warning and Responses to Mass Atrocities Meeting Summary"，Global Centre for the Responsibility to Protect, http：//www. globalr2p. org/media/files/ un-early-warning-and-responses-to-mass-atrocities. pdf，最后访问时间：2018年3月1日。

[③] Antonio Guterres, "Remarks to the Security Council Open Debate on 'Maintenance of International Peace and Security：Conflict Prevention and Sustaining Peace", https：//www. un. org/sg/en/con-tent/sg/speeches/2017-01-10/secretary-generals-remarks-maintenance-international-peace-and，最后访问时间：2018年3月1日。

活动，导致他们犯罪的因素与儿童兵所面临的情况是相似的，儿童数量多、易于接近、经济困难、受教育程度低或者根本没有接受过教育、对找到一份有报酬的工作基本不抱期望、长期暴露在脆弱国家常见的暴力和堕落环境中。如果将它作为一项预警指标，既有助于赢得国际支持，又能形成潘基文秘书长所提倡的"窄且深"的方法（"narrow but deep" approach）。因此，本文建议将征募和利用儿童兵作为大规模暴行的一项预警指标，为防止暴行提供更大的空间。

罗密欧·达莱尔（Romeo Dallaire）在《他们像士兵一样战斗，像孩子一样战亡》一书中描述，"当把枪支压在胸前时，孩子还是孩子吗？那些儿童兵的眼睛宽广而灿烂，尖叫着痛苦和难受，承受着恐惧和仇恨；他们看到了什么，这对他们的灵魂有什么影响？"① 1993 年年底，达莱尔受命担任联合国卢旺达援助部队（UNAMIR）的司令官，他在那里亲眼看到了卢旺达大屠杀的整个过程。在大屠杀当中，他遇到了儿童兵。后来，他着手制定罗密欧·达莱尔儿童兵倡议（Romeo Dallaire Child Soldiers Initiative），倡导在冲突中结束使用儿童兵，倡导儿童不应该知道或参与战争。这种处理和平与安全问题的做法值得肯定。国际社会长期以来一直强烈反对使用儿童兵，试图将他们从武装部队和集团中解放出来，并使他们重新融入社会。虽然这种方法很重要，但是不足以解决征募和利用儿童兵问题。达莱尔倡议旨在通过整个国际社会的培训、研究和宣传活动，提前防止儿童成为士兵，避免对和平与稳定、社会和儿童本身的伤害。作为预防工作的一部分，国际社会可以在儿童基金会、维持和平行动等多个层面与联合国展开合作，推动保护世界各地的儿童免遭武装冲突。预防不仅是优先事项，而且是必须事项。如果国际社会履行保护的责任，将拯救生命，减少痛苦，给千百万人带来希望。

从第二次世界大战时期的希特勒青年团到卢旺达等，都有儿童参与大规模暴行的情况。儿童兵并不是一个新现象，我们虽然认识到了征募和利用儿童兵与更有效的预警机制之间的联系，但目前还没有将这一认识付诸实践。因此，将征募和利用儿童兵作为预警指标，可以促使人们采取重视

---

① Romeo Dallaire, *They Fight Like Soldiers*, *They Die Like Children. The Global Quest to Eradicate the Use of Child Soldiers* (Toronto: Random House of Canada, 2010), p. 9.

加强儿童保护的行动，包括教育改革、社区宣传、国家相关部门改革等，让国际社会重新思考如何增加对高风险地区的应对。预警机制可用来识别、重视和防止儿童兵的利用，应得到国际社会重视。①

（二）重视征募儿童的战争罪的威慑作用

国际刑法是否有震慑力，这一直是一些认为"国际法不是法"以及对国际法是否能实现正义价值持怀疑态度的学者所经久不衰的话题之一。震慑作用是很难看到和衡量的，正如第二章的论述，征募儿童是武装部队或武装集团理性选择的结果。而武装部队或集团如果选择不再征募或利用儿童，根据理性人的假设和犯罪学理论，那或许是由于有越来越多的事实、实践表明征募儿童兵要承担的不利后果要远远大于征募儿童所获利益，这当中一个主要的影响因素就是行为人害怕被处罚或判刑。②

尽管就连前南法庭的前首席检察官理查德·戈德斯通（Richard Goldstone）也认为国际刑事法庭的裁判无法具备足够的威慑力，裁决的作用只是结束特定的有罪不罚现象，但是，"国际法无用论"依然是不可取的。正如在第一案中，当时的首席检察官路易斯·莫雷诺·奥坎波称，"这对打击有罪不罚现象有重要影响，是刚果民主共和国和世界各地的儿童与此种罪行作斗争的一个里程碑"。③负责儿童与武装冲突的秘书长特别代表库马拉斯瓦米也称，"全球媒体将今天的判决送达世界各地的军阀和指挥官，并将产生强大的威慑力"。④卢班加案的全部完成代表了国际刑法一个重大的进步，并向全世界发出这样一个明确的信号，国际社会需要结束对征募和利用儿童有罪不罚的现象，而且要在全世界结束儿童兵现象，虽然这是需要时间的，并不是一蹴而就的目标。

当然，第一案是否发挥出震慑的作用，目前是很难准确衡量的。尽管

---

① "Preventing the Use of Child Soldiers, Preventing Genocide", https: //unchronicle. un. org/article/preventing-use-child-soldiers-preventing-genocide，最后访问时间：2018 年 3 月 1 日。

② 参见 Norrie A, *Crime, Reason and History: A Critical Introduction to Criminal Law* (New York: Cambridge University Press, 2001), p. 210。

③ ICC, "Prosecutor Presents Evidence that Could Lead to First ICC Trial", 9 November 2006, http: //www. icc-cpi. int/press/pressreleases/201. html，最后访问时间：2015 年 3 月 1 日。

④ "In Landmark Ruling, ICC Finds Congolese Warlord Guilty of Recruiting Child Soldiers", UN News Centre (2012), 14 March 2012, http: //www. un. org/apps/news/story. asp? NewsID = 41537&Cr = icc&Cr1，最后访问时间：2015 年 3 月 1 日。

很多媒体给予卢班加案件广泛的关注，但在乌干达、苏丹、斯里兰卡、缅甸、刚果民主共和国、科特迪瓦和叙利亚冲突中，依然看到儿童的身影。[①]但是，这并不能说明卢班加案没有产生任何威慑力，震慑力是需要经过时间的考验的。

国际刑事法院目前的发展态势并不是相当乐观，它遇到了很多的挑战，例如，近年来国际刑事法院的逮捕令得不到执行，在苏丹达尔富尔情势中受到公开地蔑视，在肯尼亚情势中起诉两位在位的总统和副总统，也受到了当地极大的舆论批评。2014 年 12 月 5 日，国际刑事法院决定撤销对肯尼亚副总统的起诉。因此，要让国际刑事法院的司法判例现在就发挥出很大的震慑力，并不容易。

但是，我们更应该关注以下的进步。非政府组织人权观察研究员在2009 年的报告中写道这样一个有趣的故事："在卢班加移交国际刑事法院逮捕这一天，人权观察的研究员与一个刚果陆军上校讨论他的部队（当地的民兵组织）在某地区的一些行为。当研究员向他介绍战争罪的讨论时，上校站起来说：'我不希望像卢班加，我可不希望去海牙！'"[②]

当时的特别代表拉迪卡·库马拉斯瓦米在接受采访时称，冲突地区的指挥官领导人物曾向她询问国际刑事法院和卢班加案，她认为这种对待国际刑事法院的态度代表着"国际法健康发展"。[③] 早在法院刚刚成立的2003 年，民主刚果伊图里地区的一位前武装集团指挥官也描述过对于国际刑事法院的潜在恐惧："我们现在行动都经过三思了，因为我们不知道法院可以做些什么和会做些什么。"[④] 同时，法院的工作来也受到了越来越多人地肯定和尊重，例如一位出庭的儿童证人称："如果你犯了罪，国际刑

---

① L. Charbonneau，"UN gets Reports of Child Soldiers with Syria Rebels"，Reuters，26 March 2012，http：∥www. reuters. com/article/2012/03/26/us-syria-un-idUSBRE82P0W220120326，最后访问时间：2018 年 3 月 1 日。

② Human Rights Watch，"Selling Justice Short. New York：Why Accountability Matters for Peace"，2009，p. 125，https：∥reliefweb. int/sites/reliefweb. int/files/resources/19CFAC43C5ACE2D44925 75EC001FE86D-Full_ Report. pdf，最后访问时间：2018 年 3 月 1 日。

③ 参见 Julie McBride，*The War Crime of Child Soldier Recruitment* （The Hague，The Netherlands：T. M. C. ASSER PRESS，2014），p. 213。

④ 参见 William W. Burke-White，"Complementarity in Practice：the International Criminal Court as Part of a System of Multi-level Global Governance in the Democratic Republic of Congo"，*Leiden Journal of International Law* 18 （2005）：587。

事法院是会审判你的。"① 这些进步我们都是要注意到的，国际刑事法院的这种发展是有希望的，而这些案件的长远威慑效果真实情况还需要一段时间来体现。国际刑法明确禁止征募儿童入伍，国际刑事法院在不同案件中坚持一贯的、清楚的法律概念、条款的解释和适用，也在事实上有助于增强判决的震慑力。特别法庭和国际刑事法院的集体努力使处罚征募儿童的战争犯罪在实现国际正义和保护儿童权利的问题上发挥了重要的作用。

国际刑法和国际人道法都对平民、儿童提供保护，但保护方式完全不一样。国际人道法尽可能保护不直接参加敌对行动的平民，这些平民当中包括儿童。国际刑法通过对相关行为人提供审判与制裁等方式保护武装冲突中的儿童。本书认为，对征募儿童的行为人定罪处罚，是目前为止保护儿童避免涉及或卷入武装冲突最为根源和有效的方式。从源头上杜绝儿童兵现象，最有效的方法是通过国际刑事司法判例所发挥出的震慑作用。只有这样，才能真正地保护那些处于武装冲突环境中的儿童，而并非在武装冲突发生了以后，才设计各种机制来帮助他们重返社会和重建心灵健康。因此，那种认为在武装冲突发生以后，或者冲突后的社会重建中，再去强调儿童兵或者前儿童兵的施害者身份，或强调儿童兵的刑事责任的观点都不是最有利保护武装冲突中的儿童的，这样既不利于保护这些参加了武装冲突的儿童，也不利于使那些可能遭受儿童兵杀害的儿童或平民幸免于难。只有在根源和源头上不让儿童进入、涉及武装冲突、武装部队，不让儿童与武装冲突、武装部队产生联系，才是保护儿童最有效的方式。

四　国际刑事法院未来对儿童权利保护的完善

本部分所提出的国际刑事法院未来对儿童保护的完善建议相比于一些具体的讨论和意见来说，视角将更为宏观，这些建议是结合现存的国际文书、国际判例和一些国家代表团的观点而综合提出的。

（一）处理好《罗马规约》的一致解释，以及与其他国际法渊源的关系

在本书的上述介绍和分析中可以发现，第一案的预审分庭和审判分庭对征募儿童的战争罪，即《罗马规约》第 8 条第 2 款第 2 项第 26 目和第 8

---

① *Lubanga Case*, Trail Transcript of 9 June 2009, p. 78, lines 24−25.

条第 2 款第 5 项第 7 目的解释是不尽相同的；对《罗马规约》本身相同用语是否有不同的含义，态度也是模糊的。另外，第一案中的法庭对相关条约约文的解释方法与解释结果，还可能造成与现存的国际人权法、国际人道法不相一致。

例如，国际人道法体系中，"实际"和"直接"参加敌对行动具有相同含义。但如果按照前述第一案预审分庭对"利用儿童积极参加敌对行动"的解释，考虑到这两个不同的法律体系，那么这就相当于允许检察官根据《罗马规约》起诉那些并没有为国际人道法所禁止的行为。这样的解释是否意味着在同一个法律文书中，即《罗马规约》中，规定于不同条款的同一个法律概念可能会有不同的含义？如果答案是肯定的，这将意味着，国际刑事法院以后解释第 8 条第 2 款第 2 项第 1 目和第 2 款第 5 项第 1 目的"直接参加敌对行动"时①也要对"直接参加敌对行动"下一个定义和范围。如果答案是否定的，即在《罗马规约》框架中对"直接参加敌对行动"这一概念的解释是一致的，那将意味着在国际刑法和国际人道法中对这一概念有不同的理解。这个后果可能会导致攻击某些从事了"未直接参加敌对行动"的个别平民的战斗员，根据《罗马规约》第 8 条第 2 款第 2 项第 1 目和第 8 条第 2 款第 5 项第 1 目，会在国际刑事法院被起诉和审判；但这样的行为根据国际人道法不一定受到禁止，因为这样的"平民"在国际人道法中被视为"直接参加敌对行动"的人员。

因此，在未来的国际刑事法院实践中，这种情况是需要避免的。

正如中国代表、外交部条约法律司副司长马新民在《国际刑事法院罗马规约》第 16 届缔约国大会上的发言所指出的那样：

> 法院应坚持《罗马规约》的统一和一致适用。各缔约国对法院的信赖在于《罗马规约》的可预测性和确定性，各方期待法院能够对《罗马规约》作出客观、统一的解释和适用。这是法治的要义所在。任何"双重标准"和"选择性司法"的做法都与此相悖。各缔约国在《罗马规约》面前一律平等。法院在处理情势和案件中，包括在初步审查、调查、起诉、审判和赔偿等各阶段，应以统一的标准将《罗马

---

① "（1）故意指令攻击平民人口本身或未直接参加敌对行动的个别平民。"——作者注

规约》平等适用于各国和案件各当事方；应以一致的国际刑事司法法理完整地解释和适用《罗马规约》与其他相关国际法规则，并据此处理所有案件。①

此外，中国代表的此次发言还强调了法院应依法处理《罗马规约》和一般国际法规则的关系：

> 《罗马规约》尊重一般国际法规则的适用。首先，《罗马规约》将一般国际法作为法院的重要法律渊源。如《罗马规约》第10条规定，除为本罗马规约的目的以外，本编的任何规定不得解释为限制或损害现有或发展中的国际法规则；第21条规定，法院适用的法律包括视情况可予适用的国际法原则和规则。其次，《罗马规约》在处理其本身规定的义务与一般国际法义务的关系时，也强调不能违反一般国际法。如第98条规定，如一国执行与法院合作的请求将违背该国对第三国承担的习惯国际法义务或条约义务，则法院不得提出此项请求。法院应严格按照《罗马规约》的规定，妥善处理《罗马规约》和一般国际法的关系。

在第一案的处理中其实也涉及此问题。例如，在儿童作为被害人参与方面要与《儿童权利公约》和其他可适用的国际人权条约相一致。在第一案中，儿童被害人申请参与的资格与申请过程，国际刑事法院对此的做法与实践前后并不一致。虽然本书没有展开讨论，但是，法院在这些方面最好都能采取一致的政策和标准。儿童也有权要求获得一个公平快速的司法程序。②

战争罪是严重违反国际人道法的行为，《罗马规约》的解释必然也受到国际人道法这一法律体系的影响，且国际人道法的某些规定或精神，例如"基本保证"的规定，本身就有习惯国际法或一般国际法的地位。《罗

---

① 《外交部条法司副司长马新民率中国观察员代表团出席第16届〈国际刑事法院罗马规约〉缔约国大会》，外交部，http://www.fmprc.gov.cn/web/wjb_673085/zzjg_673183/tyfls_674667/xwlb_674669/t1520870.shtml；发言全文参见：https://asp.icc-cpi.int/iccdocs/asp_docs/ASP16/ASP-16-CHI-C.pdf，最后访问时间：2018年3月1日。

② 《关于在涉及罪行的儿童被害人和证人的事项上坚持公理的准则》第30条第3款。

马规约》的解释和适用不应该违背国际人道法基本文书和基本原则。像"积极参加敌对行动"和"实际参加"这样一些用语所具有的通常含义，已在国际人道法的条约和惯例中有较明确的阐述，国际刑事法院就应该考虑与兼顾到，而并非认为解释符合了国际刑法的目的和宗旨，符合了"准备工作及缔约之情况"，就可以作不一致或含糊的解释。在武装冲突中保护平民与保护儿童免遭敌对行动中的征募和利用之间可能存在相关性，在范围上不应该引起混淆与误解。

同时，国际刑事法院的判例法，甚至国际刑事法院与其他非常设的国际刑事司法机构，在判理上应尽可能地保持一致性和连贯性。例如，前南法庭和卢旺达法庭在保护平民方面也都曾确认，为了适用《第二附加议定书》第 4 条和日内瓦四公约共同第 3 条第 1 款，积极参加等同于直接参加，"实际"和"直接"参加敌对行动具有相同含义。

（二）重视《儿童权利公约》

《罗马规约》第 21 条第 3 款①提到了非歧视原则和国际承认的人权标准，国际刑事法院框架下法律的解释和适用都应该参照非歧视原则和国际承认的人权标准。《儿童权利公约》作为在儿童权利保护领域得到最多认可的条约，同时也是联合国框架内签署国最多的条约，国际刑事法院在司法程序中考虑甚至采纳《儿童权利公约》的基本原则都是必须的。《儿童权利公约》的基本原则和基本条款，特别是《儿童权利公约》的第 2 条、第 3 条、第 6 条和第 12 条，应该在国际刑事法院处理儿童证人和儿童被害人时起到指导与参考的作用。因此，尽管国际刑事法院并不是《儿童权利公约》的"缔约方"，但它也适用相关的人权标准，以实现其在《罗马规约》第 21 条第 3 款和《程序与证据规则》第 86 条下的使命。

第一，《儿童权利公约》第 2 条②提出了"非歧视"的原则。非歧视

---

① "依照本条适用和解释法律，必须符合国际承认的人权，而且不得根据第七条第三款所界定的性别、年龄、种族、肤色、语言、宗教或信仰、政见或其他见解、民族本源、族裔、社会出身、财富、出生或其他身份等作出任何不利区别。"

② 第 2 条："1. 缔约国应遵守本公约所载列的权利，并确保其管辖范围内的每一儿童均享受此种权利，不因儿童或其父母或法定监护人的种族、肤色、性别、语言、宗教、政治或其他见解、民族、族裔或社会出身、财产、伤残、出生或其他身份而有任何差别。2. 缔约国应采取一切适当措施确保儿童得到保护，不受基于儿童父母、法定监护人或家庭成员的身份、活动、所表达的观点或信仰而加诸的一切形式的歧视或惩罚。"

原则的重要性已经在几乎所有国际人权文件中得到认可。① 《儿童权利公约》本身并未对歧视作出界定。儿童权利委员会也没有发布有关第 2 条的一般性评论。但在儿童权利委员会 2001 年发布的一般性意见中，阐明了基于第 2 条列举的任何理由的歧视，无论是公开的还是隐藏的，都侵犯了儿童的尊严，损害甚至破坏儿童从教育机会中获益的能力。把儿童权利中最基本的"非歧视"原则纳入国际刑事法院的程序中，就是要在整个国际刑事法院的法律框架下考虑儿童权利的保护。对于每一个法律条款，必须要问的是：这个条款怎样特别地影响到儿童？这个条款是否会带来对儿童的歧视，尤其是特定群体的儿童（如女童）。经济及社会理事会在其第 2005/20 号决议中，通过了《关于在涉及罪行的儿童被害人和证人的事项上坚持公理的准则》。该准则规定儿童有不受歧视的权利，儿童被害人和证人可以利用司法程序的保护、可以得到司法程序的援助，使其不受基于该儿童、父母或法定监护人的种族、肤色、性别、语言、宗教、政治或其他见解、国籍、民族血统或社会出身、财产、残疾、出生或其他状况而受到歧视。另外，考虑到侵害儿童具体罪行的不同性质，例如对女童的性犯罪行为，儿童或代理人甚至可以要求法院提供特殊服务和保护。②

第二，《儿童权利公约》第 3 条③把"儿童最大利益"原则作为处理儿童问题的"首要考虑"。"首要考虑"的意蕴要求在处理有关儿童的一切事务中，包括立法、司法，以及政策的制定和执行中，首先要考虑儿童的最大利益。对于国际刑事法院来说，包括儿童证人、儿童被害人或者一切对儿童有影响的行动和工作中，均应以儿童最大利益原则为指导。⑮ 当然，也有学者提出国际刑事法院应该通过一个示范规则来规范处理与儿童相关

① 如 1948 年《世界人权宣言》的第 2 条、《公民权利与政治权利国际公约》第 2 条、《经济、社会与文化权利国际公约》第 2 条以及《欧洲人权宣言》第 14 条，等等。——作者注
② 《关于在涉及罪行的儿童被害人和证人的事项上坚持公理的准则》第 15 条至第 17 条。
③ 第 3 条："1. 关于儿童的一切行为，不论是由公私社会福利机构、法院、行政当局或立法机构执行，均应以儿童的最大利益为一种首要考虑。2. 缔约国承担确保儿童享有其幸福所必需的保护和照料，考虑到其父母、法定监护人、或任何对其负有法律责任的个人的权利和义务，并为此采取一切适当的立法和行政措施。3. 缔约国应确保负责照料或保护儿童的结构、服务部门及设施符合主管当局规定的标准，尤其是安全、卫生、工作人员数目和资格以及有效监督方面的标准。"
⑮ 《关于在涉及罪行的儿童被害人和证人的事项上坚持公理的准则》第 8 条第 3 款；也可参见 Paris Principles，principle 3.4。

的行动，但是，儿童最大利益原则还是需要在个案中得到考虑。例如，在个案中的儿童的观点，他或她的文化和社会经济背景，他或她在《罗马规约》和《儿童权利公约》下享有的所有权利，等等。而且，在特定行动或案件中最大利益原则的适用，不应该仅由国际刑事法院直接决定什么是儿童的最大利益，而是应该与儿童商量后再决定。

　　第三，根据《儿童权利公约》的第 12 条，① 国际刑事法院虽然并不是"缔约方"，但在具体行动中也应该寻求儿童证人和被害人的观点，采用与他们的年龄和成熟程度相一致的方法，充分地告知儿童司法过程。同时，结合《程序与证据规则》第 86 条，国际刑事法院在倾听儿童声音的同时，敏锐地发现儿童的需要也是很重要的。因此，国际刑事法院需要有与儿童之间的信息共享机制和对话机制，以保证儿童在国际刑事法院程序中能表达他们的需要并得到满足，特别是安全、健康和隐私的需要。国际刑事法院须以儿童能明白理解的方式和语言，充分告知儿童参与案件程序所享有的相关的权利和义务，以及他们与国际刑事法院的接触或互动会给他们带来的可能的结果和影响，保障《儿童权利公约》中第 13 条所赋予儿童的权利的更好实现。② 儿童获得信息的权利必须得到尊重，当国际刑事法院的调查人员第一次与儿童接触时或者让儿童填写国际刑事法院的相关表格时，若有可能，应该先把国际刑事法院的程序及可能的结果告知儿童或者他们的父母或监护人，以免对国际刑事法院有不正确的期待和误解。③

　　第四，儿童被害人和儿童证人应该从一些受到专门培训的员工中，得到充分的支持，这些员工应该接受有关儿童权利的培训，包括针对灾难中的儿童和暴力中的儿童，特别是保护遭受性暴力儿童的相关培训。④ 儿童在国际刑事法院的参与不应该给他们带来二次伤害，而且国际刑事法院应

---

① "1. 缔约国应确保有主见能力的儿童有权对影响到其本人的一切事项自由发表自己的意见，对儿童的意见应按照其年龄和成熟程度给以适当的看待。2. 为此目的，儿童特别应有机会在影响到儿童的任何司法和行政诉讼中，以符合国家法律的诉讼规则的方式，直接或通过代表或适当机构陈述意见。"

② 《儿童权利公约》第 13 条第 1 款规定："儿童应有自由发表言论的权利；此项权利应包括通过口头、书面或印刷、艺术形式或儿童所选择的任何其他媒介，寻求、接受和传递各种信息和思想的自由，而不论国界。"

③ 《儿童权利公约》第 5 条。

④ 《关于在涉及罪行的儿童被害人和证人的事项上坚持公理的准则》第 42 条；Paris Principles, principles 3. 18 – 3. 19, 7. 75。

该在整个国际刑事法院程序中支持儿童被害人和证人。① 当国际刑事法院第一次接近儿童时，无论是直接或者通过中间人，儿童应该得到相应的支持与保护措施，使他们不再受或者不为成人的其他利益所利用（例如，调查人为了取得证据或者中间人为了从儿童中受益），这种利用会损害儿童的安全、身心健康、尊严和隐私等。② 从一开始，被害人与证人股就应该派出一个中立的支持人在任何时候监督和管理国际刑事法院与儿童的互动，以使他们的权利和健康得到保护。③

第五，国际刑事法院可以与联合国的相关机构，例如，联合国儿童基金会、儿童权利公约委员会和联合国妇女署，还有国际和国内的专注于儿童权利保护的政府间和非政府组织，签订合作和支持协议。国际刑事法院可以充分借助这些机构在儿童权利保护领域长期积累而来的经验和知识。这些组织可以给国际刑事法院在儿童权利问题提供专业的意见，甚至可给国际刑事法院提供更多的专业人员。秘书长的特别报告员和儿童权利公约委员会可以监督法院在调查的情势相关国当地的非政府组织或者其他组织的工作，或者与它们展开合作，这些非政府组织实际上能够帮助国际刑事法院开展活动、实现国际刑事法院的目的，例如，可以帮助国际刑事法院在当地开展法院的战略计划。近年来，联合国发布了《在武装冲突期间和之后为儿童寻求司法帮助》的报告，④ 就是希望这些组织能通过具有一般指导意义的方式，对国际刑事法院处理武装冲突中的儿童问题提供帮助。

（三）平衡儿童权利保护的价值与政策取向

为了保护儿童的权利，国际刑事法院应该在司法程序中创造一种司法文化，从最早的调查阶段一直到最后的赔偿命令及其执行阶段，纳入儿童权利保护的视角。总的来说，《程序与证据规则》第 86 条已经规定了国际刑事法院在任何行动和决定中考虑儿童的需要。因此，在整个国际刑事法院内树立基本意识和视角，帮助法院工作人员建立儿童工作的敏感性，具

---

① 《关于在涉及罪行的儿童被害人和证人的事项上坚持公理的准则》第 22 条、第 25 条和第 30 条；Paris Principles，principle 8。
② 《罗马规约》第 68 条第 1 款；《儿童权利公约》第 19 条。
③ 《程序与证据规则》第 17 条，《关于在涉及罪行的儿童被害人和证人的事项上坚持公理的准则》第 24 段。
④ 参见 UN Office of the Special Representative of the Secretary-General for Children and Armed Conflict，"Children and Justice During and in the Aftermath of Armed Conflict"（September 2011）。

备从儿童权利的视角分析问题的能力，这些都是有法律依据的。这些工作人员包括所有国际刑事法院程序的参与者，如法官、检察官、律师（代理人）、各部门员工，以及中间人（机构）的工作人员等。当然，要在国际司法程序中纳入儿童权利视角，树立儿童保护文化，仅靠国际刑事法院一己之力是不足够的，缔约国大会支持国际刑事法院这方面的行动与决定，法院可以与政府与非政府间国际组织、公民社会团体等一道合作，营造出这样的一个国际司法文化。这对于儿童被害人和儿童证人来说是包容的和安全的，是可以适当解决他们的需要的。[1]

法院需要纳入儿童权利的视角，也可以从国际刑事法院所处理案件的性质中找到依据。可以这么说，绝大部分处于国际刑事法院管辖下的犯罪或情势都属于影响范围广、危害程度高、犯罪危害性极其严重的，卷入当中的儿童会受到直接或间接的影响。因此，儿童权利的视角必须是全方位的，并不仅仅存在于像卢班加案这样一些以儿童为犯罪对象或被害人的案件与情势中。

和平与正义是法院两大价值目标，法院应妥善兼顾，避免片面追求正义而忽视冲突地区的和平和解进程。同时，《罗马规约》是各种法律体系协调的产物，本身就体现法律多元主义。法院在解释和适用《罗马规约》时应全面考虑各种法律体系的方法。这不仅有助于案件获得公平审判，也可为法院赢得更广泛的支持和认可。

---

① Paris Principles, principle 3.26.

结　语

作为国际刑事法院的第一案，卢班加案具有很强的示范意义。卢班加被控的罪只有征募或利用不满 15 岁的儿童这一项，这从某种程度上可以说明国际刑事法院并没有将征募或利用 15 岁以下儿童这一相对较少得到追究的罪行当作某种并不重要的严重犯罪看待。此外，法院在很多方面延续了塞拉利昂特别法庭在几个案件中的做法、推理与实践。

国际刑事法院的判决公布以后，伊图里地区人民对判决的反应可谓喜忧参半，卢班加所在的刚果爱国者联盟呼吁支持者等待上诉过程的完成。[①]一些非政府组织对法院的裁决评价相当高，赞扬法院对打击有罪不罚现象发出了一个强烈的信号，并称判决为"成千上万被迫参加刚果残酷战争的儿童的一场胜利"。[②]

本书认为，国际刑事法院第一案的处理总体上是成功的，大致可归纳为以下六个方面。

第一，就该罪的客观要件而言，《罗马规约》的规定是模糊不清的，使用了不同的概念，如征召、募集、利用和积极参加，这些都是需要解释的"灰色地带"。征召与募集的区分关键在于儿童能否"同意"入伍。塞拉利昂特别法庭和国际刑事法院都认为，儿童以什么方式入伍实际上是不重要的，儿童的"同意"无论如何都不能成为被告有效的抗辩理由。

---

① O. Bueno, "The ICC's First Verdict: The View from Ituri. The Interdependent", 3 April 2012. www. theinterdependent. com/120403/the-ICC's-first-verdict-the-view-from-ituri，最后访问时间：2015 年 3 月 1 日。

② Human Rights Watch, "ICC: Landmark Verdict a Warning to Rights Abusers", 14 March 2012. http://www. hrw. org/news/2012/03/14/icc-landmark-verdict-warning-rights-abusers，最后访问时间：2015 年 3 月 1 日。

第二，审判分庭对《罗马规约》第 8 条第 2 款第 5 项第 7 目中"利用"和"积极参加敌对行动"的解释在实践中非常重要。法庭认为"利用儿童积极参加敌对行动"并不需要他们之前已经被征召或募集了。这意味着，那些并不是武装部队或集团成员的儿童，如果在冲突中被利用，行为人同样构成《罗马规约》第 8 条第 2 款第 5 项第 7 目下的战争罪。因此，无论是这两种形式的征募，还是利用儿童，都是独立的犯罪，都是为确保儿童不以任何形式参与到敌对行动当中，包括以敌对行动之外目的的征募，以及武装部队或集团在儿童尚没有入伍之前的利用。① 这样就避免了对不满 15 岁的儿童入伍的任何法律保护空白，能确保所有形式的征募是可以起诉的，不管儿童进入武装部队或集团的任何目的。这是对该罪受欢迎的一个发展。

另外，在法律解释上，审判法庭以保护儿童的生命权利为出发点，确认了"是否有成为敌方潜在攻击目标的风险"作为判断儿童是否被用于积极参加敌对行动的标准，排除了以往单纯根据儿童从事的"列表活动"来判断积极参加存在不全面问题。这是对武装冲突中儿童保护的进一步扩展，更有利于预防未来的相关犯罪行为。这种立场是符合国际法在保护武装冲突中的儿童问题上的最新发展的。

第三，就该罪的主观要件而言，这是法庭处理过程中的棘手问题，原因在于《罗马规约》和《犯罪要件》有些并不一致的规定。《罗马规约》第 30 条是"除另有规定外"，行为人的主观要件必须是"故意和明知"，而《犯罪要件》是"知道或者应该知道"。国际刑事法院预审分庭适用了《犯罪要件》的规定，认为该罪包括过失犯罪。这是国际刑事法院解释《罗马规约》和《犯罪要件》时，采取强有力儿童保护立场的显著表现，允许该罪以疏忽的心理要件成立，实际上就是把行为人对征募政策的注意义务与个人刑事责任联系了起来。

另外，虽然本案审判法庭最后是基于"知道"的心理要件对卢班加进行定罪，但是，从审判分庭采纳了视频证据或录像证据的做法，可以看出，被告作为争取刚果自由爱国力量的指挥官，只要在他的队伍中有从外貌上判断可产生他或她是不满 15 岁儿童的合理怀疑，被告就应该对其年龄

---

① *Lubanga Case*, Judgment, paras. 606, 620.

作出具体的询问。虽然审判法庭没有作出该罪是否可基于过失定罪的讨论与结论，但可发现，卢班加"疏忽"的辩护理由也是难以成立的。

第四，文化相对性是征募儿童的战争罪在这么多年来发展缓慢的重要原因。从各项人权条约和《罗马规约》的起草工作来看，文化差异的冲击是显而易见的，如在"童年"的定义方面，儿童与成年的年龄界定引发了不少争议。但在结束征募儿童兵的问题上，存在保护儿童权利的普遍性价值。文化不能被用作证明对一些全人类基本价值的否定。某些文化并不值得崇尚和保存，例如，在武装冲突中征募或利用儿童兵。

第五，大量的儿童证人出庭作证以及儿童被害人的参与是国际刑事法院第一案的一大特点。前儿童兵被要求出庭作证，讲述自己的经历，这是值得肯定的，这是国际社会给予他们得到倾听的机会，让全世界听到他们发出的声音，能起到一定宣泄作用，有利于儿童的情感恢复。这也是对儿童参与权利的关注。但是，在陌生的法庭上重温痛苦的经历，往往使得儿童证人更脆弱、更敏感，更容易受到伤害。[①] 虽然本书没有全面阐述和分析此问题，但是，国际刑事法院在第一案的具体实践中，并没有很好地决定和满足儿童的"需要"，出现了对于儿童证人作证的困难应对准备不足的情况，并且在第一案的初期就遭受了一些挫折。这也是本书后续需要研究的一个重要方面，儿童证人和儿童被害人表达意见和关注的权利应该得到重视和保护，在这个过程中，国际刑事法院既要在一些标准、规则上借鉴业已成熟的国际人权法标准，形成一致的判例法，也要在各个情势和案件的"个案"基础上采取一些有利于儿童这一特殊群体的援助和保护措施，保护儿童应有的权利，努力恢复他们在武装冲突结束后的身心健康，帮助他们重返社会。

第六，本书要提出的思考是，第一案的刑事司法程序到底能不能有足够的震慑力，以在全世界停止对儿童兵的征募和利用，从而在最根本上保护儿童的权利。潜在威慑力是刑事司法和犯罪学中的一个棘手问题，任何刑事案件的威慑力都是难以确定的，但本案审理的完成确实对结束征募儿童兵现象和儿童权利保护产生了实实在在的影响。要从源头上杜绝儿童兵

---

① UNICEF Innocenti Research Centre, "International Criminal Justice and Children", September 2002, p. 87.

现象，最有效的方法是通过国际刑事司法判例所发挥出的震慑作用。只有这样，才能真正地保护那些处于武装冲突环境中的儿童，而并非在武装冲突发生了以后，才试图设计各种机制来帮助他们重返社会和重建心灵健康。

　　第一案自情势提交到作出一审判决历时 8 年，到 2012 年 3 月 14 日判决以前，审判分庭一共开庭 204 天，作出了 275 个书面决定、命令，以及 347 个口头决定。这在显现审慎的同时也体现了调查和追究国际罪行的艰难。国际刑事法院的效率乃至其存在的意义在本案的调查审判过程中饱受质疑。但是，国际刑事法院始终践行着"将罪犯绳之以法，为受害者带来正义"的理念，为早日消除灭绝种族、危害人类等国际罪行以及结束有罪不罚现象做着坚实的努力。

　　本书渐进讨论最终的落脚点仍然在于未来的国际社会和国际刑事司法机构如何保护武装冲突中的儿童，最终实现在世界范围内停止征募儿童和利用儿童参加任何敌对行动，保障儿童的权利。国际刑事法院这些努力安能成功，取决于其自身的发展，但更取决于各国对其的支持和配合，取决于国际社会的共同努力。

参考文献

一　中文著作

陈兴良：《刑法的格致》，法律出版社，2006。

陈兴良：《教义刑法学》（第二版），中国人民大学出版社，2014。

储槐植：《美国刑法》（第三版），北京大学出版社，2006。

高燕平：《国际刑事法院》，世界知识出版社，1999。

黄风、凌岩、王秀梅：《国际刑法学》，中国人民大学出版社，2007。

贾宇：《国际刑法学》，中国政法大学出版社，2004。

姜世波：《习惯国际法的司法确定》，中国政法大学出版社，2010。

李世光、刘大群、凌岩主编《国际刑事法院罗马规约评释》，北京大学出版社，2006。

柳华文主编《儿童权利与法律保护》，上海人民出版社，2009。

马伟阳：《国际刑事法院受理制度研究——纪念国际刑事法院成立十周年》，中国政法大学出版社，2012。

宋健强：《司法说理的国际境界——兼及"国际犯罪论体系"新证》，法律出版社，2006。

宋健强：《国际刑事法院"三造诉讼"实证研究》，法律出版社，2009。

汪金兰：《儿童权利保护的国际私法及其实施机制研究：以海牙公约为例》，法律出版社，2014。

王铁崖主编《国际法》，法律出版社，1995。

王秀梅：《国际刑事审判案例与学理分析》，中国法制出版社，2007。

王秀梅：《国际刑事法院研究》，中国人民大学出版社，2002。

吴鹏飞：《儿童权利一般理论研究》，中国政法大学出版社，2013。

赵秉志主编《新编国际刑法学》，中国人民大学出版社，2004。

张旭：《国际刑事法院：以中国为视角的研究》，法律出版社，2011。

朱文奇：《国际刑事法院与中国》，中国人民大学出版社，2000。

朱文奇：《国际刑事诉讼法》，商务印书馆，2014。

二　中文译著

〔德〕弗兰茨·冯·李斯特：《德国刑法教科书》，徐久生译，法律出版社，2006。

〔德〕克劳斯·罗克辛：《德国刑法学总论》，王世洲译，法律出版社，2005。

〔日〕大塚仁：《刑法概说（总论）（第三版）》，冯军译，中国人民大学出版社，2003。

〔日〕野村稔：《刑法总论》，全理其、何力译，法律出版社，2001。

〔英〕乔治·奥威尔：《向加泰罗尼亚致敬》，李华、刘锦春译，江苏人民出版社，2006。

三　外文著作

André Alen, Johan Vande Lanotte, Eugeen Verhellen, Fiona Ang, Eva Berghmans and Mieke Verheyde（eds.）, *A Commentary on the United Nations Convention on the Rights of the Child*（2005）.

Antonio Cassese, *International Criminal Law*, 2nd edn（Oxford University Press, 2008）.

Antonio Cassese, Paola Gaeta and John R. W. D Jones（eds.）, *The Rome Statute of the International Criminal Court：A Commentary*（Oxford：Oxford University Press, 2002）.

Brianne McGonigle Leyh, *Procedural Justice? Victim Participation in International Criminal Proceedings*（Cambridge：Intersentia, 2011）.

David Archard, *Children：Rights and Childhood*（London and New York：Routledge, 3ed edition, Noverber, 2014）.

Dörmann, Knut, *Elements of War Crimes under the Rome Statute of the International Criminal Court：Sources and Commentary*（Cambridge：Cambridge

University Press, 2003) .

Geraldine Van Bueren, *The International Law on the Rights of the Child* (Springer Netherlands, 1995) .

Goran Sluiter, Hakan Friman, Suzannah Linton, Salvatore Zappala and Sergey Vasiliev, *International Criminal Procedure: Principles and Rules* (Oxford: Oxford University Press, 2013) .

Ilene Cohn, Guy S. Goodwin-Gil, *Child Soldiers: the Role of Children in Armed Conflict* (Oxford: Oxford University Press, 1994) .

Jean Pictet (ed.), *The Geneva Conventions of 12 August 1949: Commentary-Volume III: Geneva Convention Relative to the Treatment of Prisoners of War* (2002) .

Julie McBride, *The War Crime of Child Soldier Recruitment* (The Hague, The Netherlands, T. M. C. Asser Press, 2014) .

Kai Ambos and Otto Triffterer (eds.), *The Rome Statute of the International Criminal Court: A Commentary* (Beck/Hart, 2016) .

Lee, Roy S. (ed.), *The International Criminal Court: the Making of the Rome Statute, Issues, Negotiations, Results* (The Hague: Kluwer Law International, 1999) .

Mark A. Drumbl, Reimagining Child Soldiers in International Law and Policy (Oxford: Oxford University Press 2012) .

M. Cherif Bassiouni, *Introduction to International Criminal Law* (Dordrecht: Martinus Nijhoff, 2nd Revised edition, 2012) .

Michael Akehurst, *Custom as a Source of International Law*, The British Year Book of International Law 1974 – 1975 (Oxford at the Clarendon Press, 1977) .

Michael Wessells, *Child Soldiers: from Violence to Protection* (Harvard University Press, Cambridge, 2006) .

Otto Triffterer (ed.), *Commentary on the Rome Statute of the International Criminal Court, Observers' Notes, Article by Article* (Baden-Baden: Nomos, 1999) .

Otto Triffterer (ed.), *Commentary on the Rome Statute of the International Crim-*

inal Court（Beck et al. , München et al. , 2 nd ed. , 2008）

P. W. Singer, *Children at War*（New York：University of California Press, 2006）.

Robert Cryer, Hakan Friman, *An Introduction to International Criminal Law and Procedure*（New York：Cambridge University Press, 2010）.

Salvatore Zappalà, *Human Rights in International Criminal Proceedings*（New York：Oxford University Press, 2005）.

Scott Gates and Simon Reich, *Child Soldiers in the Age of Fractured States*（PA：University of Pittsburgh Press, 2010）.

Sharanjeet Parmar, Mindy Jane Roseman, *Children and Transitional Justice：Truth-telling, Accountability, and Reconciliation*（Cambridge：Harvard University Press, 2010）.

Tim kelsall, *Culture under Cross-Examination：International Justice and the Special Court for Sierral Leaone*（New York：Cambridge University Press, 2013）.

T. Markus FunK, *Victims' Rights and Advocacy at the International Criminal Court*（New York：Oxford University Press, 2010）.

William Schabas, *The International Criminal Court：A Commentary on the Rome Statute*（Oxford：Oxford University Press, 2010）.

四 外文论文

Abbott, Amy Beth, "Child Soldiers—the Use of Children as Instruments of War", （2000）23 *Suffolk Transnational Law Review* 499.

Ann Davison, "Child Soldiers：No Longer a Minor Incident", （2004）12 *Willamette Journal of International Law and Dispute Resolution* 124.

Antonio Cassese, "The Statute of the International Criminal Court：Some Preliminary Reflections", （1999）10 *European Journal of International Law* 153.

BingBing Jia, "The Doctrine of Command Responsibility Revisited", （2004）3 *Chinese Journal of International Law* 1.

Bledsoe, Caroline H, " 'No Success without Struggle'：Social Mobility and Hardship for Foster Children in Sierra Leone", （1990）25 *Man New series* 70.

Burke-White WW, "Complementarity in Practice：the International Criminal Court as Part of a System of Multi-level Global Governance in the Democratic Republic of Congo", (2005) 18 *Leiden Journal of International Law* 557.

Coulter, Chris, "Female Fighters in the Sierra Leone War: Challenging the Assumptions?", 88 (2008) *Feminist Review* 54

Dietrich Schindler, "The Different Types of Armed Conflicts According to the Geneva Conventions and Protocols", 163 *Collected Courses of the Hague Academy of International Law* (1979 – Ⅱ) .

Donnelly Jack, "Cultural Relativism and Universal Human Rights", (1984) 6 *Human Rights Quarterly* 400.

Roger J. R. Levesque, "Geraldine Van Bueren, The International Law on the Rights of the Child", (1995) 19 *Fordham International Law Journal* 832.

Geraldine Van Bueren, "The International Legal Protection of Children in Armed Conflicts", (1994) 43 *The International and Comparative Law Quarterly* 809.

Happold M, "Child Recruitment as a Crime under the Rome Statute of the International Criminal Court", in Doria et al. (eds.), *The Legal Regime of the International Criminal Court* (Leiden: Brill, 2009) .

Hunt, David, The International Criminal Court-high hopes, Creative Ambiguity and an Unfortunate Mistrust in International Judges, (2004) 2 *Journal of International Criminal Justice* 56.

James Stewart, "Towards a Single Definition of Armed Conflict in International Humanitarian Law: A Critique of Internationalized Armed Conflict", (2003) 85 *International Review of the Red Cross.*

Jean-Marie Henckaerts, "Study on Customary International Humanitarian Law: A Contribution to the Understanding and Respect for the Rule of Law in Armed Conflict", (2005) 87 *International Review of the Red Cross.*

John Washburn, Negotiation of the Rome Statute for the International Criminal Court and International Lawmaking in the 21st Century, (1999) 11 *Pace International Law Review* 361.

Kai Ambos, The First Judgment of the International Criminal Court (*Prosecutor v. Lubanga*): A Comprehensive Analysis of the Legal Issues, (2012) 12 *International Criminal Law Review* 115.

Nissel, Alan, Continuing crimes in the Rome Statute, (2004) 25 *Michigan Journal of International Law* 653.

Roman Graf, "The International Criminal Court and Child Soldiers, an Appraisal of the Lubanga Judgment", (2012) 10 *Journal of International Criminal Jjustice* 945.

Smith, Alison, "Child Recruitment and the Special Court for Sierra Leone", (2004) 2 *Journal of International Criminal Justice* 1141.

T. R. Liefländer, "The Lubanga Judgment of the ICC: More Than Just the First Step?", (2012) 1 *Cambridge Journal of International and Comparative Law*.

William Schabas, "The Banality of International Justice", (2013) 11 *Journal of International of Criminal Justice* 545.

William Schabas, "First Prosecutions at the International Criminal Court", (2006) *Human Rights Law Journal* 25.

William Schabas, "Punishment of Non-state Actors in Non-international Armed Conflict", (2003) 26 *Fordham International Law Journal* 907.

William Schabas and Carsten Stahn, "Legal Aspects of the Lubanga Case", (2008) 19 *Criminal Law Forum* 431.

William W. Burke-White, "Complementarity in Practice: The International Criminal Court as Part of a System of Multi-level Global Governance in the Democratic Republic of Congo", (2005) 18 *Leiden Journal of International Law* 557.

W. Michael Reisman and James Silk, "Which Law Applies to the Afghan Conflict?", 82 *American Journal of International Law* (1988).

五　联合国及相关机构文件

联合国：《联合国设立国际刑事法院全权代表外交会议》，A/CONF. 183/2（1998）。

联合国安全理事会：《秘书长关于设立塞拉利昂特别法庭的报告》，S/2000/915（2000）。

联合国安全理事会：《2002年3月6日秘书长给安全理事会主席的信》，S/2002/246（2002）。

联合国安全理事会：《儿童与武装冲突问题：秘书长的报告》，A/58/546-S/2003/1053（2003）。

联合国安全理事会：《儿童与武装冲突：秘书长的报告》，A/59/695-S/2005/72（2005）。

联合国安全理会：《儿童与武装冲突：秘书长的报告》，A/61/529-S/2006/826（2006）。

联合国安全理事会：《儿童与武装冲突：秘书长的报告》，A/65/820-S/2011/250（2011）。

联合国安全理事会：《儿童与武装冲突：秘书长的报告》，A/66/782-S/2012/261*（2012）。

联合国安全理事会：《儿童与武装冲突：秘书长的报告》，A/68/878-S/2014/339（2014）。

联合国安全理事会：《儿童与武装冲突：秘书长的报告》，A/72/361-S/2017/821（2017）。

联合国大会："第23部分：武装冲突中之人权问题"，载《国际人权会议蕆事文件》，A/CONF. 32/41（1968）。

联合国大会：《武装冲突对儿童的影响》，A/51/306（1995）。

联合国大会：《大会决议：设立国际刑事法院》，A/RES/49/53（1994），A/RES/50/46（1995）。

联合国大会：《设立国际刑事法院筹备委员会：儿童权利委员会通过的决议》，A/AC. 249/1998/L. 18（1998）。

联合国大会：《保护受武装冲突影响的儿童》，A/58/328（2003）。

联合国大会：《国际刑事法院的报告》，A/60/177（2005）。

联合国大会：《负责儿童与武装冲突问题的秘书长特别代表的报告》，A/61/275（2006）。

联合国大会：《负责儿童与武装冲突秘书长特别代表的报告》，A/66/256（2011）。

联合国大会：《国际刑事法院的报告》，A/69/321（2014）。

联合国大会：《联合国消除预防犯罪和刑事司法领域内暴力侵害儿童行为的示范战略和实际措施》，A/C. 3/69/L. 5（2014）。

联合国大会：《武装冲突中保护平民之基本原则》，A/RES/2675（XXV），

1970 年 12 月 9 日。

联合国大会:《2001 年 1 月 23 日加拿大常驻联合国代表团临时代办给秘书长的信附件: 1996 - 2000 年马歇尔审查: 关于加强保护受战争影响的儿童方面取得的进展和遇到的障碍的严谨分析》, A/55/74。

联合国消除妇女歧视委员会:《第 14 号一般性意见: 女性割礼》(1990 年)。

联合国儿童权利委员会:《第 13 号一般性意见 (2011 年): 儿童免遭一切形式暴力侵害的权利》, CRC/C/GC/13 (2011)。

联合国儿童权利委员会:《缔约国根据〈儿童权利公约关于儿童卷入武装冲突问题的任择议定书〉第 8 条第 1 款提交初次报告的修订准则》, 2007 年 9 月, CRC/C/OPAC/2。

经济及社会理事会:《儿童权利: 秘书长儿童与武装冲突问题特别代表奥拉拉·奥图纽先生根据大会第 51/177 号决议提交的年度报告》, E/CN. 4/2003/77 (2003)。

Committee on the Rights of the Child, "General Guidelines Regarding the Form and Content of Initial Reports", CRC/C/5 (1991).

United Nations, "Operational Guide to the Integrated Disarmament, Demobilization and Reintegration Standards", 2006.

United Nations Commission on the Status of Women, "The Elimination of All Forms of Discrimination and Violence against the Girl Child", E/CN. 6/2007/2 (2006).

United Nations High Commission on Refugees, "Statistical Yearbook (2015)".

United Nations Office of the Secretary-General for Children and Armed Conflict, "Children and Justice During and in the Aftermath of Armed Conflict", Working Paper No. 3, 2011.

United Nations Office of the High Commissioner for Human Rights, "Report of the Panel on Remedies and Reparations for Victims of Sexual Violence in the Democratic Republic of Congo to the High Commissioner for Human Rights", March 2011.

UN Office of the High Commissioner for Human Rights, "Progress and Obstacles in the Fight Against Impunity for Sexual Violence in the Democratic Republic of the Congo".

UNHCR，"Global Trends2010：60 Years and Still Counting"．

UNICEF，Innocenti Research Centre，"International Criminal Justice and Children"，2002.

UNICEF，"Truth and Reconciliation Commission Report For the Children of Sierra Leone—Child Friendly Version（2004）"．

UNCIEF，"Machel Study 10-year Strategic Review：Children and Conflict in a Changing World"，2009.

UNICEF，"Child Recruitment by Armed Forces or Armed Groups"，14 July 2011.

六　国际刑事法院文件

国际刑事法院罗马规约审查会议：《面对有罪不罚：真相委员会在实现和解和国家团结中的作用》，RC/ST/PJ/INF. 5（2010）。

Preparatory Committee on the Establishment of an International Criminal Court，"Elements of offences for the International Criminal Court：proposal submitted by the United States of America"，A/AC. 249/1998/DP. 11（1998）．

United Nations Diplomatic Conference of Plenipotentiaries on the Establishment of an International Criminal Court Rome，15 June-1 7 July 1998，"Official Records Volume I：Final documents"．

United Nations Diplomatic Conference of Plenipotentiaries on the Establishment of an International Criminal Court，Rome，15 June-17 July 1998，"Official Records，Volume Ⅱ：Summary records of the plenary meetings and of the meetings of the Committee of the Whole"．

"Proposal submitted by Japan：Elements of crimes：article 8，paragraph 2（b）（i）to（xvi）"，PCNICC/1999/WGEC/DP. 12.

"Proposal Submitted by Spain：Working Paper on Elements of Crimes：Elements of War Crimes（article 8，paragraph 2）"，PCNICC/1999/WGEC/DP. 12（1999）．

索 引

（按汉语拼音顺序排列）

图书在版编目（CIP）数据

征募儿童的战争罪：以"国际刑事法院第一案"为
视角／何田田著. -- 北京：社会科学文献出版社，
2018.8
（中国人权研究）
ISBN 978 - 7 - 5201 - 2793 - 6

Ⅰ.①征⋯　Ⅱ.①何⋯　Ⅲ.①战争罪行 - 研究　Ⅳ.
①D995

中国版本图书馆 CIP 数据核字（2018）第 107173 号

中国人权研究

征募儿童的战争罪

——以"国际刑事法院第一案"为视角

著　　者／何田田

出 版 人／谢寿光
项目统筹／芮素平
责任编辑／芮素平　李娟娟

出　　版／社会科学文献出版社·社会政法分社（010）59367156
　　　　　地址：北京市北三环中路甲 29 号院华龙大厦　邮编：100029
　　　　　网址：www. ssap. com. cn
发　　行／市场营销中心（010）59367081　　59367018
印　　装／天津千鹤文化传播有限公司

规　　格／开　本：787mm × 1092mm　1/16
　　　　　印　张：15.5　字　数：251 千字
版　　次／2018 年 8 月第 1 版　2018 年 8 月第 1 次印刷
书　　号／ISBN 978 - 7 - 5201 - 2793 - 6
定　　价／69.00 元